사찰,
그 속에 깃든 의미

사찰,
그 속에 깃든 의미

김현준 지음

효림

머리말

사찰, 그곳은 생불(生佛)을 만드는 도량(道場)이다. 생불을 염원하는 중생이 사찰이라는 공간 속에 뛰어들어, 부처님을 본받아 피나는 정진을 쌓아가는 곳이다. 위로는 부처님의 깨달음을 구하고[上求菩提], 아래로는 뭇 생명있는 자를 참된 삶의 길로 인도하면서[下化衆生], 스스로의 마음을 갈고 닦는 공간…… . 그러기에 사찰의 모든 조형물(造形物)에는 해탈과 교화의 의미가 점철되어 있다. 사찰의 초입(初入)에서부터 법당 한가운데의 부처님에 이르기까지, 모두가 수행자의 신심을 북돋우고 그 정신을 되살리게 하는 깊은 의미가 간직되어 있는 것이다.

수많은 참배객과 관광객이 절을 찾는다. 그러나 대부분의 사람들은 구경에만 몰두할 뿐, 스며 있는 정신을 찾아보려 하지 않는다. 아니, 찾고는 싶을지언정 숨겨진 의미를 일러줄 지침마저 없어 안타까울 뿐이다.

적어도 필자는 사찰이 마음을 맑히는 도량으로서 있게끔 하고, 사찰 속에 담긴 의미를 살펴보기 위하여 이 책의 집필에 착수하였다. 그리고 고인이 되신 아버님의 크나크신 사랑에 보답하는 마음으로 정성을 기울여 원고를 만들었다.

그러나 이 글은 아직 완벽한 것이 아니다. 이제 겨우 사찰의 여러 조형물에다 '왜?'라는 의문을 던져 부분적인 해답을 얻고, 조금이나마 참 정신을 되새기는 작업에 착수하였을 뿐이다.

더욱이 일주문을 들어서기 이전에 놓인 돌다리·장승·제석단을 비롯한 사찰 속의 갖가지 석물들, 일반인에게 널리 알려지지 않은 법당·탱화·불구(佛具)들, 그리고 승려들의 수도생활과 불교의례 등에 대한 내용은 거의 취급되지 않았다. 이들에 관해서는 뒷날 다시 보충하고자 한다.

여기서 우리 모두가 기억해야 할 한 가지 사실은 현재까지 연구되지 않은 미지수들이 사찰 곳곳에 너무나 많이 산적되어 있다는 점이다.

사찰 속의 모든 것은 우연에 의해서 이루어진 것이 아니다. 그것은 불교의 정신이 창출한 하나의 생명체이다. 그러나 그것은 감추어져 있어 드러나지 않고 있다. 숨겨진 생명체인 것이다.

필자는 감히 이 책을 읽고 사찰을 찾는 분들께 부탁을 드리고 싶다. 사찰에서 접할 수 있는 갖가지 조형물에 물음표(?)를 던져 그 속에 깃든 참정신을 되새겨 보시기를!

'왜?' '왜 이곳에?'라는 의문이 없다면 본질을 발견할 수가 없다. 본질을 발견한다는 것은 참정신을 찾는 것이고, 참정신을 찾을 때 오늘날에 맞는 재창조가 이루어지게 될 것이니……

태양과 같은 불교의 진리에 비한다면 이 책이 비록 반딧불 같은 작업에 불과하지만, 사찰을 찾는 사람들이 정신을 살리고 불심(佛心)을 기르는 데 조금이나마 도움이 되었으면 하는 것이 필자의 간절한 바람이다.

이 책은 1991년 5월 교보문고에서 처음 출간하였으나, 그 계약기간이 끝나 이제 필자가 운영하는 도서출판 효림에서 다시 발간하게 되었다. 그동안 이 책을 아껴주신 많은 분들께 진심으로 감사드리며, 조그마한 공덕이라도 있다면 아버님의 극락왕생과 뭇 생명있는 자들의 발보리심(發菩提心)에 회향(廻向)하고자 한다.

1997년 4월

金 鉉 埈

차 례

머리말 · 5

제1장 왜 거기에 사찰이 ………………………………… 11
    1. 사찰의 성립과 배경 / 11
    2. 寺와 절 / 18
    3. 사찰은 왜 산 속에 많은가? / 20

제2장 해탈의 세 관문 : 일주문 · 천왕문 · 불이문 ………… 24
    1. 산문은 해탈의 길목 / 24
    2. 일주문 / 29
    3. 천왕문 / 32
    4. 불이문 / 42

제3장 佛音을 전하는 四物 : 범종각(梵鐘閣) …………… 50
    1. 일승원음(一乘圓音) / 50
    2. 법고(法鼓) / 54
    3. 운판(雲板) / 57
    4. 목어(木魚)와 목탁(木鐸) / 58

5. 범종 / 64

제4장 眞理의 등, 一心의 불 : 석등(石燈) ················· 90

1. 마음의 등불 / 90
2. 석등의 형태와 조형의 의의 / 93
3. 보배 찾아 불을 밝혀 / 107

제5장 不滅의 몸이 깃든 집 : 탑(塔) ····················· 109

1. 불탑숭배(佛塔崇拜)의 참의미 / 109
2. 사탑(寺塔)의 나라 / 118
3. 목탑 / 121
4. 전탑 / 134
5. 석탑 / 146

제6장 佛國淨土의 表象 : 법당(法堂) ··················· 161

1. 법당이란? / 161
2. 법당의 유래 / 164
3. 법당의 종류와 신앙의 대상 / 167
4. 닫집과 수미단 / 170

제7장 참다운 香供養 ····························· 183

1. 공양의 의미 / 183
2. 신성(神聖)과 통하는 향 / 185
3. 정성을 향로에 담아 / 188
4. 매향(埋香)의 풍습 / 191
5. 한 자루의 향을 사르며 / 193

제8장 사바에 세운 寶宮 : 대웅전(大雄殿) ················ 197

1. 참된 영웅의 궁전 / 198
2. 대웅전의 불상 배치 / 202

제9장 진리와 삼매의 궁전 : 대적광전(大寂光殿) ············ 210

1. 삼신불의 궁전 / 211
2. 법신불과 비로자나불 / 213
3. 보신불 노사나부처님 / 217
4. 잡화로 장엄된 궁전 / 223

제10장 행복이 깃든 이상향 : 극락전(極樂殿) ················ 225

1. 일심과 아미타불 / 227
2. 본원(本願) 속에서 / 229
3. 48대원 / 233
4. 염불법 / 240
5. 잡초가 거름이 될 때 / 242

제11장 희망의 미륵정토 : 미륵전(彌勒殿) ···················· 244

1. 희망의 미륵신앙 / 246
2. 신앙사(信仰史) 속에서 / 250
3. 미륵신행법(彌勒信行法) / 256

제12장 대자비의 발원지 : 관음전(觀音殿) ···················· 263

1. 대자대비 관세음보살 / 264
2. 관음의 진신 / 266
3. 관음상과 관음탱화 / 270
4. 관음염불 / 275

제13장 지장보살의 본원력으로 : 명부전(冥府殿) ············ 278

1. 대원본존 지장보살 / 280
2. 명부전 / 289

제14장 토속신을 사찰 속으로 : 독성각 · 산신각 · 칠성각
·· 302

1. 독성각(獨聖閣) / 302
2. 산신각(山神閣) / 308
3. 칠성각(七星閣) / 310
4. 삼성신앙(三聖信仰)의 성립과 신앙적 의미 / 314

제1장
왜 거기에 사찰이

1. 사찰의 성립과 정신적 배경

사찰의 어원은 상가라마(Saṁghārāma)이다. 불교 교단을 구성하는 비구(比丘, 남자 승려)·비구니(比丘尼, 여자 승려)·우바새(優婆塞, 남자 신도)·우바이(優婆夷, 여자 신도)의 사부대중(四部大衆)이 모여 사는 곳이라는 뜻이다. 중국인들은 이 상가라마를 '승가람마(僧伽藍摩)'로 표기하였고, 그것을 다시 줄여 '가람(伽藍)'이라고 부르게 되었으며, 번역하여 '중원(衆園)'이라 하였다.

그러나 불교가 처음 일어났던 서기전 6세기 무렵부터 승려들의 생활 터전인 사찰이 있었던 것은 아니다. 무소유(無所有)를 이상으로 삼았던 초기의 수행자, 그들은 원시경전(原始經典)에서 '집 없는 사람', '삼림(森林)에 거주하는 사람' 등으로 표현하였듯이 문자 그대로 출가(出家)와 유행(遊行)의 생활을 하고 있었다. 그들은 나무 밑이나 숲 속·석굴·골짜기·냇가·묘지 등의 장소에 거주하면서 무일푼과 무소유를 생활의 방편으로 삼아 선정(禪定)과 진리의 탐구에만 몰두하였던 것이다.

물론 불교에서만 이러한 생활양식을 추구하였던 것은 아니다. 그것은 그 당시의 고상한 수행자로 지목받았던 '사문(沙門)'들의 한결같은

석가의 고행상 라호르 박물관 소장. 3세기경. 석가의 6년 고행은 사문들이 닦은 고행의 극치였다.

생활 태도였다. 불교가 생겨나기 이전의 인도 사상계에는 제사 만능주의로 타락의 길을 걸으면서도 그들만이 가장 신성한 신분이라고 내세우는 바라문(Brahman) 계급이 지배하고 있었다.

사문은 바라문들의 타락에 종교적인 회의를 느끼고 선정을 통한 신과의 교류와 생사의 해탈을 체험하기 위하여 피나는 고행(苦行)을 닦았던 당시 인도의 종교개혁가들이었다.

석가모니도 처음 출가하였을 때는 이들 사문의 일원이 되어 수행하였으며, 성불한 뒤 제자들에게 사문의 근본 생활양식인 '4의지(四依止)'를 지킬 것을 강조하였다. 4의지의 구체적인 내용은 다음과 같다.

①음식은 걸식(乞食)으로 구할 뿐 직접 밥을 짓지 않으며, 신도의 집에 초대되어 식사를 하지 않는다.

②옷은 남이 버린 베 조각을 모아서 만든 분소의(糞掃衣)를 입는다.

③잠은 지붕 있는 곳에서 자지 아니하며, 나무 아래에서 좌선 명상하는 수하좌(樹下坐)를 원칙으로 삼는다.

④약은 소의 오줌을 발효시켜 만든 허술하기 짝이 없는 부란약(腐爛藥)을 사용한다.

이들 가운데 걸식과 분소의와 수하좌는 세속을 떠난 출가 수행자의 상징이었으므로, 석가모니의 제자들은 이를 철두철미하게 준수하였다.

그러나 인도의 기후적인 특성은 이와 같은 무소유의 생활에 많은 장애를 안겨 주었다. 인도의 여름은 4월부터 시작된다. 찌는 듯한 태양열은 가뭄과 함께 만물을 시들게 하고, 그 무더운 여름이 지나가고 또 다시 우기(雨期)에 접어들면 푸르름을 되찾은 대지 위로 작은 벌레들은 생존과 번식을 위해 기어 나온다. 그 벌레들이 문제이다. 우리의 상식으로는 쉽게 이해가 가지 않겠지만 그 벌레들이 많을 때는 길을 덮고 있다시피 하기 때문이다. 불살생(不殺生)을 제1의 근본 계율로 삼고 있는 승려들. 걸식과 불교의 전파를 위하여 옮기는 그들의 발걸음 아래에서 미물들이 죽어간다면, 그 수행을 올바르다고 떳떳이 말할 수 있겠는가! 그리고 폭우로 인하여 도로가 유실되는 경우, 수행자는 촌락까지 가지도 못한 채 탁발은커녕 목숨을 잃어버릴 위험까지 안고 있었던 것이다.

이에 부처님은 우기인 3개월 동안, 탁발과 중생 교화를 위한 유행(遊行)을 중단할 것을 계율로 정하고, 한곳에 머물면서 수행하는 안거(安居)의 제도를 택하였다. 그렇지만 이때까지도 사찰은 건립되지 않았다. 처음에는 승려들 각자가 인연이 깊은 친척이나 친구가 사는 곳을 찾아가서 우기 동안 음식을 얻을 곳을 확보한 다음, 그 가까운

기원정사의 일부 부처님이 가장 많은 법문을 남긴 곳. 이 자리에는 7층의 정사가 있었다.

숲속 등에 거주하며 수행하였던 것이다.

  이와 같은 우기의 안거제도가 차츰 정립되면서 승려들은 부처님을 모시고 한 곳에 모여 정진할 수 있기를 열망하게 되었고, 유력한 신도인 왕족이나 부유한 상인들은 음식물의 제공과 함께 불교 교단에 '원림(園林)'을 기증하여 승려들을 머무르게 하였다.

  원림은 원래 '휴식처'나 '과일이 있는 동산'을 뜻한다. 인도의 여름 더위는 나무 그늘의 시원함만이 유일한 구원의 장소요 가장 적합한 수행처가 될 수밖에 없었다. 따라서 원림이야말로 안거를 위한 즐거운 동산이 될 수 있었던 것이다.

  불교 최초의 원림은 마가다(Magadha)국의 빔비사라(Bimbisāra)왕이 불교 교단에 기증한 '죽림원(竹林園)'이다. 처음에는 이 원림 안에 있는 나무 밑이나 자연 석굴에서 승려들이 거주하였으나, 한 부호가 비나 이슬을 피할 수 있도록 허술하나마 오두막 60채를 지어 기증하게 됨에 따라 죽림원에는 불교 최초의 사찰인 '죽림정사(竹林精舍, 정사는 사는 집이라는 뜻)'가 생겨나게 되었다.

그 뒤 정사는 차츰 격식을 갖춘 주거용 건축물로 바뀌어갔고, 그 규모도 커져갔다. 죽림정사 이후 석가모니 당시의 최대 사찰로 전해지고 있는 '기원정사(祇園精舍)'가 건립된 것도 얼마 뒤의 일로서, 이 기원정사의 건립에는 수닷타(Sudatta)장자의 깊은 믿음이 어린 실화가 전해지고 있다.

이른 아침, 죽림정사를 찾은 수닷타장자는 부처님께 예배하며 인사하였다.
"밤새 안녕히 주무셨습니까?"
"기쁨과 근심을 여의어서
맑고 편안하게 빈 마음이 된 자,
나고 꺼짐이 없는 도를 깨달아
열반의 경지에 이르른 자만이
길이 편안한 잠자리를 얻나니라."
부처님의 말을 들은 수닷타는 문득 마음이 맑아지면서 눈이 열리었고, 삼귀의(三歸依)와 오계(五戒)를 받아 불교 신도가 되었다. 그는 부처님께 청하였다.
"원하옵건데, 사위성(舍衛城)에 오셔서 사람들을 제도하여 주소서."
"그곳에 비구들을 수용할 절이 있겠느냐?"
수닷타는 부처님을 위하여 절을 세울 것을 다짐하고 사위성으로 돌아가 절을 지을 장소를 물색하다가, 기타(Jeta, 祇陀)태자가 소유하고 있는 동산을 선택하였다. 그 동산은 숲과 꽃과 샘과 못, 수석과 기이한 새와 짐승이 조화를 이루어 그림처럼 아름다운 곳이었다. 장자는 태자에게 그 동산을 팔기를 청하였다. 그러나 태자는 팔 뜻이 없었다. 장자는 여러 번 청하였다. 기타태자는 성가심에 못 이겨 귀찮은 듯 지나가는 소리로 말하였다.
"만일 그 동산을 사려거든 금전으로 그 동산을 펴서 덮어 보라."

그 말을 들은 장자는 이튿날 금전을 수레에 싣고 가서 그 동산을 덮었다. 이것을 본 태자는 놀랐다. 지나가는 농담을 실행하였기 때문이다.
  태자는 물었다.
  "그처럼 금 한 치[寸]로 땅 한 치를 사서 무엇하려 하는가?"
  "일체종지(一切種智)를 성취한 부처님을 모실 절을 짓고자 하노라."
  기타태자는 크게 감격하여 그 동산을 내어 주었고, 수닷타장자는 그 동산에 크고 웅장한 절을 지었다. 이것이 곧 '기원정사' 또는 '기수급고독원(祇樹給孤獨園)'이라고 불리어지는 절이다.《中本起經》

  기수급고독원이라 함은 기타태자의 숲인 '기수(祇樹)'에 수닷타의 한역(漢譯) 칭호인 '급고독(給孤獨, 외로운 이를 돕는다는 뜻)'이 세운 사찰이라는 뜻이며, 기원정사는 '기타의 동산에 세운 정사'라는 뜻이다.
  이 기원정사에는 석가모니가 체류하였던 향전(香殿)을 비롯하여 여러 개의 방을 가진 승당(僧堂)·근행당(勤行堂)·화당(火堂)·경행당·주방·헛간·변소 등의 각종 건물과 우물이 있었다고 한다. 죽림정사와 기원정사 이외에도 동원록자모강당(東園鹿子母講堂)과 대림정사(大林精舍), 왕원정사(王園精舍), 온천정사(溫泉精舍) 등 유명한 사찰들이 석가모니 당시에 건립되었다.
  '정사'는 불교 교단의 공동 재산이었고, 안거 수행을 위한 실제적인 목적에 따라 생겨나게 된 것이다. 사찰은 정진을 위한 수행처로, 승려들의 공동 주거지로 정착되어 갔지만, 다른 한편으로 초기 교단의 생활 지침이 되었던 '4의지'는 차츰 사라져 갔다. 3개월의 안거가 끝난 뒤에도 비구들이 유행 생활로 돌아가지 않은 채 정사에 머무르는가 하면, 분소의를 입는 전통도 차츰 사라지게 되었고, 탁발보다는 정사에 앉아서 신도들이 만들어 주는 음식을 받는 현상이 두드러지게 되었다.
  물론 모든 승려가 그와 같은 것은 아니었다. 우기 이외에는 예전에 기거하던 나무 밑이나 바위 위에서 생활을 계속한 비구도 있었고, 사찰의 주거와 유행 생활을 겸한 비구도 있었지만, 비구들의 생활 형태는 유행 편력의 생활에서 정사 거주의 생활로 변모되어 갔던 것이다.

그리고 긍정적인 측면에서 보면, 승려들의 사찰 거주 생활은 불교 교단을 후세에까지 존속시킬 수 있었던 최대의 요인이 되었다는 점이다. 단순한 유행자의 집단에 지나지 않았던 당시의 신흥 종교들 중에서 현대에까지 존속되고 있는 것은 거의 없다. 오직, 같은 사문의 집단으로 출발하여 불교보다 약간 늦게 승원(僧園)의 조직을 확립한 자이나교 만이 오늘날까지 남아 있을 뿐이다. 사찰의 건립은 그 나름대로 불교의 교단과 교법(敎法)을 유지하고 존속시키기 위한 하나의 견고한 기반이 되었던 것이다.

마침내 시대의 흐름에 따라 인도의 사찰은 단순한 수행처에서 종교 의례를 집행하는 성소(聖所)로, 나약한 중생의 고난을 덜어주고 행복을 선사하는 기도처로 그 성격이 승화되어 갔다. 그리고 교세의 확장과 함께 사찰은 그 규모나 숫자에 있어서 비약적인 발전을 가져오게 되었고, 조형 예술품 등과 함께 불교 건축의 찬연한 전통을 이룩하게 된 것이다.

사찰에 얽힌 참정신! 이와 같은 유래에서 우리는 잊지 말아야 할 몇 가지 사실을 확인하여야만 한다. 그것은 사찰이 단순한 승려의 생활 터전이 아니라는 것이다. 부처님은 철저한 무소유의 생활을 위하여 '4의지'의 실천을 강조하셨다. 제자들의 진정한 해탈을 위하여 무소유의 생활을 강요했던 것이다.

탁발과 분소의와 나무 아래에서의 좌선으로 인하여 그 육체는 고달프지 않을 수 없었겠지만, 정신적인 풍요는 더하였으리라. 빈한한 생활과 나무 아래의 정진, 무소유의 정신은 무명(無明)을 씻는 첩경이다. 제자들의 마음 속에 깃든 무명과 번뇌의 티끌을 씻어내기 위하여 부처님은 사찰의 건립을 서두르지 않았던 것이다.

그러나, 사찰은 건립되었다. 미물의 살생마저도 막아야 한다는 철저한 불살생의 정신이 사찰의 창건을 허락한 것이다. 철저한 불살생은 대자대비(大慈大悲)를 낳는다. 개인의 해탈보다는 생명을 아끼고 사랑하는 그 마음이 앞서야 한다는 석가모니의 가르침이 사찰 건립의 배경이 되었던 것이다. 사찰을 찾고 사찰에 머무르는 이들은 이와 같은 정신적인 배경을 되새겨야 할 것이다.

또한, 기원정사의 건립에 얽힌 장자 수닷타의 신심을 오늘에 되살려야 한다. 공덕과 구복(求福)을 위해서가 아니라 부처님과 불교의 진리가 좋아서, 그리고 참된 구도자(求道者)들을 고향으로 모시고자 이해 득실을 따지지 않고 기원정사를 창건한 그 순수한 열의를 되살려야 할 것이다.

사찰은 정진의 도량이다. 그곳은 부처의 세계로 중생을 인도하는 곳이다. 무소유의 마음을 가꾸고 대자대비의 불꽃을 피우는, 중생을 살리는 도량이다. 그곳에서 우리는 깨어나고 맑아져야 한다. 그곳에서 우리는 참삶의 길을 배워야 한다. 그것이 부처님이 사찰을 연 본뜻이리라. 그것이 사찰을 있게끔 한 참뜻이리라…….

2. 寺와 절

인도에서 '상가람마' 또는 '비하라(Vihāra, 精舍)'로 일컬어졌던 승려의 집단 수행처를 중국에서는 '사(寺)'·'사원(寺院)'·'사찰(寺刹)' 등으로 불렀다.

'사'라는 호칭은 불교 전파 당시의 중국 관청 이름에서 비롯되었다. 즉, 한(漢)나라 때에 인도승들은 처음 중국을 방문했고, 그들을 머물게 한 곳이 외국에서 온 사신들을 접대하고 기거하는 일을 관장했던 '홍로시(鴻盧寺)'라는 관청이었다. 이로 말미암아 중국에서는 승려들이 머무는 곳을 'ㅇㅇ寺'라고 부르게 되었고, 승려들이 머무는 곳이 다양화됨에 따라 관청과 구별하기 위하여 '시'를 '사'라고 달리 부르게 된 것이다.

중국에서 불교가 정식으로 공인된 것은 후한(後漢)의 명제(明帝)

10년인 서기 67년이었다. 중인도의 승려인 가섭마(伽葉摩)와 축법란(竺法蘭) 등이 불상과 불경을 흰 말에 싣고 낙양(洛陽)으로 들어오자, 명제는 이를 크게 환영하고 낙양성의 서옹문 밖에 정사를 지어 '백마사(白馬寺)'를 지어 그들을 머무르게 하였다. 이것이 중국 최초의 사찰이며, 그때부터 '사(寺)'라는 호칭은 완전히 정착되었다.

그 뒤 중국에서는 사찰을 지칭할 때 '사원'이라고 많이 부르게 되었는데, 사원이라고 할 때의 '원(院)'은 주위에 회랑이나 담장을 두른 집을 의미한다. 사찰의 범어인 상가람마(Saṁghārāma)는 승려들이 모였음을 뜻하는 상가(Saṁgha)와 거주처를 뜻하는 아라마(arāma, 園林)가 복합되어 만들어진 용어이다. 이와 같은 원래의 뜻을 살려 중국인들은 사찰을 '사원(寺園)'이라고 부르게 되었고, 사찰의 주위에 회랑 또는 담장을 두르게 되자 동산 또는 울타리를 뜻하는 '원(園)'을 담장을 두른 집을 의미하는 '원(院)'으로 바꾸어 쓰게 되었다. 따라서 당나라 때에는 '사(寺)'와 '원(院)'을 같은 의미로 사용하게 되었다. 그 대표적인 예를 산동반도의 적산촌(赤山村)에 있었던 신라인의 사찰 '법화원(法華院)'에서 쉽게 찾아볼 수가 있다. 우리 나라에도 이와 같은 영향을 받은 '선림원(禪林院)', '문수원(文殊院)' 등의 사찰이 있었다.

그러나 당나라 이후에는 '사(寺)'를 '원(院)'보다 넓은 의미로 사용하게 되었다. 즉, '사'는 사찰 전체를 가리키는 어휘로서, '원'은 사찰 속에 있는 특정한 기능의 별사(別舍)를 지칭할 때 많이 사용하였다. 그리고 산 속에 있는 작은 사찰이나 토굴(土窟)을 '암(庵)'이라고 하였는데, 우리 나라에서는 이 어휘를 그대로 받아 들여서 현재까지 사용하고 있다.

우리 나라 최초의 사찰은 고구려 소수림왕 5년(375)에 세운 이불란사(伊弗蘭寺)와 초문사(草門寺)이다. 신라의 경우는 아도화상(阿道和尚)이 일선군(一善郡, 경북 선산)에서 포교 활동을 하며 숨어 살았던 모례(毛禮)의 초가집을 들 수 있으나, 공식적인 최초의 절은 이차돈(異次頓)의 순교를 빚어낸 천경림(天鏡林)의 흥륜사(興輪寺)를 들 수 있다.

　우리 나라에서 사찰을 '절'이라고 부르게 된 유래에 대해서는 아직 정설(定說)이 없지만, 다소 신빙성 있는 몇 가지 설이 있다. 그 하나는 신라에 처음 불교가 전해질 때 아도화상이 '모례(毛禮)의 집'에 숨어 살았는데, 그 '모례의 집'이 우리말로는 '털례의 집'이었고, 그 '털'이 '덜'로 바뀌었다가 다시 '절'로 되었다는 설이다. 또한 사찰에 와서는 절을 많이 하여야 하고, 절을 많이 하는 곳이기 때문에 '절'이라고 부르게 되었다는 설이 있는데, 이는 승려들이 종교적인 심성을 일깨우기 위해 의미를 붙인 것이다.

　그리고 일본에서는 사찰을 '데라'라고 한다. 이는 파리어(巴梨語) '테라(There)'에서 왔다는 설과 아도가 머문 "털례의 집"에서 연유되어 일본으로 전해졌다고 보는 설이 있다.

3. 사찰은 왜 산 속에 많은가?

　평지가 많은 인도나 중국은 말할 나위도 없거니와, 우리 나라와 일본도 고대의 사찰은 주로 시가지의 중심부에 건립되는 것이 상례처럼 되어 있었다. 그러나 시대 상황과 사회적 여건에 따라 우리 나라 사찰은 수행이나 포교에 역점을 두는 특수성을 나타내기 시작하였고, 사찰은 크게 평지가람형(平地伽藍型)·산지가람형(山地伽藍型)·석굴가람형(石窟伽藍型)의 세 가지 유형으로 분류되고 발전되었다.

　평지가람은 나라의 서울을 중심으로 넓은 사역(寺域)에 장엄한 건축물을 가지는 것이 보통이다. 특히 왕실(王室)의 원당(願堂)이나 국찰(國刹) 등으로 많이 건립되었고, 동시에 불교의 대중화에도 큰 영향을 끼쳤다.

　깊은 산골에 자리잡은 산지가람은 신라 말기에 도입된 선종(禪宗)의 영향과 풍수지리설(風水地理說)에 의거하여 수도 생활에 적합하도록 설계된 특징을 지닌다. 석굴가람은 천연 또는 인공의 석굴에 건립하는 사찰로서, 주로 기도를 위한 도량으로 이용되었다. 이 석굴가람은 우리 나라보다는 인도나 중국에 많았던 유형이다.

　불교를 국교로 삼았던 삼국 및 통일신라시대, 그리고 고려시대에는 평지가람이 산지가람만큼이나 많았다. 그리고 산지가람은 그 규모에 있어서 도저히 평지가람에 미치지 못하였었다. 그러나 오늘날의 우리 나라 대찰(大刹)은 거의 산 속에 있고, 사찰이라고 하면 산 속에 있는 것을 당연한 것으로 생각하게 된다.

　왜 우리 나라만 이렇게 산지가람이 많아지게 된 것인가? 그 이유는 크게 다섯 가지로 나누어 볼 수가 있다.

　첫째는 우리 민족의 뿌리 깊은 산악신앙 때문이었다. 백두산을 시원으로 하여 전국토로 퍼져 갔던 한붉신앙, 그리고 나라를 세운 국조(國祖)들은 죽어서 산신이 되어 이 국토를 영원토록 지키고 백성들을 돌볼 뿐 아니라, 국조를 낳은 성모(聖母)는 모두가 산신이라고 믿었던 우리 조상들이었다. 또한 그들은 기쁘고 궂은 일이 있을 때 산신을 찾아 기도하고 산신의 뜻에 운명을 맡겼었다. 이와 같은 산악신앙이 우리 민족의 혈관 속에 흐르고 있었기에 불교의 참된 빛 또한 산 속에서 이루어질 수밖에 없었던 것이다.

　따라서, 고승들은 산봉우리 마다에 불보살(佛菩薩)의 이름이나 불교의 지고한 사상을 응축시킨 용어들로 봉우리 이름을 지어 붙였으며, 그 산 속 모든 곳에 부처님이 머물러 있고 부처님이 숨쉬고 계신 도량이라고 설파함으로써 우리 고유의 산악신앙을 무리없이 흡수하였다.

　전국의 이름있고 성스러운 산, 특히 경주의 남산, 금강산, 오대산 등에 있었던 많은 사찰들은 고유의 산악신앙을 기초로 하여 그 산들을 불보살이 머물러 있는 불교의 성지(聖地)로 변화 발전시킴에 따라 자연스럽게 창건될 수 있었던 것이다.

　둘째로는 실리적인 호국호법(護國護法)의 의지에서 산지가람이 많이 창건되었다. 즉, 왜구들의 침략과 관련하여 창건된 금정산 범어사, 토함산 석굴암 등의 사찰들, 백제와 국경을 접하는 지리산 등에 신라의 사찰을 건립한 것은 조국 수호의 강인한 의지가 불력(佛力)으로 승화된 사상성의 발로라고 볼 수 있다.

그리고 승려들의 의지가 크게 작용한 것은 아니지만, 조선시대에는 도읍을 지키기 위하여 쌓은 북한산성과 남한산성, 그리고 전국의 주요 산성 안에 승군(僧軍)들을 주둔시키기 위하여 많은 사찰을 지었던 것도 실리적인 호국의 의지라고 보지 않을 수 없다.

셋째는 불교의 초세속주의(超世俗主義) 경향 때문이었다. 세속의 명리나 행복보다는 '탈속(脫俗)과 해탈을 추구하라'는 불교의 근본 가르침에 따르는 수행인들의 수도처로는, 그 어느 곳보다 한적한 산중이 가장 적합한 장소가 될 수밖에 없었다.

넷째는 신라말의 도선국사(道詵國師)가 풍수지리학에 입각하여 제창하였다는 산천비보설(山川裨補說)의 영향력 때문이었다. 산천비보란 나라 안에 있는 산천의 쇠한 기운을 보익(補益)하여 국가의 기업(基業)을 튼튼하게 하는 것을 말한다. 도선국사의 설에 의하면, 지형이나 지세(地勢)는 국가나 개인의 길흉과 밀접한 관계를 가지고 있는 것이라고 한다. 그리고 땅에도 쇠약함과 왕성함, 순조로움과 어긋남이 있기 마련이다.

따라서 도선은 인체에 쑥을 놓아 뜸(灸)을 뜨듯이 절과 탑을 쑥으로 삼아 쇠약하거나 어긋남이 있는 곳에 뜸질을 하면 삼재(三災)가 가시고 나라가 튼튼해진다고 하면서, 전국을 돌아다니며 절을 세울 곳을 선정하였다. 이와 같은 산천비보설은 왕건(王建)에 의해서 깊이 신봉되어 고려시대 5백 년 동안 도선이 지정한 산에 수많은 사찰이 창건되었던 것이다.

끝으로, 사찰이라고 하면 산사(山寺)를 연상하게 된 가장 큰 이유는 조선시대의 배불정책 때문이었다. 1392년의 조선 개국(開國)에서부터 대한(大韓)으로 국호를 고친 1897년까지의 불교는 한마디로 배척과 억압을 당한 수난의 불교라고 할 수 있다. 왜 불교가 산속으로 숨어야 했던가? 많은 억압책 가운데 몇 가지 예만 들어 보기로 하자.

태종 6년(1406)에는 전국의 사찰 가운데 242개만을 남겨 두고, 그 나머지를 폐사(廢寺)로 만들어서 토지와 노비를 몰수하였다. 세종 6년(1424)에는 36개의 사찰만을 남겨 두었으며, 승려들의 도성(都城)

출입을 금지하였다. 그리고 성종은 도성 안의 염불소(念佛所)와 비구니 사찰 23개를 모두 헐어버리고 전국 승려의 환속을 꾀하였으며, 연산군은 승려의 무조건적인 환속과 더불어 그들을 노비로 삼아 사냥을 할 때 데리고 가서 살생의 동조자인 몰이꾼으로 이용하기까지 하였다.

이와 같은 국가 차원의 억압은 개화기 때까지 계속되었고, 이에 동반한 유생들의 횡포 속에서 승려들은 맞아 죽어도 하소연조차 할 수 없었으며, 마을 가까이에 있는 사찰은 유생들이 주연(酒宴)을 베푸는 장소로 이용되기까지 하였다.

결국 왕릉을 돌보거나 왕족의 원찰(願刹)이 되었던 몇몇 사찰을 제외하고는 모두 깊은 산 속으로 숨어들지 않을 수 없게 되었던 것이다. 깊은 산 속에서 승려들은 피나는 정진을 통하여 불도(佛道)의 명맥을 이어왔고, 그것이 5백 년의 세월 동안 계속되었으므로 오늘날까지 사찰은 으레 산에 있어야 하는 것처럼 인식되어지고 있다.

사찰은 불제자들이 부처님의 가르침을 쫓아 불도를 닦고 불법(佛法)을 널리 전파하는 요람이다. 이것이 사찰의 본질이요, 작용이다.

따라서 그 이름은 상가람마·정사·가람·사원·절, 그 어느 것이라도 좋다. 그 위치가 산이거나 도시이거나 해변이거나 상관이 없다.

사찰은 중생의 번뇌와 업(業)을 녹여 부처님의 세계로 인도하는 도량이다. 그곳은 생불(生佛)을 배출하는 도량일 뿐이다.

사찰에 사는 사람이나 사찰을 찾는 모든 사람들, 그들은 한결같이 그 본질을 되새기고 회복해 가지면서 그곳을 찾고 그 속에 머물러야 하리라.

제2장

해탈의 세 관문
― 일주문 · 천왕문 · 불이문 ―

1. 산문은 해탈의 길목

　생불(生佛)을 만드는 도량인 사찰! 그곳의 중심은 불국정토(佛國淨土)이다. 왜 거기에 사찰이 있고 있어야만 하는가? 사바(娑婆)의 중생을 불국 속으로 인도하기 위하여, 중생의 미혹을 깨달음으로 탈바꿈시키기 위하여, 중생의 고통을 해탈로 승화시키기 위하여 사찰은 거기에 있는 것이다. 그러기에 사찰의 중심에 도달하기까지의 길목길목에는 불국토를 향하는 수행의 과정을 상징적으로 묘사한 조형물들이 요소요소를 지키고 있다.

　사찰의 초입(初入)을 살펴보라. 왕방울만한 눈을 부릅뜨고 투박한 코로 부정한 냄새를 맡으려는 듯이 지키고 선 장승. 세속의 번뇌를 계곡물에 흘려 보내고 새로운 세계로 건너가라며 속삭이는 두터운 돌다리. 이제 머잖은 곳에 진리의 법륜(法輪)을 굴리는 불국토가 있음을 무언으로 설파하며 우뚝 서 있는 당간지주(幢竿支柱). 때로는 돌무더기처럼 쌓여 있는 제석단(帝釋壇), 어두운 길을 밝히는 석등, 여러 가지 형태의 석수(石獸)들까지도 함께 참여하여 장엄(莊嚴)의 일익을 담당하고 있다.

　길을 따라 늘어선 이들 조형물을 지나면 그곳에 문이 나타난다.

불국정토로 들어서는 문을 마주 대하게 되는 것이다.

문(門)! 집이 있는 곳에는 문이 있다. 그 집은 문을 통하여 들어가고 나와야만 한다. 사찰의 문은 부처님의 세계로 들어가는 문이다. 고통스러운 삶을 참지 않으면 살아갈 수 없다고 하는 사바세계에서 지극한 행복이 있는 불국정토를 들어가는 문이요, 미혹과 무지(無知)로 가득찬 불각(不覺)의 세계에서 각(覺)의 세계로 들어가는 문이며, 생멸(生滅)이 있는 세계에서 참되고 한결같은 진여(眞如)의 세계로 들어가는 문이다. 그리고 생사를 열반(涅槃)으로, 번뇌를 지혜로, 속박을 해탈로 탈바꿈시키는 문이며, 무상(無常)과 고통과 무아(無我)와 부정(不淨)의 인생을 상락아정(常樂我淨)의 삶으로 전환시키는 문이기도 하다.

그와 같은 문을 통과하는 이라야 불국정토로 들어갈 수가 있고, 그 문을 지나서야만 일대 전환이 이루어진다. 불국정토를 염원하는 이라면, 성불(成佛)을 다짐하는 이라면 반드시 들어가야 할 문, 반드시 거쳐야만 할 문인 것이다. 그러기에 불교에서는 부처님이나 고승들의 설법(說法)을 '법문(法門)'이라 칭하고 있다. 왜 글월 문(文)자 '法文'이라 하지 않고 문 문(門)자 '法門'이라고 쓰는 것일까?

그 까닭은 간단하다. 진리의 세계, 그 법의 세계는 귀로 들어서 알 수 있고 도달할 수 있는 것이 아니기 때문이다. 부처님의 설법을 듣는다는 것은 곧 법의 문을 보는 것에 불과하다. 그 문은 열고 걸어 들어가야만 한다. 그 문은 반드시 통과하여야 하는 관문(關門)이요, 실천의 문이기 때문에 법문(法門)이라고 표현하게 된 것이다.

부처님의 세계로 들어가는 사찰의 문, 그 문이 곧 법문(法門)이다. 불법(佛法)에 의지하여야만 들어갈 수 있는 문이기에 문을 들어서는 데는 지극한 마음가짐이 뒤따르고 철저한 수행과 실천이 함께 요구되는 것이다.

그런데 이 절의 문을 우리 나라에서는 '산문(山門)'이라고 통칭하여 부르는 경우가 많다. 왜 산문이라고 하였는가? 유독 절이 산에 많이 있기 때문인가? 아니다. '산문' 속에는 불교의 독특한 사상과 상징성이 깃들어 있는 것이다. 이제 그 까닭을 함께 살펴보자.

산은 인간계보다 높은 곳에 위치한다. 지상의 인간세계에서 하늘을 향하는 중간 위치에 산은 솟아 있다. 무거운 번뇌를 지고 땅 위에 사는 인간은 높은 곳을 그리워한다. 산보다 더 높은 하늘을 그리워하는 것이 인간의 본능인지도 모른다. 이 세상이 괴롭기에 푸른 하늘처럼 맑은 이상향을 그리워하는 것이리라.

이와 함께 인간은 번뇌와 악업(惡業)과 고통을 싫어하는 본능도 함께 지니고 있다. 이들 고통과 번뇌는 극복되어야 할 문제, 초월하고 싶은 하나의 명제가 된다.

그래서 고대의 인도인들은 번뇌와 죄업의 무게로 여러 가지 세계를 설정하였었다. 번뇌와 악업이 가장 무거운 존재가 사는 세계를 땅 속에 두어 지옥이라 하였고, 무겁지도 가볍지도 않은 번뇌와 업이 깃든 곳을 지상의 인간계라고 보았으며, 옅은 번뇌와 선업으로 가득찬 세계를 하늘 나라〔梵天〕로 삼았던 것이다. 번뇌가 옅고 고통이 없는 세계를 그리워하는 본능에 따라 인도인들은 범천(梵天)을 만들었고, 범천에 태어나기 위해서는 번뇌를 떨쳐버리고 해탈을 향한 수행을 하여야 한다고 굳게 믿었었다.

번뇌가 옅어진다는 것은 무엇을 뜻하는가? 그만큼 수행의 경지가 높이 올라가 있다는 것을 뜻한다. 마음을 깊이 닦아 사소한 일에 동요하지 않음을 의미하는 것이다. 자기의 마음 속으로 깊이 들어간다는 것, 깊은 삼매(三昧)의 생활을 한다는 것은 그만큼 높이 올라가 있다는 것을 상징하는 것이다.

이와 같은 고대 인도인의 사상을 불교가 수용하고, 다시 불교의 독특한 우주관을 정립하여 세계의 중앙에 가상의 산인 수미산(須彌山)을 설정하였다.

그리고 수미산의 위쪽으로 28개의 하늘을 층층이 두고, 수미산 기슭을 인간과 축생의 세계, 땅 밑에는 지옥이 있다고 하였으며, 28개의 하늘 나라 위를 부처님의 경지로 삼았던 것이다. 우리 나라의 사찰은 이와 같은 불교의 우주관에 입각한 조형적 체계를 갖추고 있다.

이와 같이 사찰의 문을 차례로 통과한다는 것은 번뇌와 고통의 세계인 세속의 마을을 떠나 수미산을 오르기 시작하여 부처님의 세계로 향하여 나아감을 뜻하는 것이기 때문에 산문이라고 한 것이다.

따라서 사찰의 산문은 곧 '수미산문'이라는 것을 잊어서는 안된다. 수미산의 기슭과 중턱과 마루에 있는 세 개의 산문! 이것을 우리는 삼문(三門)이라고도 한다. 이 삼문을 통과하여 수미산 정상을 오르고, 다시 28천을 모두 뛰어 넘어선 곳에 불국정토가 있다.

그러나 이 세번째 문까지는 걸어 올라가야만 한다. 세계의 중심에 우뚝 솟은 수미산 봉우리에 오르기 위해서는 대단한 용기와 철저한 준비가 요구되며, 오르는 길목에는 많은 시련과 위험이 도사리고 있고 많은 힘이 소모된다. 정상에 오른 다음부터는 허공이다. 가벼운 기운을 따라 쉽게 쉽게 위로 치솟아 불국정토에 이를 수 있게 된다. 따라서 세 개의 산문이야말로 불국정토에 도달하는 진정한 관문이라고 하지 않을 수 없고, 사찰에서 매우 큰 비중을 지닌 건물로 손꼽힐 수 있는 것이다.

원래 초기의 사찰에는 세 개의 문이 모두 갖추어져 있지 않았다. 우리 나라 고대의 가람 배치를 살펴볼 때도 사찰에는 정문(正門) 하나 밖에 없었다. 특히 평지가람(平地伽藍)일 경우에는 더욱 분명히 나타나고 있다. 그런데 후대에 내려오면서 종교적 의미를 부여하여 세 개의 문을 두게 된 것이다.

중국이나 일본에서는 세속의 왕이 사는 궁궐과 대응하여 출세간의 왕인 부처님이 사는 곳에 삼문을 두게 되었다. 따라서 문 이름도 중국이나 일본의 경우에는 사찰 입구의 문을 삼문(三門) 또는 총문(總門)이라 총칭하고, 초입의 문을 산문(山門), 가운데 큰 문을 대문(大門), 마지막 문을 중문(中門)이라고 지칭하고 있다.

그러나 우리 나라에서는 삼문을 총칭하여 산문이라 하고, 입구의 문을 일주문(一柱門), 가운데 문을 천왕문(天王門), 마지막 문을 불이문(不二門) 또는 해탈문(解脫門)으로 명명하고 있다. 또 사찰에 따라서는 일주문과 천왕문 사이에 금강문(金剛門)을 따로 두는 경우도 있다.

왜 우리 나라 사찰만이 산문에 이와 같은 독특한 이름을 붙이고 있는 것일까?

그 까닭은 산문 그 자체가 불교의 수미산 중심설에 입각한 수행 경지를 나타내기 위한 것이고, 수행인이 어떻게 닦아야만 불국정토에 나아갈 수 있는가를 교학 체계에 따라서 암시하기 위한 것이었다. 여기서의 교학 체계라 함은 곧 일심(一心)과 각(覺)의 체계를 뜻한다. 대부분의 불교 경전들이 이와 같은 교학 체계를 반영하고 있지만, 《대승기신론(大乘起信論)》은 그 중에서도 가장 조직적이고 논리적으로 일심과 각의 체계를 고증한 문헌이다. 《대승기신론》의 체계, 우주의 수미산 중심설을 산문에 대비시켜 보면〔도1〕과 같다.

이제 이들 산문을 차례로 들어서면서 그 속에 깃든 깊은 정신 세계와 교학 체계, 수행 등을 살펴보기로 하자.

〔도1〕

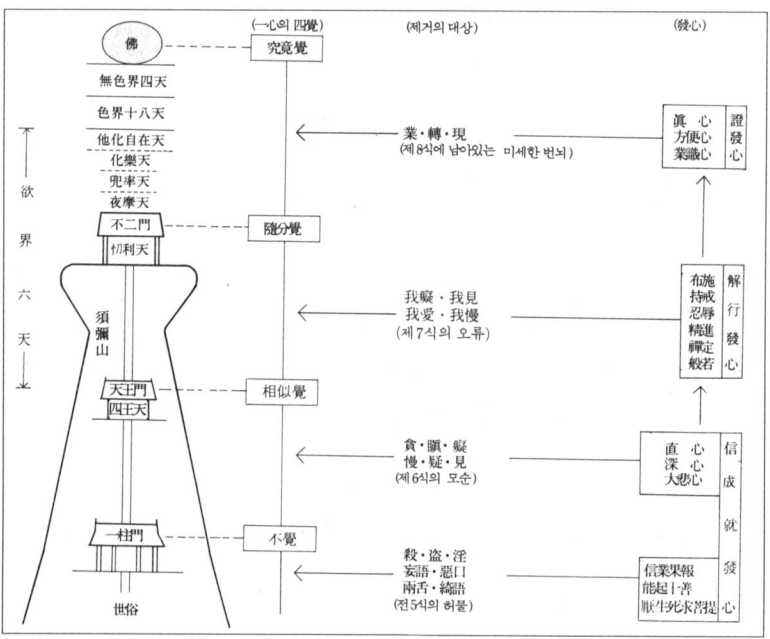

2. 일주문

　기둥이 일직선상의 한 줄로 늘어서 있다고 하여 일주문(一柱門)이라고 불리우는 첫번째 관문! 흔히 지붕을 얹은 일반 건축물이라면 네 개의 기둥을 사방에 세우고 지붕을 얹는 것이 원칙이다. 그러나 일주문만은 사방이 아닌 일직선 기둥 위에 지붕을 얹는 독특한 양식을 보이게 된다.
　왜 사찰에 들어서는 이 첫번째 문만 독특한 양식을 취한 것일까? 그것은 일심(一心)을 의미하는 것이다. 신성한 가람에 들어서기 전에 세속의 번뇌로 부산히 흩어진 마음을 하나로 모아 진리의 세계로 향하라는 상징적인 의미가 담겨 있다.
　진리의 세계는 한 마음이라야 통한다. 그 마음이 쪼개어지고 나누어져 있을 때 삼매(三昧)는 생겨나지 않으며, 삼매가 없는 수행이라면 결코 진리와 하나가 될 수 없는 것이다. 부처는 일심을 깨달은 분이요, 일심을 회복해 가진 분이다. 일심을 잃어버린 자, 그가 곧 중생이다. 성불을 염원하는 중생이라면 무엇보다도 먼저 일심을 모아 삼매를 이루어야 하지 않겠는가!
　그리고 이 문을 들어서는 구도자에게는 신심(信心)을 성취시키는 기본적인 몇 가지 수행이 요구된다.
　첫째, 철두철미하게 인과응보(因果應報)의 도리를 믿어야 한다. 좋은 일에는 좋은 결과가, 나쁜 일에는 나쁜 결과가 닥쳐온다는 인과의 도리를 믿고 이 문을 들어서야 한다는 것이다. 인과의 도리를 믿는 것, 이것은 불교 수행의 첫걸음이다. 이 도리를 믿지 않으면 모든 수행도 회의와 갈등으로 치닫게 되어 결과적으로 삼매를 이룰 수 없게 되고 마는 것이다.
　둘째, 마음이 곧고 정당한 사람이라면 마땅히 지키고 행하여야 할 십선(十善)을 닦으라는 것이다.
　① 산 목숨을 죽이지 말며〔不殺生〕
　② 훔치지 말며〔不偸盜〕

③ 간음하지 말며〔不邪淫〕
④ 거짓말하지 말며〔不妄語〕
⑤ 상스러운 말을 하지 말며〔不惡口〕
⑥ 중상 모략, 이간시키는 말을 하지 말며〔不兩舌〕
⑦ 희롱하는 말을 하지 말며〔不綺語〕
⑧ 탐욕에 빠지지 말며〔不貪慾〕
⑨ 시기·질투·분노하지 말며〔不瞋恚〕
⑩ 사견을 품지 말라〔不邪見〕.

비록 이와 같은 덕목(德目)들이 평이한 규범으로 느껴질지 모르지만, 이 십선이야말로 스스로의 인생 행로를 지켜주는 스스로를 위한 철저한 무장이라는 것을 잊어서는 안된다.

셋째는 생사의 고통을 벗어나서 깨달음〔菩提〕을 구하겠다는 굳건한 결심을 하는 일이다. 일반적으로 생사(生死)라고 하면 육신이 나고 죽는 것을 말한다. 그러나 불교에서는 이 생사를 보다 심도있게 조명하여 한 생각 일어나고 사라지는 것도 생사라고 보았다. 일심의 바다에서 한 조각의 번뇌가 일어났다가 사라지는 것까지를 생사라고 본 것이다.

부산 범어사 일주문

양산 통도사 일주문

이에 따르면 번뇌로 인생을 채우는 중생의 삶이란 곧 생사의 연속이다. 문자 그대로 '중생(衆生)'인 것이다. 그러나 중생의 번뇌가 일심의 바다를 결코 떠난 일이 없었고, 그것이 곧 마음의 파도임을 자각할 때, 깨달음의 문이, 성불의 문이 열리게 되는 것이다.

일주문 앞에 서면 마땅히 인과의 도리를 믿겠다는, 마땅히 십선을 닦겠다는, 기필코 성불하겠다는 발심(發心)을 일으켜야 한다. 그것이 일심을 완전히 회복해 가진 불국정토를 향하는 구도자의 참된 자세일 것이다.

그러나 아직 일주문의 경지는 아직 무언가를 깨달았다고는 할 수 없는 위치이다. 다만 분명한 결심과 실천 의지를 보인 단계일 뿐, 사실상 그 깨달음은 깨달음이 아니기 때문에 《기신론》에서 밝힌 시각(始覺)의 네 단계 중 '불각(不覺)'에 대입하는 것이 합당할 것이다.

일주문의 지붕은 대체로 다포계의 맞배지붕 양식을 취하고 있고, 그 규모는 어떠한 절에서나 일주 삼칸(一柱三間)을 원칙으로 삼고 있다. 이 일주 삼칸이 뜻하는 바는 《법화경》에서 천명한 회삼귀일사상(會三歸一思想)이다. 중생의 바탕과 능력에 따라 성문(聲聞)·연각(緣覺)·보살(菩薩)로 나뉘어진 불교의 여러 교법을 오직 성불을 지향하는 일불승(一佛乘)의 길로 향하게끔 한다는 사상적 의미가 담겨 있는 것이다.

이 문에는 많은 현판들을 걸어서 사찰의 격을 나타내기도 한다. 우리 나라의 대표적인 일주문으로 동래 범어사의 일주문과 양산 통도사의 일주문, 합천 해인사의 일주문 등을 들 수 있다. 이들 가운데 통도사의 경우 문 중앙에 '영축산 통도사(靈鷲山通度寺)'란 현판을 걸어 사찰명을 밝히고 좌우 기둥에 '불지종가(佛之宗家)'와 '국지대찰(國之大刹)'이라는 주련(柱聯)을 붙여서 불보 사찰(佛寶寺刹)인 이 절의 성격을 나타내고 있고, 범어사의 경우에는 문 중앙에 '조계문(曹溪門)', 좌우에 '금정산 범어사(金井山梵魚寺)'와 '선찰대본산(禪刹大本山)'이라는 현판을 걸어서 이 절이 선수행 도량임을 분명히 하고 있다.

불국정토에 나기를, 부처를 이루기를 일심으로 염원하며 들어서는 첫번째 관문인 일주문. 이곳에서 모든 불자는 인과법과 십선과 보리심을 되새기며, 합장한 자세로 마땅히 마음을 모으고 일승의 길을 향하여 정진을 다짐해야 하리라.

3. 천왕문

일심으로 뜻을 다지고 일주문을 통과하여 수미산을 오르는 구도자에게는 숱한 역경이 앞을 가로 막는다. 정상은 구름 속에 가리워져 있어 그 끝을 알 수가 없고, 걸음은 차츰 무거워져 몸을 지탱하기 어려우며, 큰 짐승의 울부짖음과 독충들의 몸짓은 금방이라도 산 아래의 집을 그립도록 만든다. 그처럼 굳고 지극했던 신심도, 성불의 염원도 끝이 보이지 않는 오르막 길을 걷다보니 한풀 꺾였으리라……

이때 깊은 산중, 수미산의 중턱에 있는 사천왕의 궁궐이 모습을 나타내게 된다. 이것이 천왕문(天王門)이다. 굳게 닫힌 천왕문! 그

보은 법주사 천왕문

대문의 좌우에는 금강역사(金剛力士)가 지키고 있다.

조형적으로 볼 때 우리 나라 사찰에서는 일반적으로 천왕문의 대문에다 금강역사의 모습을 그려 놓은 경우가 많고, 때로는 천왕문 안에 조각상을 만들어서 세우기도 한다. 그리고 금강역사만을 별도로 모신 금강문(金剛門)을 천왕문 앞쪽에 세운 경우도 볼 수 있다.

먼저 금강역사에 관하여 살펴본 다음 사천왕의 세계로 들어가 보자.

(1) 금강문

금강역사는 불교의 수호신이다. 대체로 불탑(佛塔) 또는 사찰의 문 양쪽을 지키는 수문신장(守門神將)의 역할을 담당하며, 인왕역사(仁王力士)라고도 한다. 이 신은 여래의 온갖 비밀스런 사적(事蹟)을 알고 있을 뿐만 아니라, 5백의 야차신(夜叉神)을 거느리면서 현겁(賢劫) 천불(千佛)의 법을 수호한다고 한다.

보통 사찰 문의 왼쪽에는 밀적금강(密蹟金剛), 오른쪽에는 나라연금

석굴암의 아금강역사상 　　　　　　　　석굴암의 훔금강역사상

강(那羅延金剛)이 서 있게 된다. 이 중 나라연금강은 천상계(天上界)의 역사로서 그 힘의 세기가 코끼리의 백만 배나 된다고 한다. 밀적금강은 손에 금강저(金剛杵)라는 무기를 쥐고 항상 부처님을 호위하는 야차신의 우두머리로서, 부처님의 비밀스런 사적은 모두 듣겠다는 서원(誓願)을 세웠으므로 '밀적'이라는 이름을 얻었다고 한다.

　이들 두 역사의 머리 뒤에는 커다란 원형의 두광(頭光)이 있다. 이 두광은 이들이 단순하게 힘만 센 존재가 아니라 신성한 지혜를 고루 갖추고 있음을 상징하는 것이다.
 그 모습을 살펴보면 나라연금강은 입을 크게 열어 '아'하는 소리를 내면서 공격하는 자세를 취하게 되며, 밀적금강은 입을 굳게 다문채 방어하는 자세를 취하게 된다. 흔히 입을 열고 있는 역사를 '아금강역사', 입을 다물고 있는 역사는 '훔금강역사'라고 하는데, 이때의 '아'는 범어의 첫글자이고 '훔'은 끝글자이다. 두 금강역사의 입은 시작과 끝을 연결하는 영원과 통일과 완성을 상징하는 것이다.
 이를 보다 구체적으로 살펴보면, '아'와 '훔'은 범어인 '옴'에서 나온 말이다. 옴은 'A+u+m —'의 결합문자로서, A는 창조와 출발과 시작, u는 유지와 존립, m은 끝과 소멸 등을 상징하며, '—'는 시작과 끝을 넘어서서 말로는 표현할 수 없는 진리에 대한 여운을 뜻한다. 따라서 이 네 가지가 결합되어 이루어진 '옴'은 영원·완성·조화·통일·성취 등 모든 성스러움을 포함하고 있는 신령스러운 주문으로 받들어지고 있다. 두 금강역사는 '아'·'훔'으로 나누어서 이 신령스런 주문인 '옴'을 표출시킨 것이다. 즉 수미산 중턱까지 올라온 구도자를 향하여, '옴'이라는 감탄사와 함께 이제 머잖아 완성과 영원의 자리에 이를 수 있으니 힘을 내라는 격려의 말을 하고 있음이리라.
 그리고 '아금강역사'가 공격형 자세를 취하는 것은 출발 시점에서의 진취적으로 나아감을 뜻하고, '훔금강역사'가 방어형 자세를 취하는 것은 소멸의 단계에서 거두어 들이는 것을 상징화시켜 묘사한 것이다. 그리고 웃옷은 벗고 하의만을 입은 채 무기를 쥐지 않고 밖에서 안으로 한 팔을 올리고 한 팔을 내린 자세를 취하거나, 한 손에 칼을 쥐고 있는 모습 등을 취하기도 한다.
 우리 나라 금강역사상의 특징은 중국 및 일본과는 달리 무섭다기보다는 악의(惡意)가 없는 순진성을 읽을 수 있다는 데 있다. 무서운 모습을 취하여 악귀(惡鬼)를 쫓아내겠다는 의미보다는 그 순진성으로 수미산을 올라온 지친 구도자에게 더한 용기와 힘을 불어넣어 주고자 함일 것이다. 조형미로 볼 때 가장 완벽한 금강역사상은 석굴암(石窟庵)의 것이 가히 세계 제일이라고 자부할 수 있다.

(2) 천왕문

천왕문은 불법(佛法)을 수호하는 외호신(外護神)인 사천왕(四天王)을 모신 전각이다. 외호신이란 불국정토의 외곽을 맡아 지키는 신이라는 뜻이며, 동·서·남·북의 네 곳을 지키게 된다.

이 천왕상들은 불거져 나온 부릅뜬 눈, 잔뜩 치켜 올린 검은 눈썹, 크게 벌어진 빨간 입 등 두려움을 주는 얼굴에 몸에는 갑옷을 걸치고 손에는 큼직한 칼 등을 들고, 발로는 마귀를 밟고 있는 모습으로 묘사된다. 이 때 발 밑에 깔린 마귀들은 고통에 일그러진 얼굴로 신음하는 형상을 취하고 있다.

원래 사천왕은 고대의 인도 종교에서 숭앙했던 귀신들의 왕이었으나, 석가모니에게 귀의하여 부처님과 불법을 지키는 수호신이 되었다. 천왕들은 수미산(須彌山) 중턱 지점의 동·서·남·북에서 각각 그들의 무리들과 함께 살면서 불법을 수호하고 인간의 선악을 관찰하고 있다.

즉, 사천왕과 그 부하들은 천하를 두루 돌아다니면서 세상의 선악을 살피다가 착한 이에게는 상을, 악한 자에게는 벌을 내린다고 한다. 그리고 그 결과를 매달 8일에는 사천왕의 사자(使者)들이, 14일에는 태자(太子)가, 15일에는 천왕 자신이 도리천에 있는 제석천(帝釋天)에게 반드시 보고하게 된다.

사천왕 가운데 동쪽을 수호하는 왕은 지국천왕(持國天王)이다. 그는 안민(安民)의 신으로서 수미산 동쪽 중턱의 황금타(黃金埵)에 있는 천궁에서 살고 있다. 16선신(善神)의 한 분이기도 한 지국천왕은 선한 이에게는 복을, 악한 자에게는 벌을 주면서 언제나 인간을 고루 보살피고 국토를 수호하겠다는 서원을 세웠다고 한다. 온몸은 약간 푸른 빛을 띠고 있으며, 오른손에는 칼을 왼손은 주먹을 쥐고 허리에 대고 있거나 보석을 손바닥 위에 올려 놓고 있는 형상을 취하고 있다.

그의 휘하에는 팔부신중(八部神衆)의 하나로서 술과 고기를 먹지 않고 향기만 맡는 음악의 신 건달바(乾達婆)와 부단나(富單那)를 거느리고 있다.

제 2 장 해탈의 세 관문 37

동방 지국천(양산 통도사 천왕문)   남방 증장천(양산 통도사 천왕문)

　남쪽을 지키는 증장천왕(增長天王)은 수미산 중턱의 유리타(瑠璃唾)에 살고 있다. 이 천왕은 자신의 위덕(威德)을 증장시켜 만물을 소생시키는 덕을 베풀겠다는 서원을 세웠다.
　구반다(鳩槃多 : 註―사람의 정기를 빨아 먹는 귀신. 말 머리에 사람의 몸을 취하고 있다)와 아귀(餓鬼)인 폐례다(薛荔多) 등을 거느린 증장천왕의 몸은 붉은 기운이 도는 적육색을 띠고 있으며, 노한 눈을 특징으로 삼고 있다. 그리고 오른손으로는 용을 꽉 움켜지고 있으며, 왼손은 위로 들어 엄지와 중지로 용의 입에서 빼낸 여의주를 살짝 쥐고 있는 형상을 취한 경우가 많다.
　서쪽을 지키는 광목천왕(廣目天王)은 수미산 중턱의 백은타(白銀唾)에 살고 있다. 광목천왕은 흔히 잡어(雜語)·비호보(非好報)·악안(惡眼)이라고도 불리우고 있는데, 이는 그의 남다른 모습에서 유래한 것이다. 즉, 이 천왕의 몸은 백색으로 장식되어 있고, 웅변을 통하여 온갖 나쁜 이야기를 물리친다는 것을 상징하기 위하여 다른 천왕과는 달리 입을 벌린 형상을 취하고 있다. 또 눈을 부릅뜸으로써 그 위엄으

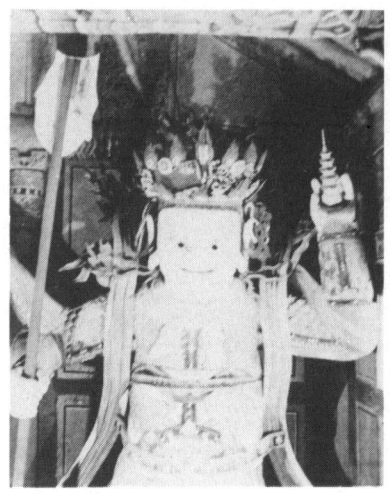

서방 광목천(양산 통도사 천왕문)　　　북방 다문천(양산 통도사 천왕문)

로 나쁜 것을 몰아낸다고 하여 악안 또는 광목이라고 부르는 것이다.
　이 천왕의 근본 서원은 죄인에게 벌을 내려 매우 심한 고통을 느끼게 하는 가운데 도심(道心)을 일으키도록 하는 것이다. 그는 붉은 관을 쓰고 갑옷을 입었으며, 오른손은 팔꿈치를 세워 삼지창(三枝槍)을 들고 있고 왼손 위에는 보탑(寶塔)을 받들고 있다. 이 보탑 속에는 진귀한 보물이 많이 간직되어 있는데, 이를 중생에게 나누어주어 복과 덕을 얻게 한다는 것이다. 그의 무리로는 용신(龍神)과 식혈육귀(食血肉鬼)로 불리우는 비사사(毘舍闍)등이 있다.
　북쪽을 지키는 다문천왕(多聞天王)은 달리 비사문천(毘沙門天)이라고도 한다. 수미산의 북쪽 수정타(水精埵)에 살고 있으며, 언제나 부처님의 도량을 지키면서 부처님의 설법을 듣는다고 하여 '다문'이라고 한다. 그가 맡은 역할은 암흑계의 사물을 관리하는 것이며, 불교에 귀의한 뒤 한때 광명신(光明神)이 되었다가 다시 어둠 속에서 방황하는 중생을 제도하기 위하여 수미산 중턱 북쪽을 관장하는 천왕이 되었다고 한다.

몸은 흑색 계통이며, 왼손으로 비파(琵琶)를 잡고 오른손가락으로 비파줄을 튕기는 모습을 취하고 있다. 백옥 같은 이빨을 드러낸 채 환한 미소를 띠면서 비파를 타고 있는 모습은 마치 진리를 다문(多聞)함으로써 샘솟게 된 법열(法悅)을 모든 중생에게 나누어 주고자 하는 의지가 깃들어 있는 듯하다. 이 천왕에게 속하는 무리로는 야차(夜叉)와 나찰(羅刹)이 있다.

사천왕에 관한 사항을 간략히 요약하면 다음과 같다.

方位	天王名	持物 오른손	持物 왼손	피부색	얼굴특징	天宮의 위치	권 속	誓 願
東	持國天	劍	주먹	청색	다문입	黃金埵	건달바 부단나	선한 이에게는 복을, 악한 자에게는 벌을.
南	增長天	龍	如意珠	적색	노한눈	瑠璃埵	구반다 폐례다	만물을 소생시키는 덕을 베품.
西	廣目天	三枝槍	寶塔	백색	벌린입	白銀埵	용 비사사	악인에게 고통을 주어 道心을 일으키게 함.
北	多聞天	琵	琶	흑색	치아보임	水精埵	야 차 나 찰	어둠속을 방황하는 중생을 제도.

여기서 한가지 유의할 점은 사천왕의 피부색과 방위이다. 이것은 중국에 연원을 둔 목화토금수(木火土金水)의 오행설(五行說)로 풀어야 한다. 이들 오행에 방향을 대입시키면 목은 동쪽, 화는 남쪽, 토는 중앙, 금은 서쪽, 수는 북쪽이 된다. 이제 살펴보자.

동방 지국천의 얼굴을 푸른 색으로 단장한 까닭은 동쪽 목(木)의 색이 청이기 때문이고, 남방 증장천이 붉은 색을 띤 까닭은 태양이 이글거리는 남방 화(火)의 빛깔이 적색이기 때문이다. 서방과 북방의 천왕도 오행을 따라 금(金)의 백색과 수(水)의 흑색을 취한 것이다.

그렇다면 동서남북의 사천왕에게 둘러싸인 중앙은 무엇이 자리하는 곳일까? 그 중앙은 부처님이 계시는 곳이다. 황금빛[紫金色]을 띤 부처님, 오행 중 중앙에 위치하는 토(土)의 자리에는 토(土)의 황색빛을 띤 부처님이 계신다는 것을 알아야 한다.

다만 천왕문 중앙에 부처님을 모시지 않은 까닭은 일주문과 천왕문이 수행의 공간적 상황, 불국정토로 향하는 하나의 단계를 상징하며 그 자리에 건립되었기 때문이다.

이들 사천왕을 모신 천왕문을 일반적으로 정면 3칸, 측면 2칸의 맞배지붕 양식을 취하고 있으나, 조선 인조 때에 세워진 법주사(法住寺)의 천왕문은 정면 5칸 규모로써 매우 큰 것이다.

이제 이와 같은 금강역사와 천왕문을 왜 일주문과 불이문 사이의 중간 위치에 두었으며, 천왕문을 들어서기 위한 수행과 마음 가짐은 어떠하여야 하는가를 함께 살펴보자.

일반적으로 천왕문과 금강문을 세운 까닭은 사찰을 외호하고 악귀(惡鬼) 등을 내쫓아 사찰을 청정도량(淸淨道場)으로 만들려는 데 있다고 한다. 그리고 사찰을 찾는 사람들의 방일한 마음을 엄숙하게 만들고, 또 이 수호신이 지키는 사찰을 모든 악귀가 범접하지 못하는 청정한 장소라는 신성관념(神聖觀念)을 갖게 하기 위한 것이라고 한다. 물론 그러하다. 그러나 사천왕이 수미산의 중턱을 지키는 데에는 더 큰 의미가 숨겨져 있음을 알아야 한다.

불국정토를 향하여, 성불을 염원하며 수미산을 오르기 시작한 구도자. 그들이 수미산 중턱을 오를 즈음이면 이미 지칠대로 지쳐 있다. 출발 때의 맑고 굳건하던 신심이, 많은 역경과 시간의 흐름으로 인해 순수성을 잃고 갈등에 휘말릴 때도 된 것이다. 이러한 구도자를 금강역사와 사천왕은 맞이한다. 이들 신들은 말한다.

"왜 여기서 주저 앉으려고 해. 왜 여기서 포기하려는 거야. 절대로 안돼. 이제 정상이 머잖은 곳에 있어. 조금만 힘을 내. 처음 일주문을 들어 설 때의 그 순수하고 지극한 일심이면 못 오를 것도 없는 것이야. 그대가 가는 길은 우리가 지켜 줄께. 힘을 내. 힘을 내라고……."

실로 사천왕은 힘에 겨워 하는 구도인들의 마음 속에 깃든 잡된 요소들을 뿌리뽑기 위하여 무서운 모습으로 수미산의 중턱을 지키고 있는 것이다. 바로 이 점을 깊이 느껴야 한다. 사천왕은 청정도량으로서의 사찰을 지키기 위해서라기보다는 수행자의 마음 속에 깃든 번뇌와 좌절을 제거하여 다시 일심 정진할 것을 강조하기 위해서 거기에 서 있는 것이다.

단지 사찰을 청정도량으로 지키고 악귀를 내쫓기 위해서라면 사천왕이나 금강역사보다 더 힘이 강하고 법력이 깊은 사찰 안의 부처님이나 보살들로 족할 것이다. 그리고 일체중생을 남김없이 모두 제도하겠다는 부처님의 **도량일진대**, 어찌 악귀나 사심있는 자의 침범을 두려워하겠는가. 실로 수미산 중턱까지 오른 그 장한 구도자에게 포기함이 없이 끝까지 오를 것을 격려하기 위하여 금강역사와 사천왕은 그곳에 위치하고 있는 것이다.

천왕문을 《대승기신론》의 시각(始覺)의 네 단계에 대비시켜 보면 상사각(相似覺)에 해당한다. 즉 이 문을 통과할 수 있으면 표면상으로는 근사(近似)한 깨달음, 상사각이 된다는 뜻이다. 그러나 이 관문을 통과하기는 쉬운 일이 아니다. 구도자의 마음 속에 깃들어 있는 여섯 가지 그릇된 생각을 제거하여야 한다. ①한없는 욕심〔貪〕, ②시기·질투·분노하는 마음〔瞋〕, ③자기자신의 본체를 모르는 어리석음〔癡〕, ④교만〔慢〕, ⑤의심〔疑〕, ⑥고집〔見〕 등의 그릇된 모습들을 깨닫고 그들의 생각에서 그러한 그릇된 모습들을 없이하여, 크게 분별하고 집착하는 마음을 제거해야 하는 것이다.

그렇지 않으면 사천왕은 그 문을 통과시켜 주지 않는다. 즉, 이와 같은 망념들을 제거하지 않으면 더 높은 경지로 올라갈 수가 없다는 사실로 이해하여야 할 것이다.

그리고 수행자는 이때에 이르러 일심에 근거를 둔 새로운 발심을 하여야 한다. 직심(直心)·심심(深心)·대비심(大悲心)으로 구성된 삼종발심(三種發心)이다.

직심은 올바로 진여법(眞如法)을 생각하는 것이다. 즉 참되고 한결같은 진여의 본성에 의거하여 주(主)·객(客)의 분별을 지양하고 주·객 일치의 평등성을 지닌 마음을 기르는 것이다.

두번째의 심심은 마음의 근원을 파헤쳐 들어가서 그 자체를 발굴하고 빛나게 하겠다는 것이다. 깊은 마음 속에는 지극한 선(善)만이 있다. 그 선한 마음을 하나씩 하나씩 드러내어 온전히 발현시키는 그 자체가 자기 스스로를 총명하게 하는 행위의 근본이 된다고 한다.

세번째의 대비심은 불쌍히 여기는 마음이다. 즉, 모든 중생을 남김없이 고통 속에서 구제하겠다는 마음이다. 이는 남을 이롭게 하고 남을 총명하게 하는 행위의 근본이 된다.

신라의 고승 원효대사(元曉大師)는 이와 같은 세 가지 마음을 갖추어서, '악이란 악은 남김없이 버리고, 선이란 선은 실천하지 않음이 없으며, 한 사람의 중생도 버림이 없이 고통에서 구제하겠다는 결심을 발하면 그것이 곧 무상보리심(無上菩提心)'이라고 하였다.

사천왕문에 이르러 구도자는 여섯 가지 그릇된 생각들을 제거하였는가를, 세 가지 발심이 확고히 자리를 잡았는가를 점검하여야 한다. 그리고 수미산 정상에 있는 불이문(不二門)을 향하여 한발한발 힘찬 발걸음을 내딛어야 하는 것이다.

4. 불이문

해탈을 추구하는 구도자가 천왕문을 지나 수미산 정상에 오르면 제석천왕(帝釋天王)이 다스리는 도리천(忉利天)이 있고, 도리천 위에 불이(不二)의 경지를 상징하는 불이문이 서 있다. 이 불이문이 곧 해탈문(解脫門)이다. 불이의 진리로써 모든 번뇌를 벗어버리면 해탈을 이루어 부처가 된다고 하여 해탈문이라고도 부르는 것이다.

먼저 수미산 정상에 있는 도리천과 제석천왕에 대하여 간략히 살펴보자.

도리천은 불교의 28천(天) 중 욕계(欲界) 6천의 제2천에 해당한다. 따라서 지상에서는 가장 높은 곳, 하늘세계로는 아래에서 두번째 되는 곳에 도리천이 있는 것이다. 위에서 내려다 본 도리천의 전체 모양은 원형을 이루고 있으며, 중앙에는 선견천(善見天)이라는 궁궐이 있어 제석천왕이 머무르고, 사방에는 각기 8성씩 32성이 있어 천인들이 살고 있다고 한다. 제석천왕은 이들 32성을 모두 관장한다.

그리고 중앙의 선견성과 주변의 32성을 합한 33성으로 도리천이 구성되어 있기 때문에 이 천상계를 '33천'이라 부르고 있다. 33천을 도리천이라고 한 까닭도 33을 인도말로 '도리(Trāy)'라고 한 때문이다.

이들 33천은 매달 8 · 14 · 15 · 23 · 29 · 30일의 육재일(六齋日)마다 성밖의 선법당(善法堂)에 모여 법에 맞고 법답지 않은 일을 평론하게 된다. 이때 지상에 있는 중생들의 선행과 악행을 함께 다루게 된다고 하여, 불교 신도들은 6재일에 한 끼만의 식사를 하는 등 팔재계(八齋戒)를 지키면서 몸과 마음을 청정하게 한다는 것이다.

팔재계는 팔관재계(八關齋戒)라고도 한다.

석굴암 제석천왕상

① 중생을 죽이지 말라.
② 훔치지 말라.
③ 음행하지 말라.
④ 거짓말하지 말라.
⑤ 술마시지 말라.
⑥ 꽃다발을 쓰거나 노래하고 춤추고 풍류잡이를 하지 말며, 가서 보고 듣지도 말라.
⑦ 높고 넓은 큰 평상에 앉지 말라.
⑧ 때 아닌 때에 먹지 말라.

이상의 여덟 가지가 팔관재계이다. 사미십계의 제6과 제7을 팔관재계의 제⑥으로 함께 묶어 엮었고, 사미십계의 마지막 계인 "돈과

금은 보물을 가지지 말라"는 조목은 세속인에게 합당한 것이 아니기 때문에 삭제시켜 이 팔관재계를 만든 것이다. 즉, 출가자가 지켜야 할 기본 십계를 재가 신도에게 맞도록 고쳐 놓은 것이 팔관재계이며, 이와 같이 출가 수도승이 행하는 생활을 한 달에 여섯 번씩 행하도록 함으로써 그들의 청정한 삶과 마음의 정화를 유도한 것이다.

그러나 이와 같은 팔관재계는 스스로 지키고 스스로 행할 일이다. 특별한 감독관이나 구속력이 있을 수 없다. 하여, 그 정신적인 구속력을 수미산 꼭대기에 있는 33천의 신들에게 부여한 것이다.

"하늘이 나의 선행을 보고 있다."

이 한마디가 갖는 권능은 지대하다. 나의 선악과 수행을 하늘이 안다고 하는 믿음이야말로 나약한 중생에게 있어 크나큰 의지와 힘이 되는 것이기 때문이리라.

그리고 도리천의 왕 제석천은 원래 고대 인도의 천신 중에서 가장 강력한 힘을 지닌 인드라(Indra) 신이었다. 벼락과 천둥과 비바람을 관장했던 마의 신(魔神) 인드라는 부처님의 감화를 입어 불교에 귀의한 뒤, 정법(正法)을 수호하고 부처님과 그 제자들을 옹호하겠다는 서원을 세웠다고 한다.

제석천왕은 현실 세계인 사바세계를 다스리는 천왕으로서, 중생의 번뇌와 죄를 다스리는 역할도 함께 하고 있는 것이다.

잠시 석굴암이 제석천왕상을 함께 살펴보면 이는 더욱 명백해진다. 반석 위에 다섯 발가락을 모으고 굳건히 서서, 오른손으로 불자(拂子)를 쥐고 왼손은 가슴 밑쪽으로 대어 금강저(金剛杵)를 받들고 있는 제석천! 연꽃이 아니라 반석 위에 선 것은 제석천왕이 비록 수미산 아래의 모든 세상을 관장하는 권력의 신이지만, 아직 부처나 보살의 경지에는 이르지 못하였음을 가시적으로 나타낸 것이고, 오른손의 불자는 중생의 번뇌를 털어내는 상징적인 도구, 왼손의 금강저는 탐욕과 죄악을 타파하는 지혜와 힘을 상징하는 도구인 것이다.

또한 우리 나라 사찰 신중탱화(神衆幀畫)의 대부분에는 제석천이 등장하고 있으며, 금강저를 많이 들고 있음을 쉽게 찾아볼 수 있다는 점에도 주의를 기울여야 할 것이다.

고려시대의 일연선사(一然禪師)와 이승휴(李承休)는 단군신화에 나오는 환인(桓因)을 제석천으로 이해하였다는 사실이다. 인도 고대 신화에서 강력한 군신(軍神)이요 주재신(主宰神)으로서, 동방을 수호했던 인드라신이 불경을 한역(漢譯)할 때 석제환인타라(釋帝桓因陀羅)로 표기되었고, 줄여서 제석천(帝釋天)이라고 불렀기 때문이라는 것이다.

이와 같은 제석천왕의 세계인 도리천 위에 불이문은 세워져 있다. 바꾸어 말하면 33천보다 더 높은 경지에 불이문이 세워져 있음을 뜻하는 것이다. 그러나 도리천 위로 전개되는 26개의 하늘 나라를 넘어서는 곳에 부처의 경지가 있다는 것을 상기한다면, 실질적으로 불이문이 세워질 곳은 더 높은 곳이어야 하지만, 땅을 디딜 수 있는 마지막 정상이 33천이기 때문에 그 위에다 불이문을 세운 것이라고 보면 무리가 없다.

여기서 한 가지 의문을 던져보자. 왜 불이문의 위치를 수미산 정상으로 본 것인가?

첫째, 불이문에 이르기 위해서는 천왕문을 통과해야 한다. 그 천왕문을 통과하여 이르는 곳은 수미산 정상이고, 그 정상에 33천이 있는 것은 당연한 귀결이다. 즉 사찰의 3문 배치법으로 볼 때 입구에는 수미산 기슭을 상징하는 일주문을 세우고, 중간에는 수미산 중턱의 세계를 묘사한 천왕문, 마지막으로 수미산 정상에 불이문을 세워 지상과 허공 중의 세계, 번뇌와 깨달음의 세계를 구별지은 것이다.

둘째는 특정 사찰인 불국사의 청운교·백운교와 불이문과의 관계에서 찾아볼 수 있다. 경주 불국사의 불이문[현판명은 紫霞門]에 도달하려면 청운교와 백운교의 33계단을 올라가야만 한다. 이것은 33천인 도리천에 올라서야만 불이문에 이를 수 있다는 것을 상징적으로 조형화한 것이다.

여기서 잠시 불국사 불이문의 현판을 '자하문(紫霞門)'이라 한 까닭에 대해 잠시 살펴보자. 자하문은 '자주빛 안개가 서려 있는 문'이라는

불국사 청운교·백운교·자하문 33천을 의미하는 33계단을 올라 자하문에 이르게 된다. 자하문은 곧 불국사의 불이문이다.

뜻이다. 이때의 자주빛(紫色)은 자금색(紫金色)의 준말이며, 부처님의 몸 빛깔은 자금색이라고 한다. 동양의 관상학에서 볼 때 자색은 길상을 나타내는 가장 대표적인 색이다. 일생에 한 두번, 생애 최고의 경사가 있을 때 자색이 잠깐 사람의 얼굴에 비친다고 한다. 이 서기로운 색을 언제나 발하고 있는 황인종 부처님의 몸! 그 몸을 자금색신(紫金色身)이라 한 것이다.

따라서 자하문의 자금색 안개는 부처님의 몸에서 풍겨나온 서기가 안개처럼 구도자의 앞을 가리고 있음을 상징화한 것이며, 불이문 또는 해탈문이 부처님의 서기를 느끼고 부처의 경지를 어렴풋이나마 감지할 수 있는 자리에 서 있음을 나타내고 있는 것이다.

이제 자금색 안개로 가리워진 불이문을 열고 들어서면 부처님을 모신 전각이 나타난다. 그곳이 바로 불국정토인 것이다. 그곳이라면 곧 부처의 경지에 이를 수 있는 자리, 이제 분(分)을 따라 차례로 깨달아

가기만 하면 불지(佛地)에 도달할 수 있는 경지라고 하여 《기신론》에서는 수분각(隨分覺)이라고 하였다.

그러나 나를 모르는 어리석음[我癡], 나를 내세우는 고집[我見], 나만을 중하게 여기는 생각[我愛], 나 스스로에 대한 교만[我慢] 등 사람들의 물든 마음 가장 깊숙한 곳에 숨어 있는 잠재적인 자의식(自意識)마저 모두 떨쳐 버리지 않으면 이 문을 통과할 수가 없다. 그리고 보시(布施)·지계(持戒)·인욕(忍辱)·정진(精進)·선정(禪定)·반야(般若) 등 보살의 육바라밀행(六波羅蜜行)을 실천하면서 끊임없이 자각(自覺)·각타(覺他)의 길을 걸어가야만 한다.

이와 같은 보살에게 불이문은 스스럼없이 열리어 불국정토로 그를 맞아들이는 것이다.

불이(不二) ! 그것은 둘이 아닌 경지이다. 나와 너가 둘이 아니요, 생사가 둘이 아니며, 생사와 열반, 번뇌와 보리, 세간과 출세간, 선과 불선(不善), 색(索)과 공(空) 등 모든 상대적인 것이 둘이 아닌 경지를 천명한 것이다. 그 근거는 '법계의 실상이 여여평등(法界實相 如如平

양산 통도사 불이문

等)'하다는 데 있다.

그러나 불이가 하나(一)를 뜻하는 것은 아니다. 같음(同)을 뜻하는 것도 아니다. 그것은 불이이기 때문에 하나일 수도, 같은 것일 수도 있지만 서로의 개별성은 분명히 구별되어 있는 평등과 자유 그 자체이다. 그러나 이것 또한 맞지 않는다.

진정한 불이는, 참된 해탈의 경지는 언어를 넘어선 곳에 있다. 불이의 법문을 가장 극적으로 묘사하고 있는 《유마경 (維摩經)》의 마지막 단락에서는 불이가 무엇인가를 많은 보살들이 정의하고, 마지막으로 문수보살(文殊菩薩)과 유마거사(維摩居士)가 "어떻게 하는 것이 보살의 불이법문에 들어가는 방법인가"를 밝히고 있다.

이때 문수보살은 "일체법에는 언설도 없고 보일 것도 없고 알 것도 없다. 모든 법문을 여읜 것이 불이법문이다."라고 하였고, 유마거사는 침묵으로 대답을 대신하였다. 이에 대해 문수보살은 "장하고 장하다! 여기(유마의 침묵)는 문자도 언어도 없으니, 참으로 불이법문에 들어가는 것이다." 하면서 찬탄을 아끼지 않았다.

유마의 침묵을 해득하는 자! 그는 이미 불이문 속으로 들어가 있다. 그는 불이문 안으로 펼쳐진 불국정토에서 해탈의 즐거움을 만끽할 것이다. 성불이 보장되어 있는 불이문 안의 불국정토……. 그러나 무엇보다도 중요한 것은 이러한 불이나 성불이 결코 일주문을 출발할 때의 그 일심, 그때의 초발심(初發心)을 떠나지 않고 있다는 것이다. 일주문과 천왕문과 불이문과 법당이 일직선의 길을 통과하듯이, 초발심 때의 그 일심이 성불과 통한다는 것을 잊지 말아야 할 것이다.

사찰의 조형은 궁극적으로 일심의 세계를 여러 각도에서 다양하게 표출시켜 놓은 것이다. 그 일심이 때로는 물들고 때로는 가리워질지라도, 일주문을 출발할 때의 지극한 마음과 순수한 마음으로 매진한다면, 천왕문과 불이문을 넘어선 그 궁극적인 깨달음의 자리(究竟覺)는 우리들의 일심과 언제나 함께 할 것이리라.

산문을 통과하면서 우리는 맑아지고 깨어나야 한다. 무명(無明)의

껍질을 한겹한겹 벗기면서 우리들의 진아(眞我)를 회복해 가지라며, 산문은 그와 같은 모습으로 거기에 서 있는 것이다.

제3장
佛音을 전하는 四物
— 범종각(梵鐘閣) —

1. 일승원음(一乘圓音)

대저,
지극한 도(至道)는 형상 밖의 모든 것을 포함하는지라
보아도 능히 그 근원을 보지 못하고,
대음(大音)은 천지를 진동하는지라
들어도 능히 그 소리를 듣지 못하도다.
이러한 까닭에
가설을 세워 삼진(三眞)의 (오묘한 이치를) 보게 하고
신종(神鐘)을 내어 달아 일승원음(一乘圓音) 깨닫게 하노라.
그 소리 마치 용이 우는 듯하여
저 묏부리에까지 미치나니
이 소리 알아 듣는 이로 하여금
복을 누려 신(神)에 들게 하고
모든 사람 건져 다같이
깨달음의 길(覺路)에 오르게 하네.
……

〈聖德大王神鐘(일명 에밀레종) 銘文 중에서〉

제3장 佛音을 전하는 四物

범종(梵鐘). 그것은 범종각에 있다. 그 집이 2층의 누각으로 형태를 바꿀 때는 범종루(梵鐘樓)라 하게 된다. 이 범종각은 일반적으로 불이문(不二門)과 동일선상에 위치하고 있다. 즉 불이문을 들어서는 사람이 볼 때에는 왼쪽, 법당쪽에서 볼 때는 오른쪽에 해당한다.

왜 범종각은 불이문과 일직선상에 놓이는가? 글자 그대로 범종각은 범천(梵天)의 종소리가 흘러 나오는 곳이기 때문이다. 수미산 정상에 우뚝 선 불이문.

범천은 그 산정에서, 수미산 위의 하늘에서 불이문으로 들어오는 구도자를 환영하고 그가 불이의 경지에 이르렀음을 입증하는 하늘의 주악을 연주한다. 천의(天衣)를 날리며 주악을 울리는 상원사(上院寺) 범종의 비천상을 보노라면 이와 같은 장면이 문득 가슴에 와 닿는다. 구도자를 환영하는 하늘의 음악 소리를 상징하기 위해서 범종각은 불이문과 동일선상에 서 있는 것이다.

그럼, 왜 법당쪽에서 볼 때 범종각은 오른쪽에 위치하는가? 불교의 체용설(體用說)에 입각하여 볼 때 왼쪽은 체(體)에, 오른쪽은 용(用)에 해당하는데, 소리는 곧 용에 속하기 때문이다. 체, 그것은 본질이다. 움직이지 않는 것이요 변하지 않는 것이다. 그러나 용은 작용이다. 항상 체에 근거하여 다양한 움직임을 나타내는 것이다.

바꾸어 말하면 범종각에서 울려나오는 소리는 곧 우리들 일심의 작용이요 부처님의 위대한 작용을 상징화한 것이라고 할 수 있다. 그 소리는 스스로를 맑히고 중생을 교화하는 크나큰 울림이다. 이와 같은 이유에서 범종각은 법당쪽에서 볼 때 오른쪽에 놓이게 되는 것이다.

이 범종각에 때로는 범종만이 홀로 있기도 하지만, 규모있는 사찰에서는 법고(法鼓)·목어(木魚)·운판(雲板) 등이 범종과 합하여 '불전사물(佛殿四物)'이라는 이름 아래 함께 배치되기도 한다.

사물들은 각각 소리를 울린다.

범종은 쾅더웅— 쾅더웅—. 속을 비우고 여운을 길게 늘이며 운다.

목어는 탁탁 토르르 탁 뚜루루루……

법고는 딱딱 쿵쿠르르 딱딱쿵쿠르르……

양산 통도사 범종루

운판은 땡땡따앙땅……. 모두가 마음따라 운다.

그러나 이들이 진정으로 우는 것인가? 아니다. 이들의 소리는 환희의 음악이다. 불이문을 통과한 구도자의 법열(法悅)이 소리로 화하여, 구도자의 내면 세계가 사물을 빌어서 울려 퍼지는 것이리라. 아니면 참되이 도를 닦아 불이의 경지를 이룬 구도자를 환영하는 부처님의 일승원음이리라. 아니, 더 나아가 아직 불이문에 이르지 못한 구도자에게 용기와 청량을 심어주기 위하여, 일주문 바깥에서 허덕이는 중생의 번뇌를 씻어주기 위하여, 사물들은 부처님의 원음을 대신해서 토해내고 있는 것이리라.

부처님의 일승원음(一乘圓音). 그 소리는 일승의 진리를 설파하는 원만한 음성이다. 그 음성은 천지에 가득하다. 두루 시방(十方)에 펼쳐져 있어 성숙한 구도자라면 어느 곳에서라도 들을 수 있는 소리이다. 언제나 중생들에게 고하고 있는 진리의 음성이다. 모든 사람을 깨달음의 길에 오르도록 하기 위하여 부처님은 원음의 사자후(獅子吼)를 토하는 것이다.

하지만 부처의 경지가 부동(不動)인데 반해 중생은 그야말로 천차만

별이다. 중생은 제각기 자신의 귀로써 불음(佛音)을 듣는다. 자신의 그릇에 따라 불음을 담는다. 오직 일음(一音)만을, 자신에게 맞는 일음만을 받아들인다. 하지만 희망은 있다. 그 일음은 각자의 마음 가짐과 수양의 정도에 따라 차츰 변할 수 있기 때문이다.

범종을 통하여 법고를 통하여, 운판을 목어를 통하여 중생에게로 전달되는 부처님의 일승원음…….

누가 범종의 소리를 '더웅 더웅'이라 할 것인가?

누가 목어의 소리를 '탁탁 토르르 탁'이라고 단정지을 것인가?

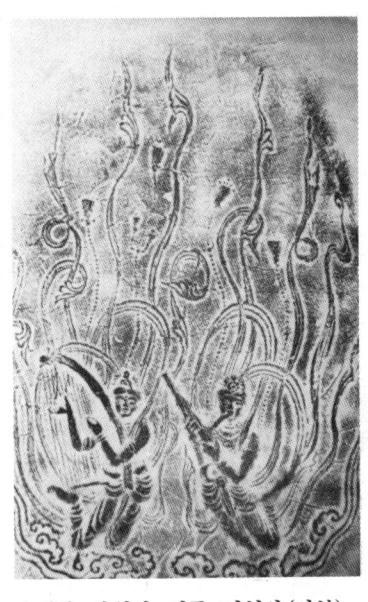

오대산 상원사 범종 비천상(탁본)

누가 법고의 소리를 '딱딱 쿵쿠르르'라 하며, 누가 운판의 참소리를 '땅땅따앙 땅'이라 할 수 있을 것인가?

일본인들은 종소리를 '강강'이라고 한다. 우리는 종소리를 '땡땡' '더웅더웅'으로 표기한다. 그렇지만 실제의 종소리는 '땡땡'도 '강강'도 아니다. 우리가 마음 속으로 '웅웅'이라고 하면 그 소리는 '웅웅'으로 들리고 만다. '탕탕'이라고 하면서 들으면 종소리는 '탕탕'하고 소리친다. '에밀레'라고 생각하면 '에밀레'로 들리게 된다.

그렇다면 종에서 나오는 진짜 소리는 어떠한 것이라는 말인가? 해답은 그 누구도 내려주지 못한다. 그 해답은 오직 스스로만이 얻을 수 있다. 한 생각 일어나기 전의 그 소리. 한 생각 동요되기 이전에 듣고 깨달을 수 있는 그 종소리. 그 종소리를 듣는 자만이 종에서 울려나오는 그 자체의 소리를 들을 수 있다.

소리 이전의 소리! 참된 종소리를 들을 수 있는 이라면 불음 또한 능히 들을 수 있으리라. 빈 골짜기에 비록 소리는 없지만 부르면 그에 따라 반향이 있듯이, 어디에나 어느 때에나 가득 차 있는 일승원음과 무음(無音)의 불음을 들을 수 있으리라.
　부처의 원음은 오늘날에도 우리를 향해 끊임없이 울려 오고 있다. 그러나 마음의 눈을 뜨지 않고 마음의 귀를 열지 않은 채 보고 듣는 것이라면 원음도 한낱 소음으로 밖에 들리지 않을 것이다. 실로 원음을 듣지 못하는 자는 무명(無明)의 잠에서 깨어나지 못할 것이요, 원음을 듣는 자는 영원히 살 수 있으리라.
　이제 불음과 원음의 참뜻을 되새겨 보면서 불전사물(佛殿四物)의 하나하나에 깃든 의미를 살펴보기로 하자.
　그 순서를 조석 예불(朝夕禮佛) 때 치는 차례에 따라 법고・운판・목어・범종의 순으로 엮어가고자 한다.

2. 법고(法鼓)

　법고는 '법을 전하는 북'이라는 뜻이다. 즉, 북소리가 세간에 널리 울려 퍼지듯이 불법(佛法)의 진리로 중생의 마음을 울려 '일심을 깨우친다'는 의미가 담겨 있는 것이다. 나아가 중생들이 불교의 가르침에 따라 온갖 번뇌를 없애는 것을, 마치 진을 치고 있던 군사들이 북소리에 따라 적군을 무찌르는 것과 같다고 비유하기도 한다. 이와 같이 법고에는 불법(佛法)을 널리 전하여 중생의 번뇌를 물리치고 해탈을 이루게 한다는 함축적인 의미가 담겨져 있다.
　불경 속에는 실로 여러 가지 종류의 북이름이 기록되어 있지만, 우리 나라 사찰에서 사용되고 있는 북은 홍고(弘鼓, 大鼓라고도 한다)와 소고(小鼓)로 나누어진다. 홍고는 범종과 같이 범종각에 두고 조석 예불 때에 치게 되며, 소고는 염불 의식 때에 많이 사용된다. 우리 나라 전통 예술의 하나인 승무(僧舞)에는 소고가 필수적으로 등장하여 승무를 더욱 정중한 분위기 속으로 몰아가기도 한다.
　일반적으로 법고의 몸통은 잘 건조된 나무로 구성하고, 두드려서 소리를 내는 양면은 소의 가죽을 사용한다. 특히 이 양면에는 암소와

제3장 佛音을 전하는 四物 55

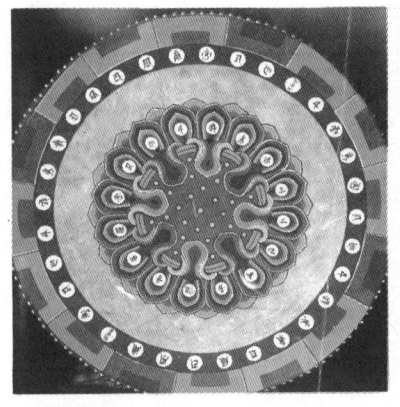
경주 불국사 법고

안동 봉정사 법고

수소의 가죽을 각각 부착하여야 좋은 소리를 낸다고 하여 그대로 따르고 있다. 그리고 북의 몸체 부분에는 보통 용을 그리거나 조각을 하며, 두드리는 부분의 가운데는, '만(卍)'자를 태극 모양으로 둥글게 그리기도 하고 진언(眞言)을 적어 넣기도 한다. 이제 북에 깃든 의미를 살펴보자.

왜 암수소의 가죽을 양면으로 대는 것일까? 바로 이것이 음양의 조화이다. 음으로만 이루어지거나 양으로만 이루어져서는 결코 좋은 소리가 날 수 없다는 것이다. 한쪽으로 기울어지지 않은 소리, 화합의 소리, 조화의 소리야말로 중생의 심금을 울리고 중생을 깨달음으로 인도할 수 있다는 상징성에 의한 것이다.

그리고 이 소가죽을 댄 법고는 축생(畜生)의 제도를 위하여 친다고 한다. 짐승을 비롯한 땅에 사는 중생의 어리석음을 깨우치기 위하여 이 법고는 예불 시간에 가장 먼저 울려 퍼지는 것이다. 그리고 나무로 된 두 개의 북채로 마음 '심(心)'자를 그리면서 두드린다. 퉁투웅퉁퉁, 퉁투웅퉁퉁…….

"중생이여, 한 마음 미한 자가 곧 중생이요 한 마음 깨달은 자가 곧 부처이니라. 마음의 눈을 뜨라. 그대 마음을 밝혀라. 그것이 곧 해탈의 첩경이요 부처를 이루는 길이니……."

이와 같은 의미에서 심자를 그리면서 치는 것이리라.

하지만 현대는 눈의 음악, 욕정의 음악, 회한의 음악, 절망의 음악, 폭력의 음악이 창궐하는 세상이다. 지혜의 통찰력과 자비의 행동력이 깃든 음악, 삼매(三昧)의 가치와 걸림없는 마음을 표현한 음악은 거의 찾아볼 수 없는 세상이 되었다. 왜 이렇게 감정 사건의 음악이 판을 치는 것일까? 그야말로 축생의 울부짖음과도 같은 이 음악은 어디에서 나오는 것일까?

그것은 바로 오관(五官)에만 집착하여 무르익어 버린 이 슬픈 육신을 가누지 못해서 내는 소리이다. 일심을 돌아볼 줄 모르는 데서 생겨난 자아 상실의 소리이다.

법고의 울림은 일심을 돌아볼 것을 희구한다. 그리고 그 일심을 회복해 가질 것을 희구한다. 일심에서 나는 이 소리를 듣고 일심의 원천으로 되돌아 갈 것을 간절히 소망하며 '심(心)'자형의 소리를 중생계(衆生界) 속으로 울려 퍼지게 하는 것이다.

여기에서 법고를 매듭 짓기 전에 한 편의 경구(經句)를 인용하여 함께 음미해 보고자 한다. 《금광명경(金光明經)》에는 황금처럼 빛나는 둥근 북[金鼓]에서 나는 아름다운 소리에 관한 글이 수록되어 있다.

"보라! 이 빛나는 둥근 북을. 여기에서 아름다운 소리가 난다. 그대는 이 소리의 본체가 무엇인지를 아는가? 그대는 왜 이 소리만 듣고 그 소리없는 소리는 듣지 못하는가? 설혹 그대가 좋아하는 것이 그 소리뿐이라고 하자. 그러나 그 소리가 이 둥근 형상, 이 텅빈 공간, 이 팽팽한 가죽, 이 방망이, 그리고 이 방망이를 들고 치는 기술과 곡조, 그 모든 것을 가능케 하는 삼매의 힘, 이것들 중 어느 하나만 없어도 나올 수가 있다더냐?……"

법고. 진리의 북 법고. 우리는 그 소리를 들으면서 음과 무음(無音)과의 조화를 배우고, 생활 속의 모든 소리를 통하여 소리없는 소리를 들을 줄 아는 귀를 열어야 하리라.

고려시대 운판

3. 운판(雲板)

사물 가운데 잘 알려지지 않은 것은 운판이다. 청동 또는 철로써 구름 무늬 모양의 넓은 판을 만들고, 판 위에 보살상이나 '옴마니반메훔'등의 진언을 새기기도 하며, 가장자리로는 두 마리의 용이 승천하는 듯 호위하는 듯한 모습을 조각하기도 한다. 그리고 구름과 달을 새기는 경우도 있다. 결국 이 판의 전체적인 모습이 뭉게구름 같은 형태를 취하고 있어 '운판'이라 하게 된 것이다.

운판이 인도에서부터 사용되었는지는 알 수 없으나, 중국의 선종(禪宗) 사찰에서는 부엌이나 재당(齋堂)에 달아 놓고 대중에게 끼니때를 알리기 위해 쳤다고 한다. 이를 구름 모양으로 만든 것도 구름이 비를 머금고 있기 때문에 불을 다루는 부엌에 걸어 두어 화재를 막고자 함이었다. 즉 수(水)·화(火) 상극(相克)의 오행(五行) 원리에 입각한 주술적 의미가 담겨 있는 것이다.

그리고 부엌에서는 밥이나 죽이 끓을 때 세 번을 치므로 '화판(火

경주 불국사 운판

板)'이라고도 하였고, 끼니때를 알리는 경우에는 여러 번 길게 치므로 '장판(長板)'이라고도 불렀다.

우리 나라에서도 고려시대에는 부엌에서 운판을 많이 사용하였으나 차츰 불전사물의 하나로 바뀌어 조석 예불 때에 치는 의식 용구가 되었다.

즉, 운판이 울리면 공중을 날아다니는 중생을 제도하고 허공을 헤매며 떠도는 영혼을 천도(薦度)할 수 있다고 한다.

'땅땅따앙땅……' 그 소리를 들을 때 허공계의 중생은 안식을 얻어서, 용이 구름 사이를 뚫고 승천하듯이 해탈의 세계로 향한다는 것이다.

4. 목어(木魚)와 목탁(木鐸)

(1) 목어

나무로 긴 물고기 모양을 만들어서 걸어 두고 두드리는 목어는 어고(魚鼓)·목어고(木魚鼓)·어판(魚板)이라고도 한다. 물고기의 배 부분을 파내고 배부분 안쪽의 양벽을 나무 막대기로 두드려서 소리를 내게 하는 이 목어는 중국에서 유래되었으며, 그 유래는 가히 전설적이다.

옛날 어느 절에 덕 높은 스님이 제자 몇 사람을 가르치며 살고 있었다. 대부분의 제자들은 스승의 가르침에 따라 힘써 도를 닦았으나, 유독 한 제자만이 스승의 가르침을 어기고 제멋대로 생활할 뿐 아니라 계율에 어긋나는 속된 짓을 저지르는 것조차 주저하지 않았다. 마침내 몹쓸 병에 걸려 일찍 죽고 만 그 승려는 곧바로 물고기의 과보를 받아 태어났다. 그것도 등에 커다란 나무가 솟아난 물고기가 되어 헤엄치기가 여간 고양 보광사 목어 여의주를 물고 눈을 부라리고 있으며 튀어나온 돼지코 형상을 갖춘 용모양의 목어.

힘들지 않았을 뿐 아니라, 풍랑이 칠 때마다 나무가 흔들려서 피를 흘리는 고통을 감수하여야만 했다.

하루는 그 스승이 배를 타고 강을 건너가는데 등에 커다란 나무가 난 물고기가 뱃전에 머리를 들이대고 슬피우는 것이었다. 스승이 깊은 선정(禪定)에 들어 물고기의 전생을 살펴보니, 그 물고기가 바로 방탕한 생활을 하다가 일찍 병들어 죽은 자신의 제자였다. 가여운 생각이 든 스승은 곧 그 제자를 위하여 수륙재(水陸齋;물이나 육지에 사는 미물과 외로운 영혼을 천도하는 법회)를 베풀어서 물고기의 몸을 벗어나게 해주었다.

그날 밤 스승의 꿈에 물고기의 몸을 벗은 제자가 나타나서 감사와 함께 서원(誓願)을 밝혔다.

"스님, 은혜에 감사드리옵니다. 다음 생에는 참으로 발심(發心)하여 열심히 정진하겠나이다. 바라옵건대 스님, 저의 등에 난 나무를 베어 저와 같이 생긴 물고기를 만들어서 나무막대로 쳐주십시오. 그리고 저의 이야기를 들려주십시오. 수행하는 사람들에게는 제 이야기가 좋은 교훈이 될 것이요, 강이나 바다에 사는 물고기가 그 소리를 들으면 해탈할 수 있는 좋은 인연이 될 것입니다."

스승은 그 부탁에 따라 나무를 베어 물고기 모양을 딴 목어를 만들어서 모든 사람들의 경각심을 불러일으키도록 하였다.

이 설화 속에 깃든 인과(因果)와 자비와 서원의 법문은 결코 전설로

양산 통도사 목어
아가미와 지느러미를
갖춘 잉어의 형상을
취하고 있다.

만 끝날 이야기가 아니다. 그것은 곧 투박스럽다 못해 구성지기까지 한 목어의 울림이 가르쳐 주는 참의미인 것이다.

중국 및 우리 나라의 선종(禪宗)에서 사찰 규범의 지침서로 삼았던 《백장청규(百丈淸規)》에 의하면, 물고기는 밤낮으로 눈을 감지 않으므로 수행자로 하여금 자지 않고 도를 닦으라는 뜻으로 목어를 만들었다고 하였으며, 그것을 두드려 수행자의 잠을 쫓고 혼침(惛沈;어둡고 혼미한 정신 상태)을 경책(警策)한다고 하였다.

그리고 현재에는 새벽과 저녁 예불과 큰 행사가 있을 때 이 목어를 두드려서 물 속에 사는 모든 중생을 제도한다는 상징적인 의미까지를 포함하고 있지만, 처음에는 식당이나 창고 등에 걸어두고 오로지 대중을 모으는 데만 사용하였다고 한다. 즉, 길게 두 번을 두드려서 대중에게 끼니때를 알리고, 한 번 길게 두드려서 대중을 모으는 데만 사용하였던 것이 뒷날 독경이나 의식에 쓰는 법구(法具)로 용도가 바뀌게 된 것이다.

또한 그 형태도 처음에는 단순한 물고기 모양이었으나 차츰 용머리에 물고기의 몸을 취한 용두어신(龍頭魚身)의 형태로 변형되어 갔고, 입에 여의주(如意珠)를 물고 있는 모습을 많이 취하게 되었다.

용두어신과 여의주! 그 속에는 동양의 깊은 철리(哲理)가 만들어낸 대전환의 의미가 담겨져 있다. 용두어신은 물고기가 변하여 용이 되는 어변성룡(魚變成龍)을 뜻한다. 어변성룡은 《후한서 後漢書》〈이응전

李應傳〉의 등용문(登龍門)에 나오는 이야기를 근거로 삼고 있다. 즉, 도화꽃이 필 무렵 황하(黃河)의 잉어들은 센물살을 거슬러 올라가서 상류의 협곡에 있는 용문(龍門)으로 다투어 뛰어 오르는데, 그곳을 넘어서면 용이 된다는 것이다. 후세의 사람들은 면학에 힘쓰는 선비가 온갖 고초를 겪은 뒤 과거에 급제하여 높은 관직에 오르는 것을 잉어가 변해 용이 되는 것에 비유하였던 것이다.

불가(佛家) 또한 이와 다를 바가 없다. 다만 불교의 입장에서 볼 때 어변성룡과 용두어신은 등용문이 아니라 깨달음〔覺〕을 상징한다는 점만의 차이가 있을 뿐이다. 물고기라는 중생〔Sattva〕이 용이라는 깨달은〔Bodhi〕 중생〔Sattva〕 즉, 보살〔菩薩, Bodhisattva〕이 됨을 뜻하는 것이다. 결국 목어를 울리는 뜻은 보살이 되라는 데 있다.

"눈을 뜨라. 눈을 뜨라. 물고기처럼 항상 눈을 뜨고 있어라. 깨어 있어라. 깨어 있어라. 언제나 혼침과 산란에서 깨어나 일심으로 살아라. 그와 같은 삶이라면 너도 살고 남도 살리고 너도 깨닫고 남도 능히 깨달을 수 있게 하리니……."

필경 보살은 여의주(如意珠)를 얻는다. 뜻과 같이 모든 것을 이룰 수 있는 여의주를 얻는다. 목어가 입에 여의주를 머금었다는 것은 대자재(大自在)를 얻은 물고기(보살)를 상징화한 것이다.

나무를 등에 진 그 물고기는 마침내 여의주를 입에 문 목어로 화하였으며, 목어는 다시 비감어린 음성을 토하여 혹업(惑業)의 중생을 대자재한 불국정토로 인도하는 것이다.

(2) 목탁

불교의 여러 의식에서 가장 널리 사용되는 불구(佛具)는 목어가 변형화되어 생겨난 목탁(木鐸)이다. 이 목탁은 목어에서 유래되었기 때문에 그 형태 또한 고기 모양을 하고 있다. 다만 긴 고기 모양을 취한 목어와는 달리 둥근 형태로 만들어지며, 사실적인 조각이나 색칠보다는 앞 부분의 긴 입과 입 옆의 둥근 두 눈으로 고기임을 나타내고 있다. 결국 목탁은 목어에서 유래된 것이므로, 그 소리를 듣고 목어에 얽힌 전설이나 잠을 자지 않는 고기를 연상하여 더욱 열심히 수행할 것을 유도하는 도구로 사용되었던 것이다.

그리고 '목탁'이라는 단어는 우리 나라에서만 사용되고 있다. 중국이나 일본에서는 둥근 형태의 목탁도 '木魚'라고 표기한다. 이것은 목탁이 목어에서 유래되었음을 입증하는 좋은 예이기도 하다.

만드는 재료로는 대추나무가 가장 좋으나, 굵은 대추나무를 구하기 어려우므로 박달나무·은행나무·괴목(槐木, 홰나무) 등을 많이 이용한다.

종류로는 큰 목탁과 직접 들고 치는 작은 목탁이 있다. 큰 목탁은 다시 매달아 놓고 치는 것과 포단(蒲團;부들로 둥글게 틀어서 만든 방석) 위에 놓고 치는 것이 있다. 대체로 매달아 놓고 치는 것은 대중을 모으기 위해서 사용되거나 끼니때를 알릴 경우에 사용되며, 놓고 치는 것은 법당에서 염불·예배·독경(讀經)할 때 사용된다.

그리고 놓고 치는 목탁에는 손잡이가 없다. 손잡이 대신 고기 몸체의 비늘과 머리 부분 등을 나타내기도 하고 용두어신(龍頭魚身)의 형태를 보이기도 한다.

중국이나 일본에서는 현재에도 포단 위에 이와 같은 목탁을 얹어놓고 스님네가 앉아 두드리면서 염불하거나 독경을 한다. 우리 나라에서도 옛적에는 이와 같은 형태의 목탁을 사용하였으나, 차츰 손잡이가 있는 목탁을 많이 사용하여 오늘날에는 놓고 치는 목탁을 거의 찾아볼 수가 없다.

손잡이가 있는 우리 나라 목탁. 그 목탁은 언제나 손과 함께 한다. 왼손에는 목탁을, 오른손에는 목탁채를 쥐고 있다. 왼쪽의 목탁은 불변의 체(體)요 오른쪽의 목탁채는 움직이는 용(用)이다. 중국의 선종(禪宗)에서는 전통적으로 왼쪽을 체, 오른쪽을 용으로 삼았던 것도 상기하여야 한다. 우리의 스님들은 이 둘의 마주침으로부터 생겨나는 목탁 소리에서 체와 용의 일체화를 읽었다. 이것이 우리 조상들의 슬기이다. 체와 용의 엄밀한 구분이 이루어지면서 수행자와 일체를 이루는 불구는 오직 이 목탁뿐이기 때문이다.

목탁과 목탁채

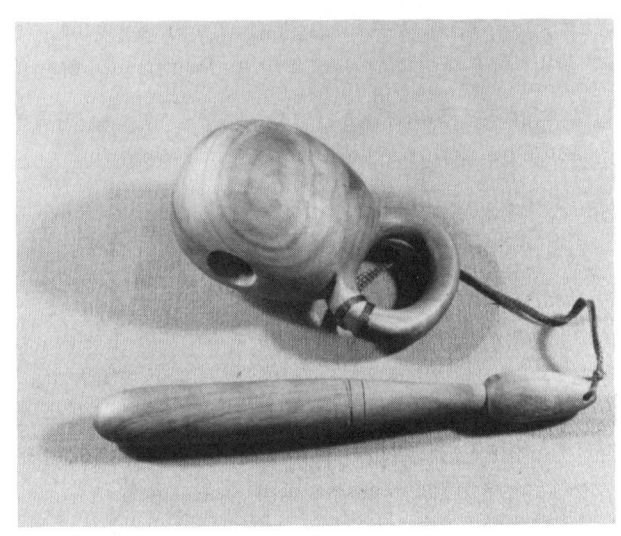

 우리의 목탁은 어느 곳에라도 들고 다니면서 두드릴 수가 있다. 절하며 굽힐 때나 절한 뒤 일어날 때, 법당에서, 거리에서, 상가집에서……. 목탁과 구도자는 언제나 한 몸이다. 목탁과 구도자는 언제나 한 몸이 되어 그 소리와 함께 '너·나 없이 모든 중생이 함께 성불하는 길로 나아가기를〔自他一時成佛道〕' 기원하는 것이다.
 그리고 우리 나라 사찰에서는 큰 목탁이든 작은 목탁이든 모두 일정한 법도에 맞게 치도록 되어 있고, 목탁 소리 그 자체가 서로의 약속이 되기도 한다.
 보통 길게 한 번을 치되 처음에는 소리를 크게 하여 차츰 줄이면 공양(供養, 식사) 준비가 완료되었으니 오라는 뜻이고, 두 번을 길게 치면 논밭을 갈거나 공동의 작업을 하기 위해 모이라는 신호이며, 세 번을 길게 치면 학습이나 입선(入禪)의 시간이 되었음을 나타내는 것이다.
 그리고 새벽에 사찰의 경내를 두루 돌아다니면서 뭇 생명을 깨우고 청정함을 깃들게 하는 도량석(道場釋)이나 새벽 예불 때에는 어둠이 가고 밝음이 오는 것을 상징화하여 처음에는 작은 소리로 약하게 두드리다가 차츰 크게 두드리게 되며〔· · · · ● ●〕, 저녁 예불 때에는 해가 지고 어둠이 깃드는 것을 상징화하여 처음에는 크고 세게, 끝을 작게 두드리게 된다〔● ● · · · ·〕. 밝음과 어두움, 해와 달 등의 자연 원리와 음양의 이치에 순응하여 이와 같은 소리의 강약을 둔 것이다.

밝음과 어두움, 체와 용을 함께 거두고 일체화시키는 이 목탁. 목탁은 속이 비어 있다. 속을 비게 하여 공심(空心)이 되게 한다. 또한 속을 비게 하여 나무채로 두드릴 때 울리는 소리가 나게 한다. 그것이 곧 공음(空音)이요, 원음(圓音)이며, 불음(佛音)이다. 스스로의 진실을 체험하고 성불을 염원하는 그 숱한 구도자들······. 그들이라면 목탁과 목탁 소리에서 공한 마음으로 공한 기도를 올려야 한다는 가르침을 읽을 수 있으리라.

탐욕과 분노와 어리석음의 삼독(三毒)이 비어 있으므로 공한 마음이요, 그 공한 마음으로부터 삿됨이 없고 허망됨이 없는 공음(空音)이 우러나올 때, 모든 중생의 업을 녹이고 모든 중생에게 청량과 해탈을 심어 줄 수 있을 것이다.

목탁을 두드리는 모든 구도자. 그들은 진정 목탁이 되어야 한다. 목탁처럼 공한 마음이 되어서 모든 중생을 수용하고, 목탁과 같은 공한 음성으로 중생의 업장(業障)을 녹이고 미혹을 깨우쳐야 하리라···

5. 범종(梵鐘)

산사(山寺)의 새벽. 아직은 해님의 소식이 멀다. 밤의 어둠은 해님이 떠오르기 전이 가장 짙다고 하였던가? 하늘에는 별들이 은가루를 뿌려놓은 듯 초롱초롱하고, 상큼한 공기는 법당을 향하는 참배객의 두 손을 다소곳이 모으게 한다. 이즈음 '더웅―'멧부리를 치는 범종이 울린다.

28번의 타종(打鐘). 욕계(欲界)의 6천(天)과 색계(色界)의 18천과 무색계의 4천, 합쳐서 28천의 모든 하늘 나라 대중에게 부처님의 도량으로 모이라며 '더웅덩—'긴 여운을 남기면서 멀리 멀리 퍼져가는 것이다.

오셔요.
하루를 여는 법회가 있어요.
맑디 맑은 청정수를 쪽박에 담아
지극한 마음으로 삼보전에 올릴 제
그 물은 곧 불사(不死)의 감로수(甘露水).
우리의 영혼을 여는 감로가 된대요.

아울러 종을 치는 스님은 고통받는 중생들을 위하여 낭랑한 음성으로 종송(鐘頌)을 읊는다.

원컨데 이 종소리 법계에 두루 퍼져
무쇠 둘레 그 어둠에서 나와 다 밝아지소서.
삼악도의 고통을 여의고 도산(刀山)을 허물어
모든 중생이 정각(正覺)을 이루게 하소서.

**願此鐘聲遍法界　鐵圍出暗悉皆明
三途離苦破刀山　一切衆生成正覺**

모든 중생이여. 어두운 마음을 열어 지혜로 밝히소서. 탐욕과 성냄과 어리석음 때문에 생겨난 칼날 같은 마음의 지옥을 벗어나 위없는 깨달음을 이루소서. 중생이여, 가엾는 중생이여……
멀리 멀리 하늘 저 끝까지 울려 퍼지는 그 종소리. 깊이 깊이 땅 속 저 깊은 도산지옥(刀山地獄)까지 스며드는 그 종소리. 그 종소리와 함께 종송은 어둠과 밝음, 삼악도와 정각이 중생의 마음 여하에 달려 있음을 설파하고 있다. 무쇠로 둘러싼 듯 탐욕과 분노와 어리석음으로 마음의 문을 닫고 사는 자, 그에게는 삼악도와 끝없는 어둠의 나락만이 있음이요, 마음을 비우고 마음을 열어 사는 이, 그에게는 영원히 죽지 않는 감로의 세계와 정각이 함께 함을 종소리는 새벽을 열면서 설법하고 있는 것이다.

이제 범종에 얽힌 아름다운 설화 두 편을 함께 음미해 보자. 너무나 널리 알려져 있는 이 설화는 곧 우리 민족의 얼이요, 중생의 심금을 울리는 또 다른 범종의 소리이겠기에……

(1) 에밀레종과 석종(石鐘)

유난히 침묵이 감도는 순간이었다. 장꾼의 손님 부르는 소리도 일순간 멈추고, 수레를 끌고 가던 소도 사람도 움직일 줄 모르고, 도마 위에 칼질하던 어머니도 일손을 멈추고 귀를 기울이고 있다.

오늘은 신비한 종이 완성되는 날이다. 중생의 미망과 번뇌를 씻게 하는 부처님의 일승원음(一乘圓音)이 종을 통하여 울려 퍼지게 되는 성스러운 날이다. 오시(午時, 12시)가 되면 그 종소리가 봉덕사 종각에서 울려 온다.

쾅—. 드디어 시간이 되어 종소리가 들려왔으나 그것은 원음이 아니었다. 깨어지고 금이 간 실망의 소리였다.

실상 이 종은 신라 제35대 경덕왕(景德王)이 아버지 성덕대왕(聖德大王)과 어머니 소덕태후(炤德太后)의 명복을 빌기 위해서 구리 12만근을 들여 만들어 왔던 범국가적인 불사(佛事)였었다.

"모든 사람들이 종소리를 듣고 마음을 맑고 밝고 아름답게 가꿀 수 있다면, 그 인연으로 성덕대왕과 소덕태후는 자연 극락정토에 왕생하리라."

이러한 믿음으로 정성을 다해 만든 종이 실패하였으니, 임금을 비롯한 서라벌 사람들의 실망은 여간 큰 것이 아니었다. 이때부터 서라벌 거리에는 이상한 말이 나돌기 시작했다.

"신비한 종을 만들려면 끓는 쇳물 속에 사람을 넣어야 된대. 그것도 마음이 때묻은 어른은 안되고 천진난만한 어린아이라야 된다던데."

제3장 佛音을 전하는 四物 67

성덕대왕신종
경주박물관. 어린아이의 사신공양이 애절하여 '에밀레―'라는 여운이 깃들어 있다고 함.

"아니, 돈이라면 몰라도 어느 누가 귀한 자식을 시주할 사람이 있겠어."

"종을 만들기 위해 자식을 시주할 사람이 어디 있담."

"아무래도 신종을 만든다는 것은 불가능한 일이야."

백성들의 수근거림은 꼬리를 물고 서라벌 거리로 퍼져 나갔고, 그 뒤에도 몇 번이나 종틀에 쇳물을 부어 넣었지만 그 때마다 종에는 금이 가고 기포가 생겨서 번번히 실패하였다. 경덕왕은 실망 끝에 세상을 떠나고 말았다.

경덕왕의 뒤를 이어 8세의 어린 나이로 보위에 오른 혜공왕(惠恭王)에게 어머니 만월부인(滿月夫人)은 선왕의 한을 일깨웠다.

"아버지께서 이룩하지 못한 일을 계승하여 성취시키는 것이 자식의 도리입니다."
　혜공왕은 검교사병부령(檢校使兵部令) 김옹(金邕)과 검교사숙정대령(檢校使肅政台令) 김양상(金良相)을 불러 신종(神鐘)의 완성을 명령하였다. 김옹과 김양상은 공장들을 불러 종틀을 만들고 비천상을 새기게 하는 한편 주종대박사(鑄鐘大博士)를 불러 쇳물 부을 준비를 서두르게 하였지만, 실패에 대한 걱정이 끊이지를 않았다. 대를 잇는 이 신종이 이번마저도 완성되지 않는다면 돌아가신 경덕왕께 다시 실망을 안겨드리는 격이요, 백성들에게도 면목이 없는 일이니…….
　김옹과 김양상은 여러 스님들을 불러 회의를 열었지만 적절한 결론을 얻을 수가 없었고, 마침내 항간에 떠도는 이야기를 논의하게 이르렀다.
　"천진한 어린아이를 쇳물 속에 넣으면 종이 뜻대로 완성된다."
　민심(民心)이 천심(天心)이라고, 거듭된 실패에 이와 같은 소문이 곧 하늘의 뜻이 되어, 아이를 시주받을 것을 결정하였다. 그러나 문제는 아이를 시주받는 방법이다. 때묻지 않은 천진한 아이를 빼앗으라는 국법도 없고, 더우기 살생을 금하는 불법(佛法)의 입장에서 보면 크나큰 이율배반이다. 이때 한 스님이 나서서 말하였다.
　"지난번에 쇠붙이를 시주받기 위해서 어느 마을에 갔더니 아주 초라한 오두막집이 있었습니다. 그냥 지나치려다가 가난한 집이라고 하여 복밭〔福田〕에 씨를 심는 보시의 기회를 주지 않을 수 없다는 생각에서 들어갔더니, 귀여운 딸아기를 안고 있는 한 어머니가 있었습니다. 쇠붙이의 시주를 청하였더니, '우리집은 가난하여 쇠로 만든 것은 아무 것도 없고 우리집 재산이라고는 이 아기뿐입니다. 이 아기라도 받아간다면 드리지요.'하면서 아기를 번쩍 안아 어르고 있었습니다. 가난하지만 모녀의 사랑이 정겨워 행복을 축원(祝願)하며 돌아왔는데, 이제 일이 이렇게 되었으니 그 아이라도 시주받아 인주(人柱)로 바치는 것이 어떻겠습니까?"
　신하와 스님들은 그 아이를 데리고 왔다. 어머니는 농담으로 한 말이라고 하면서 한사코 아기를 내놓지 않으려고 하였지만 부처님을 속일 수는 없는 일이라고 하며 아이를 데려다가 끓는 쇳물 속에 집어 넣었다. 세상을 진동하는 아이의 처절한 울음 소리도 함께…….

아름답게 그림을 새진 종틀에 쇳물이 부어지자 이번에는 금간 데도 구멍도 없는 훌륭한 신종(神鐘)이 이루어졌다. 드디어 타종의 그날. 부드럽고 맑은 첫 종성(鐘聲)이 웅—하고 서라벌 장안으로 울려 퍼지는데 그 소리에는 '에밀레—'하는 애처러운 소리가 섞여 울렸다. 사람들은 엄마 품을 떠나 쇳물 속으로 녹아든 어린 딸아이의 하소연이 종소리에 섞여 울려 퍼지는 것이라 하여 이 종을 '에밀레종'이라 부르게 되었다.

이 설화를 윤색하면서 필자는 가슴을 도려내는 듯한 처절함을 느꼈다. 왜 아무것도 모르는 천진무구한 그 아이가 죽어야만 하는가? 어찌 불살생(不殺生)을 으뜸가는 계율로 삼는 불교에서 성스러운 범종을 만드는 데 아이를 희생물로 삼을 수 있다는 말인가? '도저히 이해할 수 없는 일이다. 도저히 용납할 수 없는 일이다.' 혼자서 거듭거듭 부정을 하였지만 설화는 그렇게 전개되고 있었다.

학자들이 종을 과학적으로 고찰한 결과, 아름다운 종소리를 내게 하고 오래 보존할 수 있게 하기 위해서는 20% 안팎의 주석에 80% 안팎의 구리를 섞고, 종을 단단하게 하는 탄소를 적절하게 배합하는 것이 좋다는 결론을 얻었다. 그리고 끓는 구리에 물이 들어가면 구리가 튀고 잘 깨어지기 때문에, 성분의 90%가 물로 되어 있는 사람을 넣는다는 것은 상식 밖의 일에 지나지 않는다고 보고 있다.

사실 그러할 것이다. 이 성덕대왕신종, 에밀레종에는 아이를 결코 넣지 않았을 것이다. 성덕왕의 극락 왕생을 위하여, 경덕왕의 한 맺힌 죽음을 풀어 주기 위하여 죄 없는 아이를 죽일만큼 신라 불교가 나약하지는 않았을 것이다. 그런데 왜 이와 같은 설화가 생겨나고 세상에 유포되었다는 말인가?

현재 관계 학계에서는 이에 대한 뚜렷한 연구와 해답을 주고 있지 않는 상태이다. 다만 크나큰 불사(佛事)의 난해성을 부각시키고 신성성을 부여하기 위함이라는 설, 큰 불사에 대한 원력(願力)과 자기정화, 불사를 이루어내는 극치가 소신공양(燒身供養) · 인신공희(人身供犧)로 나타나는 경우가 많기 때문에 그와 같은 입장을 취한 것이라고 하는 설도 있다.

　그러나 일반적인 설화의 인신공희와 에밀레종 설화의 아기 죽음은 뚜렷한 차이점이 있다. 일반 설화의 인신공희는 원력을 세운 자나 그의 아주 가까운 사람이 자기 정화의 차원, 보살행의 차원에서 모든 악업을 씻기 위해 기꺼이 스스로의 목숨을 버리는 형태로 나타나고 있다. 어찌 전혀 연유도 깨닫지 못하는 어린아이가 불교의 신성한 범종을 만드는 데 희생양이 되어야 한다는 말인가?

　또 어떤 이는 어머니의 농담이 아이를 희생시켰다고 한다. 감히 부처님을 상대로 농담을 할 수가 없다는 것이다. 그러나 불교는 자비(慈悲)의 바다이다. 그 자비는 중생의 어떤 허물도 능히 포섭한다. 어느 시대의 불교가 한 여인의 농담조차 용서하지 못하는 지독한 종교로 탈바꿈된 적이 있었는가?

　전혀 무관한 아이를 희생물로 바쳤다는 이 의문은 아직도 의문인 채로 남아 있다. 뜻있는 분의 연구로 명쾌한 해답이 나오기를 바라 마지않는다. 다만 아이의 희생에 대한 나름대로의 단견을 엮어 보고자 한다.

　필자는 이 설화를 우리 조상의 정신이라고 말하고 싶다. 신불(神佛)과 통하는 성스러운 일에는 반드시 지극함이 뒤따라야 한다고 믿었던 우리 조상들. 불교를 받아들인 그 초입(初入)부터 이차돈(異次頓)의 순교를 보았고, 순교자 이차돈이 죽음을 자청하며 말하였듯이 '비상한 일이 있기 위해서는 비상한 노력이 있어야 한다'고 믿었던 신라인들은, 이 아이의 죽음이 결코 단순한 죽음이 아니라 영원한 범음(梵音)이 되고, 삶과 죽음을 넘어선 환희로운 영생(永生)으로 몸을 바꾼 것이라고 생각하였지도 모른다.

　에밀레종이 서라벌에 울려 퍼질 때 그 소리를 듣는 이들은 그 천진한 아이의 맑은 동심을 생각했을 것이다. 그리고 그 아이의 영원한 해탈을 기원하고 자신의 해태와 무기력을 일깨웠을 것이다.

　'에밀레―'

　그 아이가 지금도 울고 있다면, 그 천진한 아이의 울음은 오늘의

제3장 佛音을 전하는 四物 71

우리에게 무엇을 깨우쳐 줄 것인가?

　신라 42대 흥덕왕 때의 일이었다. 손순(孫順)은 경주 모량리(현재의 월성군 현곡리)에 홀어머니와 아내, 외아들과 함께 살고 있었다. 비록 가난에 찌들리는 생활이었지만 그들 내외는 지극한 정성으로 어머니를 봉양하였다. 나무를 지고 장에 가면 반드시 생선이나 고기를 사다가 아껴서 어머니의 상에만 올려 드렸다. 그러나 철 모르는 어린 아들은 끼니때만 되면 할머니 밥상으로 달려가서 할머니의 반찬을 먹었다. 할머니도 손자가 귀여워서 맛난 반찬을 손자에게 먹이니 언제나 배부를 날이 없었다.
　손순은 어느날 아내를 불러 의논하였다.
　"아이는 낳으면 또 얻을 수 있지만 어머니는 다시 얻을 수 없는 일이 아닌가. 어머니가 굶주림 속에 계시니 저 아이를 땅에 묻어 버리고 어머니를 굶주리지 않게 모시도록 합시다."
　그의 아내도 찬동하였다. 손순 부부는 외아들을 업고 취산(醉山)의 북쪽 산으로 갔다. 그곳에서 땅을 파는데 괭이 끝에서 '쿠왕一'하는 아름다운 소리가 들려왔다. 이상하게 생각하여 부지런히 땅을 파니 돌종〔石鐘〕하나가 모습을 나타내었다. 신기하게 여겨 그 종을 나무가지에 걸어 놓고 두드려 보았더니 묘한 소리가 울려 퍼졌다. 아내는 말하였다.
　"이렇게 이상한 물건을 얻은 것은 필경 이 아이의 복(福)이요, 이 아이를 묻지 말라는 계시인가 봅니다."
　손순 부부는 아이와 돌종을 각기 업고 집으로 돌아왔다. 그들은 돌종을 처마에 달아 놓고 아침 저녁으로 두드렸다.
　어느 날 흥덕왕이 반월성 누각에 올라가서 서라벌 장안을 살펴보는데 서쪽 교외에서 맑은 종소리가 은은히 들려 왔다. 그 종소리를 들으니 마음이 고요해지고 쾌락하여졌으므로 종소리의 행방을 알아보게 하였다. 신하는 돌종의 내력을 사실대로 아뢰었다.
　손순 내외의 효성에 크게 감복한 흥덕왕은 그들에게 새로운 집과 함께 해마다 벼 50섬씩을 주도록 하였다. 어머니를 모시고 걱정없이 살게 된 손순은 그 은혜에 보답하기 위하여 먼저 살던 오막살이집을 고쳐 절을 만들고 이름을 홍효사(弘孝寺)라 하였다. 이 묘한 놀종은 진성여왕 때 후백제의 도적들에 의해 분실되기 전까지 60여 년 동안 홍효사에 있었다고 한다.

손순의 효는 하늘이 준 석종을 얻었다. 사랑하는 외아들을 땅에 묻으려는 부모의 절통한 마음이야 어찌 다 헤아릴 수 있을까마는, 그보다 더 큰 효를 위하여 그들은 결단을 내린 것이다. 활인(活人)을 위한 살인(殺人), 효를 위한 외아들의 포기. 그러나 그들의 마음 속에 결코 살심(殺心)이 있을 수 없었다. 하늘을 우러러 모든 죄업(罪業)은 남김없이 그들 부부가 받겠다는 결심으로 아들을 묻으러 갔을 것이다.

그런데 돌종이 나왔다. 그리고 그 종소리가 왕의 마음을 두드려 어머니를 잘 봉양할 수 있게 되었다는 것이다. 누구나 이 설화가 뜻하는 바를 능히 알 수 있을 것이다. 하늘과도 통하는 지극한 마음……. 지극한 효심(孝心)이 어찌 그릇된 결과를 낳을 것인가?

종은 울린다. 그 공한 음성으로 번뇌를 맑게 하여 지극한 도로 나아갈 것을 알리고 있다. 우리가 지극한 마음으로 보살도(菩薩道)를 행하여 갈 때 우리는 곧 손순이 얻은 석종이 되리라. 석종의 소리가 홍덕왕의 마음을 울렸듯이 지극한 마음가짐은 널리 모든 사람의 마음을 울리고 정화할 것이리라.

에밀레종과 석종의 설화!

한 아이는 종으로 인해 생명을 잃었고, 한 아이는 종으로 인해 삶을 얻었다. 그러나 이 아이들은 죽은 것도 산 것도 아니다. 이 아이들의 생사는 희생과 구원을 초월해 있다. 다만 범종이 상징하는 참뜻을 알리고 탐욕과 질시와 어둠으로 가득 찬 우리의 마음을 맑히기 위해 중생계(衆生界) 속으로 끊임없이 울려 퍼지고 있는 것이다.

(2) '한국종'의 특징과 변천

옛날 인도에는 '건치(健稚)'라고 불리우는 악기가 있었다. 《증일아함경(增一阿含經)》 제14에 의하면, 석가모니 제자 중에서 가장 설법을 많이 들은 다문제일(多聞第一) 아난(阿難)이 강당에 올라가 건치를 치면서 외쳤다.

"이제 부처님의 신고(信鼓)를 치노니, 불제자들이여 모두 모이시오 번뇌를 끊고 생사의 바다를 건너는 이 묘한 소리를 들으려면, 내가 건치를 치노니 모두 모이시오."

부처님의 설법과 관련하여 사람들을 모을 때 아난이 친 이 건치는 그 뒤 인도의 불교 교단에서 사람을 한 곳에 모을 때 널리 사용되었다.

이 건치가 오늘날의 종과 비슷하다고는 하지만, 그 유물이 남아 있지 않아 분명한 생김새를 알 수 없다.

중국에서는 은(殷)과 주(周)나라에 종이 있었고, 춘추·전국시대에는 타원형이나 둥근 모양의 동탁(銅鐸)이 있었으며, 우리 나라에서도 청동기시대부터 동탁이나 풍탁(風鐸)이 많이 만들어졌다. 이와 같이 쇳소리를 내는 작은 금속 악기들이 크게 변형되어 만들어진 것이 범종이라고 보고 있다.

우리 나라의 범종이 삼국시대부터 있었다는 것은 660년에 소정방이 부여 정림사(定林寺)에서 읊은 시 속에, '더웅덩 더웅덩 종소리 울리는 밤. 맑은 범패 소리는 새벽 바람에 실려온다'는 구절이 있어 이를 능히 짐작할 수 있다.

그러나 지금 남아 있는 종은 8세기 이후의 통일신라시대부터이다. 그 빼어난 소리에 걸맞게 크고 우람하면서도 날씬한 몸매, 알맞는 공간 구성과 아름다운 갖가지 문양들, 마음껏 쇠를 다루는 솜씨 등을 펼쳐 우리 나라 종의 기틀을 이룩한 것이다.

이와 같은 이유 때문에 중국과 일본을 제치고 '한국종'이라는 학명을 얻게 되었고, 그 빼어남도 단연 세계 제일로 꼽히고 있다. 현존하는 신라종으로 가장 오래되고 아름다운 상원사종(725년, 국보 36호)을 비롯하여 에밀레종으로도 불리어지는 성덕대왕신종(771년, 국보 29호), 6·25때 불타버린 선림원종(804년), 비천상 부분만 남아 있는 실상사종(8세기말), 공주박물관에 있는 9세기 종과 일본에 가 있는 5점 등, 모두 11점이 남아 있다.

오대산 상원사종

　이제 신라종을 중심에 두고, 이들 종을 이루는 용뉴·음관·천판·상대·유곽·유두·비천·당좌·하대 등의 특징과 의미를 차례로 살펴보고, 고려와 조선시대에는 그 모습이 어떻게 변천되었는가를 함께 탐구해 보기로 하자. ([도2] 범종 부분 명칭도 참조)

　가) 용뉴(龍鈕)
　용뉴는 용의 모양을 취한 범종의 가장 윗부분으로, 이곳에 쇠줄 등을 연결하여 종을 매달게 된다. 즉, 용뉴란 '용의 모습을 취한

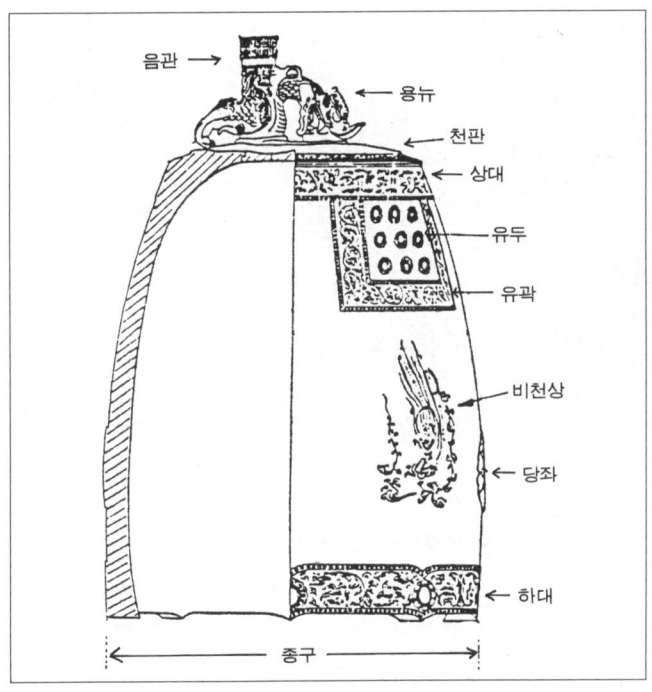

〔도2〕 범종 부분 명칭도

고리'라는 뜻이다. 왜 하필이면 종의 최상부에다 뱀의 몸매에 잉어 비늘, 사슴의 뿔, 토끼의 눈, 소의 귀, 뱀의 이마, 매 발톱에 범 발바닥을 취한 용을, 하늘과 땅을 마음대로 나다니는 용을 올려 놓았을 까?

후한(後漢) 반고(班固)의 《서도부주(西都賦註)》에는, "바다에는 고래가 있고 바닷가에는 포뢰가 있다. 포뢰는 고래를 무서워하여 보기만 하면 우는데 그 울음 소리가 꼭 종소리와 같다."고 하였다. 또 《용왕경(龍王經)》에는 아홉 종류의 용 가운데 포뢰가 특히 울기를 좋아한다고 하였다.

자연, 종 위에 올라선 용은 곧 포뢰라는 이름을 지닌 용이며, 그 용이 특히 잘 우는 까닭에 포뢰용을 선택한 것이다. 더욱이 용은 종을

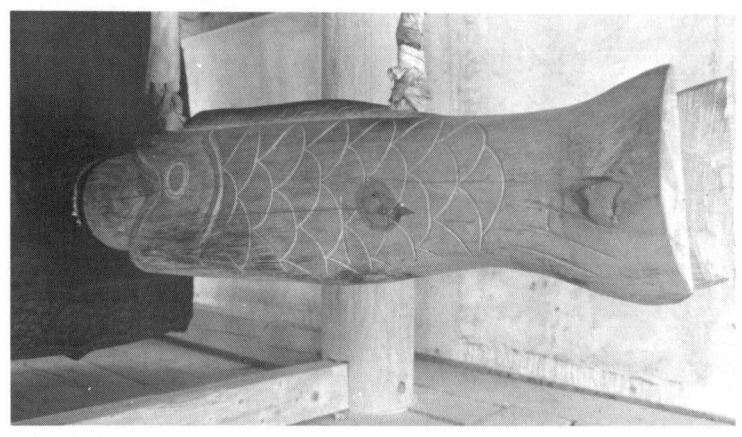

고래 모양을 취한 당목 포뢰용은 이 고래를 보고 더욱 크게 울부짖는다고 한다.

매다는 고리로 하기에 알맞는 몸통을 하고 있다. 뿐만 아니라 옛적에는 종을 치는 굵은 막대인 당목(撞木)을 고래 형태로 만들었는데, 고래를 보기만 해도 우는 포뢰용의 속성을 적절하게 표현한 것이라고나 할까. 현재에도 고래 모양의 당목은 안양 중초사지의 바위에 새겨진 종과 전라남도 승주군 선암사의 범종에서 찾아볼 수가 있다.

그리고 범종을 달리 '경종(鯨鐘)'·'장경(長鯨)'·'화경(華鯨)'이라고 하는 까닭도 포뢰용을 겁주어서 더욱 우렁차고 훌륭한 종소리를 얻겠다는 숨은 뜻이 담겨져 있는 것이다.

이 용뉴의 모습은 시대에 따라서 뚜렷한 특징이 있다.

통일신라시대 중기에는 한 마리의 용이 종에 몸을 굳게 밀착시켜 살아 움직이는 듯한 형태를 취하고 있다. 마치 종을 힘차게 물어 올리듯이 종머리에다 입을 붙이고 있으며, 두 발로 앞뒤를 굳게 버티고 있는 듯한 형상을 취한 것이다.

통일신라 말기부터 고려시대의 종은 다소 빈약해진 몸매에 등을 높이 세우고 있으며, 오른 다리는 옆으로 뻗쳐 ㄱ자 꼴로 구부리고 왼다리는 위로 꺾어 올려서 여의주를 희롱하고 있는 모습을 취하고 있다.

그러나 고려종의 용은 힘이 없다. 용은 맥이 풀린 듯 음관에 몸통을

제 3 장 佛音을 전하는 四物 77

신라시대 상원사종 용뉴

고려시대 탑산사종 용뉴

기대거나 음관에서 떨어진 몸통이 의문부호(?) 형태를 취하였기 때문에, 용머리는 들리고 턱의 앞쪽 끝만이 살짝 종머리에 닿일 듯한 자세를 취하게 된다. 한 마리의 용으로 얼마나 오랫동안 저 큰 몸체를 끌어 잡고 있을 것인가 하는 우려를 안겨주기까지 한다.

이 때문인지 조선종은 두 마리의 용이 서로 얼굴을 밖으로 돌린 채, 같이 붙어 엉킨 몸뚱아리를 솟구쳐서 고리를 만들고 있다. 쌍룡이 여의주 하나를 희롱하고 있는 모습! 이와 같은 조선종은 1346년에 고려의 왕실에서 원나라 종장이에게 부탁하여 만든 연복사종에서 최초로 나타나고 있다. 이때부터 임진왜란까지의 종은 한마디로 둔하고 무던 생김새이며, 철저하게 라마교의 범종 형태를 취하게 되고 만 것이다.

그러나 임진왜란을 지나면서 쌍룡의 종은 전체 크기가 1m 안팎으로 축소됨과 동시에 토속적인 느낌이 물씬 풍기는 용으로 탈바꿈한다. 몸체에 비해서 엄청나게 큰 얼굴, 마음껏 나온 긴 콧수염을 날리며

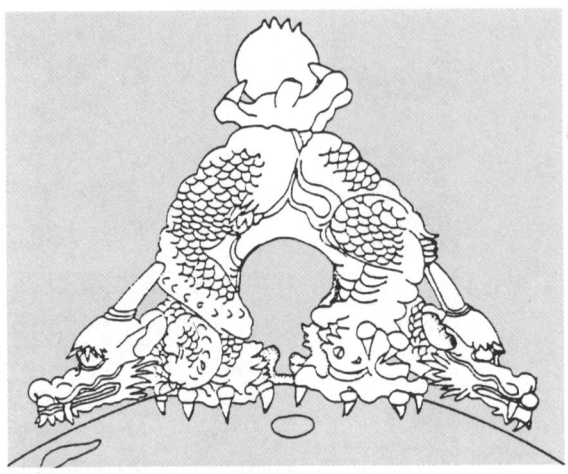

〔도3〕
보신각종 용뉴 모사
도(조선 초기)

갑사동종 용뉴
(조선 중기)

신륵사종 용뉴
(조선 후기)

성글게 난 뻐드렁니를 모두 드러낸 채 여의주를 물고 있는 입은 오히려 익살스럽기까지 하다. 그리고 이 시대에는 다시 고려종의 전통을 이어서 한마리 용이 고리를 만들고 있는 것도 보이게 된다.

크게 신라종·고려종, 임진왜란 전과 후의 조선종으로 나뉘어지는 한국종의 용뉴를 보노라면 마치 그 시대 상황을 보는 듯한 착각까지 느끼게 한다.

유심히 이들을 살펴보라. 이 용들은 단순한 공예나 조각품이 아니다. 그 시대의 국민 정신과 국력을 단적으로 표출시킨 모습이라고도 할 수 있다.

건강하고 안정된 통일신라 흥성기의 용, 무엇인가를 과시하는 듯 여의주를 왼발에 높이 들고 있는 고려의 용, 쌍룡이 권력 다툼이나 하듯 하나의 여의주를 희롱하는 조선 초기의 용, 질서보다는 투박하고 엉성한 모습으로 등장하는 조선후기의 용……. 이것은 결코 종장이의 손장난이 아닐 것이다. 그 시대의 모습이 그 당시의 심성(心性)이 그대로 투영되어 나타난 것임을 우리는 온몸으로 느껴야 할 것이다.

나) 음관(音管)

용의 바로 옆에 붙어 있는 음관은 용통(甬筒), 음통(音筒)이라고도 불리어지는 소리 대롱이다. 이 음관은 외국 종에서는 찾아볼 수 없다. 우리 나라 범종에서만 볼 수 있는 자랑이요 특징이다.

황수영(黃壽永) 박사는 이 음관의 유래를 《삼국유사》에 기록된 〈만파식적 (萬波息笛)〉의 설화에서 찾았다.

죽어서까지 용이 되어 나라를 지키겠다는 문무왕의 유언에 따라, 왕의 죽음과 함께 그 유골은 감포 앞바다의 대왕암(大王巖)에 안치되었다. 682년(신문왕 2) 5월 초하루, 감포 앞바다에 갑자기 작은 산이 떠서 움직였다. 그 산 위에는 한 줄기 대나무가 솟아 있었는데, 낮에는 쪼개져 둘이 되고 밤에는 합하여 하나가 되었다. 이 대나무는 호국룡이 된 문무왕과 죽어서 천신이 된 김유신이 신문왕에게 내리고자 하는 큰 보물이었

〔도4〕 상원사종 음관 모사도

다.

　5월 16일, 신문왕은 바다 가운데의 부산(浮山)에 올라 대나무를 취하기 전에, 대가 갈라지기도 하고 합해지기도 하는 까닭을 영접하는 용에게 물었다.

　"비유컨대 한 손으로 치면 소리가 없고 두 손으로 치면 소리가 나는 것과 같습니다. 대(竹)란 합한 후에야 소리가 나는 법입니다. 성왕이 이 소리로 천하를 다스릴 상서로운 징조이니, 이 대를 가지고 적(笛)을 만들어 불면 천하가 화평할 것입니다."

　임금이 돌아와 피리(笛)를 만들었는데, 그 피리를 불면 적병이 물러가고 병이 나으며, 가뭄에는 비가 오고 비올 때는 개이며, 바람이 가라앉고 물결도 평정하여 졌다고 한다. 그래서 이 피리를 만파식적이라 하고 국보로 삼았다.

〈《삼국유사》 권2 만파식적조 요약〉

소리로써 천하를 다스리고 천하를 화평하게 하며 모든 파도를 쉬게 하는 피리. 이 만파식적의 상징성이야 말로 범종의 참뜻과 조금도 다를 바가 없다. 모든 마음의 파도를 쉬게 하여 번뇌를 잠재우고 경건함과 평온을 갖게 하는 범종. 그 범종에 이와 같은 만파식적 형태의 음관을 만들어 놓음으로써 범종의 정신을 더욱 살아나게 표출시켰다고 보아도 좋을 것이다.

실제로 음관은 대나무의 마디 모양을 뚜렷이 나타내고 있다. 그리고 이 소리 대롱은 종을 쳤을 때 잡소리 하나 없이 한 가닥의 맑은 소리를 나게 하는 역할과 함께, 뒤울림이 명주실같이 끊이지 않고 이어지게끔 하는 신비로움을 간직하고 있다는 설이 전해 내려오고 있다.

비록 이와 같은 사실이 과학적으로 입증되지는 않았지만, 진정 이 음관이야말로 우리 조상의 슬기요, 온 국민이 받드는 국가의 보물인 만파식적의 정신을 범종 속에 이식시킨 신라인의 지혜라 하지 않을 수 없다.

이 음관은 신라 및 고려시대에 꾸준히 용과 함께 종의 가장 윗쪽 자리를 지켰으나, 두 마리 용이 함께 등장하는 조선 초기의 종에 이르러서는 전혀 찾아볼 수 없게 되고 만다. 쌍룡에게 음관의 자리를 내어준 우리 종. 비록 조선 초기의 종이 한국인의 손에 의해 만들어졌지만 필자는 그 종을 중국을 선호하고 중국을 추종하는데서 온 사대적(事大的) 남의 종, 주체를 잃은 중국 모방형 종이라고 감히 주장하고 싶다. 음관을 잃은 조선종을 이렇게 혹평하는 것이 또 다른 오류가 될지라도 …….

다) 종의 몸체부분

천판(天板): 천판은 용뉴·음관과 접촉되어 있는 종머리 부분이다. 신라종은 천판의 가장자리 안쪽으로 연꽃잎이 볼록새김으로 둘려져 있고, 고려종의 대부분은 가장자리의 연꽃잎이 서 있는 모습을 취하고 있으며, 조선종은 천판의 중앙이 전체적으로 솟아올라 둥그스름한 머리 모양을 취함과 동시에 가장자리에서 있던 연꽃잎의 테가 사라진다.

상대(上帶)와 하대(下帶) : 상대는 종의 어깨 부분에 둘려진 무늬 띠이고, 하대는 종의 아랫부분인 종구(鐘口)에 둘려진 무늬 띠이다.

이와 같은 상·하대를 종의 양쪽에 둘러서 특별한 문양을 새긴 데 대해서는 몇 가지 추측들이 있다. 어떤 이는 우리 종이 큰 북을 세워 놓은 것과 같은 형태로서, 북의 양쪽 가죽을 단단히 끌어 당겨 양쪽 테두리 위에 고정시킬 때 만들어지는 북테 장식에서 옮겨간 것이라고 주장한다.

또 어떤 이는 종의 아랫부분과 윗부분이 잘 터지지 않도록 단단히 하기 위해서 마련된 테두리라고 한다. 또 어떤 이는 두쪽을 두툼하게 마감하여, 가볍고 퍼진 소리가 아닌 굵은 울림소리가 나도록 하기 위한 것이라고 한다. 모두가 나름대로 타당성을 지닌 주장이다.

그리고 그 모양새는 시대에 따라 특징이 있다. 신라종의 상하대에는 당초문이나 보상화 무늬가 새겨져 있고, 고려종에는 번개 또는 국화문 등의 무늬가 새겨진다. 그러나 조선종은 크게 탈바꿈되어 있다. 상대에는 덮힌 연꽃(覆蓮)이 둘러져 있고, 하대는 큰 바람 탄 물결 무늬로 바뀜과 동시에, 하대 자체가 전체적으로 종 몸통 윗쪽으로 쑥 올라오며, 상대와 하대 사이에 세 줄의 도들줄띠가 나타나 마침내 종의 몸체를 셋으로 나누고 만다.

유곽(乳廓)과 유두(乳頭) : 유곽은 상대 밑쪽의 네 곳에 붙어 있는 네모난 테이며, 이 유곽 속에는 각각 9개씩 볼똑 솟아 있는 도들꼭지가 있는데 이를 유두라 한다. 그 솟은 부분 주위에 꽃판이 있어 흡사 젖꼭지 모양과 같다고 하여 유두라고 부르게 된 것이다.

이 유곽과 유두는 중국종에서는 아예 찾아볼 수가 없고, 일본종에는 있다고 하여도 틀이 잡힌 생김새를 이루지 못하거나 유두의 숫자가 일정하지 않다. 따라서 유곽과 유두는 '한국종'이 갖는 또 하나의 뚜렷한 특징으로 알려지고 있다.

상원사종 유곽과 유두(신라시대)   봉원사종 유곽과 유두(조선 초기)

　양식의 변천을 살펴보면, 유곽의 경우 신라와 고려종은 상대 밑쪽에 붙어서 종 몸체 1/3크기의 네모난 띠로 나타나며, 그곳에는 당초문·보상문·국화문 등을 새긴다. 그러나 조선종의 유곽은 상대에서 떨어져 나와 따로 마름모꼴로 만들어지며 당초 무늬가 새겨진다.
　그리고 유두의 경우, 신라종은 연꽃받침 위로 젖꼭지가 매우 볼록하게 돌출되거나 연꽃판 자체로 묘사되는데 반해, 고려를 거쳐 조선시대로 내려오면서 꼭지가 차츰 낮아져 단추형을 이루고 있다.
　그런데 왜 '한국종'에만 이와 같은 유두가 있고 그것이 9개씩 사방으로 놓이게 되었을까?
　흔히들 그 까닭을 일컬어 3×3의 9는 곧 우주 만물의 바탕인 천·지·인(天地人) 삼재(三才)에 근거를 두고 있는 구궁법(九宮法)을 상징하기 위해서이고, 사방 네 곳에다 이를 배치한 것은 춘하추동을 상징하며, 전체적으로 36궁(宮)을 나타내기 위한 것이라고 한다. 그러나 이와 같은 설은 불교와 크게 밀착된 것이 아니므로 쉽게 수긍하기 어렵다. 또 어떤 이는 9개의 유두를 극락의 구품연화대로, 사방의 네 유곽을 사제(四諦)등의 불교 교리에 대입시켜 풀이하기도 한다. 이 가운데 극락구품연화대설은 다소 신빙성이 있으나, 사제를 대입한 것은 다소 억지가 스며 있다.

과연 우리 나라에서만 그와 같은 독특한 형태를 나타낸 까닭이 무엇일까?

이를 오랫동안 생각하다가 불교에서 교리를 설명할 때 갖가지 숫자들을 조합해서 사용함을 깨달았고, 4와 9의 숫자가 곧 사생구계(四生九界)를 상징하고 있음을 알게 되었다.

사생은 불교에서 천명하는 생명의 네 가지 생성 형태이다. 사람과 포유동물 등과 같이 모태(母胎)에 의탁하여 생명을 받는 태생(胎生), 새·곤충 등과 같이 알로 태어나는 난생(卵生), 습한 기운에 의해 생명을 받는 습생(濕生), 홀연히 몸을 바꾸어 태어나는 화생(化生) 등의 네 가지 탄생 방법을 벗어난 생명은 없다고 한다.

즉, 사생은 모든 중생이다.

그리고 구계(九界)는 깨달음과 미혹의 정도에 따라 중생계를 분류한 열 가지 세계〔十界〕 가운데 불계(佛界)를 제외한 지옥·아귀(餓鬼)·축생(畜生)·수라(修羅)·인간·천상(天上)·성문(聲聞)·연각(緣覺)·보살(菩薩)의 세계이다.

즉 범종의 36개 꼭지, 9개씩의 유두를 둘러싼 유곽이 4개가 있는 까닭은 이와 같은 사생과 구계의 중생을 모두 부처님의 세계, 불국 정토로 인도하겠다는 깊은 상징성이 담겨져 있는 것이다.

그럼 왜 십계 가운데 불계를 제외한 구계만을 나타내고 있는가?

이 당연한 의문의 해답은 종 위에 있는 용에서 찾을 수 있다. 용! 그것이 불계(佛界)를 상징한 것이요, 사생구계의 중생이 궁극적으로는 종소리를 통해 부처를 상징하는 용의 위치로 뛰어 올라야 함을 암시하고 있는 것이다. 그래서 용이 올라 서 있는 천판의 가장자리에다 부처나 보살만이 앉을 수 있다는 연화대좌를 상징하여 큰 연꽃을 조각하게 된 것이다.

이 종 하나 속에다 모든 중생과 그 중생이 나아가야 할 세계를 표출시킨 우리의 조상들, 그 정신적인 세계가 오늘날까지 전승되고 있을진대 어찌 나라의 앞날이 밝지 않으리.

비천(飛天)과 불보살상(佛菩薩像) : '한국종'을 더욱 돋보이게 하는 것은 비천상이다. 이 비천상은 대부분 신라종에서 많이 나타나며, 고려종은 비천상이 아니라 꼬리구름 위에 놓인 연꽃 자리에 홀로 앉은 부처나 보살의 모습으로 바뀌고 있다. 조선종은 불·보살이 앉아 있는 고려종과는 달리, 거의 대부분 연꽃 위에 꼿꼿이 선채로 합장한 보살이 유곽과 유곽 사이까지 올라와서 네 곳에 새겨져 있다.

신라종의 비천상. 좁고 길다란 천의(天衣)를 너울거리며 연꽃 방석 위에 무릎을 꿇거나, 꼬리가 긴 꽃구름을 타고 푸른 하늘에 떠서 악기를 다루고 있는 비천상.

이들 비천상을 보고 있노라면 법희선열(法喜禪悅)의 세계로 이끄는 맑고 고운 소리가 마음을 울릴 듯한 감동이 전해온다.

상원사종은 무릎을 굽힌 두 비천이 나란히 공후(箜篌)와 생황(笙篁)을 불며 구름 위에 떠 있고, 봉덕사종의 두 비천은 서로 거리를 두고 연꽃 위에 무릎 꿇고 앉아 연꽃송이같이 생긴 굽 높은 그릇을 들고 부처님께 공양하는 모습을 취하고 있으며, 실상사종은 가부좌한 두 비천상이 생황과 피리를 불고 있다. 특히 9세기에 들어서면서부터 이 비천상들은 장구(長鼓)를 두드리는 형태를 많이 취하고 있다. 선림원 종이 그러하고 일본 연지사(蓮池寺)와 송산촌대사(松山村大寺)로 집을 옮긴 신라종의 비천상이 그러하다. 두 팔을 가볍게 벌리고 어깨춤을 추듯 장구를 두드리는 모습이 그야말로 일품이다. 그리고 비파를 켜는 비천도 이때 나타나 함께 어울린다.

이렇듯 환희로운 음악과 연결된 신라종의 비천상이 왜 고려와 조선으로 이어지면서 부처나 보살의 모습으로 바뀌게 되었고, 마침내는 굳건히 서있는 보살입상에게 자리를 물려주게 된 것일까?

옛날 부처님 열반 후, 순수하면서도 도력있는 고승들이 많았던 인도 불교에서는 불상을 봉안하여 예배하지 않았었다. 그러나 시대가 흘러 불교인의 신심(信心)이 차츰 옅어지고 진리를 가르칠 스승들이 줄어들었을 그때, 비로소 불상은 등장하게 된다. 불상의 힘을 빌려야 했던 것이며, 신심보다는 신앙의 힘을 빌어야 했기 때문이었다.

이와 같은 원리는 우리의 종에도 그대로 적용되었다. 신라의 비천상

성덕대왕신종의 비천상   신라 후기 종의 비천상(탁본)
                              일본 연지사. 장구치는 모습.

은 환희이다. 불음(佛音)에 환호하는 천인들의 합창이다. 그러나 고려 및 조선의 불교는 그렇게 환희롭지 않았다. 비천의 소리에 귀 기울이기보다는 부처의 육성을 직접 듣는 듯이 묘사되어야 했고, 마침내는 지장보살이나 관세음보살이 직접 구원의 길로 뛰어들고 위엄을 나타내는 모습으로까지 변화하게 된 것이다. 우리 나라 불교사의 흐름과 이들 조각을 비교해 보라. 그 비교 속에서 보다 큰 무언가를 느낄 수 있으리니…….

　당좌(撞座)와 종의 몸매 : 당좌는 종을 치는 당목(撞木)이 직접 접촉되는 부분이다. 신라종은 이 당좌에 주로 연꽃 무늬를 새겼고 당좌를 종의 양쪽에 두었는가 하면, 고려종은 사방에 네 개를 조각하였으며, 조선종은 종의 몸체 가운데 부분에 온갖 글씨를 길게 새기기 위함인지 아예 당좌를 없애어 버린 채 밑동쪽에다 그냥 치도록 하였음을 볼 수 있다.

제 3 장 佛音을 전하는 四物   87

고려 전기 용주사종의 비천상
삼존불의 형태를 취하였다.

조선시대의 종
관세음보살이나 지장보살이 등장한다.

이 당좌의 위치는 종의 소리에 밀접한 관계가 있다. 밑동에다 치면 소리는 크나 뒤섞여서 시끄럽고 깨어지기도 잘 하므로, 가장 적절한 위치는 밑에서 1/3쯤이 좋다. 그래서 대부분의 신라종은 이 지점에 당좌를 만들어서 좋은 종소리를 들려줄 수 있게끔 하였던 것이다.

종의 몸매 또한 시대별로 차이가 있다.

신라종의 몸매는 늘씬하게 길며, 밑으로 갈수록 천천히 배가 부르다가 2/3쯤에 와서는 도로 안쪽으로 살짝 들어가는 몸통이 된다.

고려종은 길이가 짧아져서 종의 밑인 종구(鐘口)의 지름과 키가 거의 1:1에 가까워지며, 밑으로 갈수록 차츰 배가 부르다가 배부른 모습이 거의 직선을 이루며 끝까지 나아간다.

조선종은 위에서부터 평퍼짐하게 선을 그리면서 내려오다가 끝에 와서는 밖으로 벌어지는 꼴을 나타내고 있다.

그리고 종소리가 여운을 내면서 오랫동안 울리게 하는데는 종 밑의 땅모양과 큰 연관이 있다고 한다. 현재에도 서울 개운사종 밑의 땅속에는 입이 높고 약간 벌어진 항아리가 묻혀 있고, 봉선사의 종을 비롯한 큰 종들의 밑 땅바닥이 우묵하게 파여 있음을 쉽게 살펴볼 수 있다. 또 선림원종의 밑에서는 입이 넓고 목이 좁으며 몸통이 둥근 쇠항아리가 나와 학계의 눈길을 끌기도 하였다.

과학적으로 소리 울림을 측정한 결과, 땅바닥을 우묵하게 파놓고 종을 치면 생소리가 아닌 울림소리가 서로 왔다갔다 하며 울려 나온다는 것이 입증되었다. 특히 신라종과 같이 종의 밑부분이 약간 오목한 형태를 이루는 경우에는 그 여운과 울림소리가 더욱 좋다는 결론을 얻었다고 한다.

'한국종', 특히 신라종은 매우 과학적이면서도 모든 형태가 이치에 합당하게 설정되어 있다. 그와 같은 슬기는 오늘날에도 마땅히 계승되어야 할 것이다. 그들의 후손인 우리는 보다 깊은 사색과 정진을 통하여 범종의 참된 의미를 최대한 살리고자 했던 선조들의 정신을 반드시 물려받아야만 한다.

'한국종'속에 담겨져 있는 그 깊은 뜻. 그렇지만 아직도 우리의 사색 밖에 있는 그 숨겨진 의미를 발견할 때 신라종은 더욱 생명을 더할 것이고, 오늘의 우리는 더욱 좋은 종을 탄생시킬 수 있을 것이다.

종소리. 그것은 뭇 생명있는 이들을 불국정토로 인도하는 부처님의 설법이다. 그것은 중생의 일심을 일깨우는 부처님의 영원한 일승원음(一乘圓音)이다.

해질 무렵. 서른여섯 번의 타종과 함께 종송(鐘頌)이 울린다.

종소리 들으면 번뇌가 끊기네.
지혜가 자라네 깨달음이 생기네.
지옥을 떠나네 삼계를 벗어나네.
원컨대 성불하여 일체중생 건질지니.

聞鐘聲煩惱斷　智慧長菩提生
離地獄出三界　願成佛度衆生.

제4장

眞理의 등, 一心의 불
— 석등(石燈) —

1. 마음의 등불

　범종각에서는 울려퍼지는 하늘의 주악〔梵音〕을 들으며 불이문을 들어선 구도자의 눈 앞에는 장엄한 불국세계(佛國世界)가 펼쳐진다. 부처님이 계신 법당(法堂, 金堂), 우뚝 솟은 탑. 그리고 수많은 장엄의 조형물들……. 그러나 탑과 법당의 위용에 가려 쉽게 지나쳐 버리기 쉬운 매우 가치있는 조형물이 탑 또는 법당 앞에 다소곳이 서 있다. 그것이 석등이다.
　석등은 돌로 만든 등기(燈器)이다. 불을 밝혀 진리의 광명을 선사하는 법기(法器)이다. 어둡고 깜깜한 중생의 마음을 부처님의 깨달은 진리로 비추어서 불성(佛性)을 밝혀주는 법등(法燈)인 것이다.
　불을 밝혀라. 중생의 마음 속에 불을 밝혀라. 미혹을 씻어내는 불을 밝혀라. 진리를 가득 담은 불을 밝혀라……. 과연 그 누가 불을 밝힐 것인가? 그 누가 있어 미혹의 중생계를 진리의 법등으로 밝혀 줄 것인가?
　이제 등에 관한 불경 속의 이야기 1편을 함께 음미하면서 등불을 밝히는 우리의 마음을 가다듬어 보자. '가난한 여인의 등불〔貧者一燈, 또는 貧女一燈〕'이라는 이름으로 널리 알려진 이 설화는 《아사세왕수결

경 (阿闍世王授決經)》에 수록되어 있다. 간단한 윤색을 덧붙여서 엮어 보자.

석가모니 당시의 사위성(舍衛城)에는 가족도 친척도 없이 홀로 사는 외롭고 가난한 노파가 있었다. 너무나 가난했던 그 노파는 이집 저집을 다니면서 밥을 빌어 겨우 목숨을 이어가야만 했다. 하루는 온 성안 사람들이 기쁨에 겨워 환호하고 있었다. 노파는 궁금증에 못이겨 무슨 일이 있는가를 물었다.
"오늘은 부처님께서 이 성으로 오시는 날이랍니다. 밤이 되면 아사세왕과 백성들이 수많은 등불을 밝혀 부처님을 맞이할 것입니다. 그래서 온 성안이 이렇게 붐비고 있답니다."
이 말을 들은 노파는 깊은 탄식과 함께 슬픈 사색에 잠기고 말았다.
'아! 나는 어찌 이다지도 복이 없단 말인가? 세상에서 가장 큰 복밭〔福田〕인 부처님을 만나면서도 그 복밭에 뿌릴 한 알의 씨앗조차 없으니……. 구걸을 해서라도 부처님께 공양할 등불을 밝히리라.'
비탄을 떨쳐버린 노파는 가난을 슬퍼하지 않고 지나가는 사람들에게 동전 두 닢을 겨우 구걸하여 기름집을 찾아갔다. 얼핏 보기에도 가난에 찌든 노파의 모습을 보고 기름집 주인은 기름의 쓰임새를 물었다.
"이 세상에서 부처님을 만나 뵙기란 참으로 어려운 일이라고 들었습니다. 나는 다행히 부처님께서 계신 세상에 태어났지만 너무나 가난하여 지금까지 아무 것도 공양하지 못했습니다. 오늘같이 부처님을 맞아 왕과 백성들이 함께 등불을 밝히는 날, 나도 하나의 등불이나마 밝혀 공양하고자 합니다."
기름집 주인은 크게 감동하여 갑절이나 많은 기름을 주었다. 비록 하룻밤의 반도 밝힐 수 없는 기름의 양이었으나 노파는 기쁜 마음으로 부처님께서 지나가실 길목에 등불을 밝히고 기도하였다.
"저는 가난하여 이 조그마한 등불밖에는 부처님께 공양할 수 없사옵니다. 부디 이 공덕으로 오는 세상에는 성불(成佛)하여 그 지혜의 빛으로 모든 중생의 어두운 마음을 밝게하여지이다."
밤이 깊어감에 따라 다른 등불은 하나 둘 꺼져 갔으나 가난한 노파의 등불만은 더욱 밝게 빛나면서 주위의 어둠을 비추고 있었다.
 날이 밝아오자 부처님은 제자들 중에서 신통력이 가장 뛰어난 목련존자(目連尊者)에게 아직 꺼지지 않은 등불을 모두 끌 것을 지시하셨다. 목련존자는 모든 등불을 차례로 꺼나갔지만, 이 등불만은 세 번이나 끄려 했으나 꺼지지 않았다. 가사 자락을 크게 휘둘러 꺼보았지만 불꽃은 더욱 강해질 뿐이었다. 마침내 목련은 신통력으로 바람을 일으켰으나 그 불빛은 오히려 하늘에까지 비쳤다. 이 광경을 묵묵히 지켜보던 부처님이 비로소 말씀하셨다.
 "목련아, 부질없이 애쓰지 말아라. 그 등불은 비록 가난하지만 마음씨 착한 노파의 넓고 큰 서원(誓願)과 정성으로 밝혀진 등불이니라. 너의 신통력으로는 끌 수가 없다. 이 등불의 공덕으로 그 노파는 오는 세상에 반드시 부처를 이룰 것이다. 한결같은 정성이 깃든 등불은 결코 꺼지지 않느니라."

 부처님은 이 노파가 30겁(劫) 후에 수미등광여래(須彌燈光如來)라는 이름의 부처가 될 것이라는 수기(授記)를 하셨다.
 작은 등불 하나. 그렇지만 지극한 정성이 담긴 그 등불이 한 역할은 무엇일까? 지혜의 빛이 가득한 부처님의 나아갈 길을 밝혀 주는 역할을 한 것일까?
 아니다. 그 등불의 참뜻은 부처님께 있지 않았다. 그 등불은 노파의 마음 속에 깃든 어둠을 밝히고 외로움과 가난의 업(業)을 녹였던 것이다. 노파가 가난을 핑계 삼아 등불을 밝힐 뜻을 포기하였거나, 등불을 올린 공덕을 모든 중생의 어두운 마음을 밝히는 데로 돌리지 않고 개인적인 행복을 기원하는 것으로 만족하였다면 노파는 어두움과 가난 속에서 영원토록 헤어날 수 없었을 것이다.
 동양의 가르침은 한 생각 바르게 가지고 지성을 다할 때 운명이 바뀐다는 것을 강조한다. 모든 것이 마음 먹기에 달렸음을 깨우친다. 한 생각〔一念〕 바르게 가지고 한 마음〔一心〕으로 정성을 다해 올린 노파의 등불은 목련존자의 신통력을 넘어섰을 뿐아니라, 오는 세상의 성불까지를 보장받는 결과를 낳았다.
 노파는 마음의 등불을 밝힌 것이지 형식의 등불을 켠 것이 아니었다. 노파는 자비의 등불을 밝힌 것이지 구복(求福)과 이기심의 등불을 켠 것이 아니었다. 어찌 노파가 밝힌 등불을 평범한 기름으로 켠 등불이라 하리. 그것은 일심의 신묘한 작용과 공덕으로 밝힌 다함이 없는 등불, 영원히 꺼지지 않는 무진등(無盡燈)인 것이다.
 무진등. 그 무진등을 밝혀라. 그것이 석등이 거기에 서 있는 까닭이다.

2. 석등의 형태와 조형의 의의

 형태상으로 볼 때 우리 나라의 석등은 크게 기본형과 변형으로 나누어 볼 수 있다. 모든 석등은 땅을 덮은 지대석(地臺石)에서부터 출발하여 가장 높은 곳에 있는 보주(寶珠)로서 끝을 맺는다. 그 사이에 여러 가지 이름과 모양이 있고 다양한 상징성이 숨겨져 있다. 기본형 석등의 각 부분별 명칭을 〔도5〕에서 살펴보자.
 석등은 하대석(下臺石)·중대석(中臺石, 竿柱石 또는 竿石이라고도 한다)·상대석(上臺石)을 기대(基臺)로 삼고 그 위에 등불을 직접 넣어 어둠을 밝히는 화사석(火舍石)과 옥개석(屋蓋石, 지붕돌)을 올렸으며, 정상에 보주 등을 장식한 형태를 취하고 있다. 이제 석등의 시대적 변천을 간략히 언급하면서 석등의 각 부분을 보다 심도있게 조명하고 그 속에 담긴 의미들을 살펴보기로 하자.

 (1) 팔각 기본형 석등
 우리 나라에서는 현재까지 삼국시대 석등의 완형이 발견되지 않았다. 다만 충청남도 부여의 가탑리 폐사지(佳塔里廢寺址)에서 발견된 백제의 석등 대석(臺石)과 익산 미륵사지(彌勒寺址)에서 발견된 백제 석등의 옥개석·화사석·연화대석 등의 부재가 남아 있을 뿐이다. 이 백제 석등의 화사석은 8각형으로 이루어져 있고 4면에 화창구(火窓口)

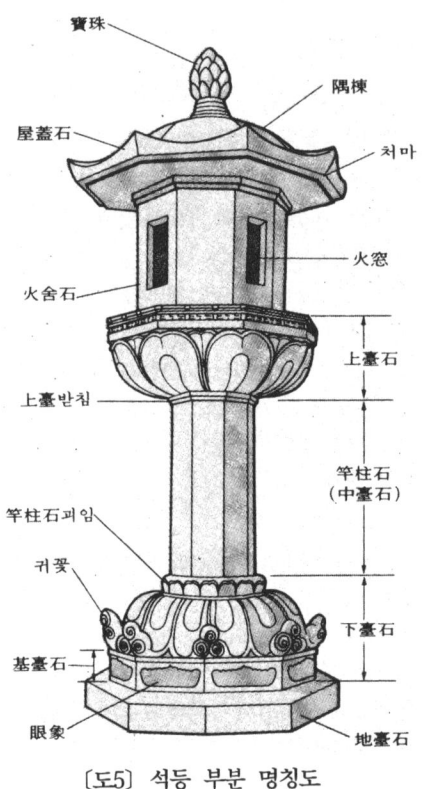

〔도5〕 석등 부분 명칭도

를 내는 형태를 기본으로 하고 있다. 이러한 백제 석등의 기본형인 8각형은 통일신라시대에도 주류를 이룬다.

　전형적인 8각형 양식을 가장 잘 보여주는 대표적인 것으로는 부석사 무량수전앞석등(浮石寺無量壽殿前石燈, 국보 제17호, 경북 영풍)을 비롯하여 법주사 사천왕석등(法住寺四天王石燈, 보물 제15호, 충북 보은), 운문사 금당앞석등(雲門寺金堂前石燈, 보물 제193호, 경북 청도), 보림사석등(寶林寺石燈, 국보 제44호, 전남 장흥), 합천 백암리 석등(陜川伯嚴里石燈, 보물 제381호, 경남 합천), 실상사 백장암석등(實相寺百丈庵石燈, 보물 제40호, 전북 남원) 등이 있다. 이들 석등은 방형(方形) 또는 팔각형의 지대석 위에 8각의 복련석(覆蓮石:연꽃을 덮어 놓은 모양)을 얹고 그 위에 8각의 긴 간주를 세웠으며, 다시 8각의 화사석을 받치기 위한 8각의 앙련석(仰蓮石;연꽃이 하늘을 보고 활짝 피어있는 모습)을 얹었고, 4방으로 화창이 뚫린 8각의 화사석 위에는 8각의 옥개석, 옥개석 정상에는 보주를 얹은 형식을 취하였다.

왜 이들 석등은 전체적으로 8각의 형태를 취하고 있고 화창은 4방으로 뚫려있으며, 정상에는 보주가 놓여 있는 것일까?

불교 및 미술사학자들은 8각을 불교의 기본 교리인 팔정도(八正

부석사 무량수전앞석등

道)로 풀이하고, 불빛이 새어 나오는 4방의 화창을 사제(四諦)의 법문으로 풀이하고 있다. 정말 타당한 지적이라 아니할 수 없다. 필자는 감히 이 팔정도와 사제를 기본으로 삼아 왜 석등이 그와 같은 형태를 취하게 되었는가를 유추해 보고자 한다.

가) 8각의 연꽃이 땅을 덮어 하대석을 이루었다

연꽃은 불교의 상징화(象徵花)이다. 진흙탕 속에서 피어나지만 결코 더러운 흙탕물이 묻지 않는 처염상정(處染常淨)의 꽃이다. 그 연꽃이 땅을 덮었다는 것은 모든 갈등과 모순과 잡된 것이 가득한 세속에 몸담고 있지만, 결코 그것에 의해 물들지 않는 경지에 있다는 것을 표출시킨 것이다. 연꽃에 흙탕물이 묻지 않듯이 팔정도를 올바로 수행하는 구도자에게 세속의 그릇됨이 결코 침입할 수 없다는 것을 상징화하고 있다.

팔정도. 그것은 여덟 가지 실천 덕목이다. 진리의 세계로 곧바로 나아가게 하는 원동력이 곧 팔정도이다.
① 바르게 보라〔正見〕.
② 바르게 생각하라〔正思〕.
③ 바르게 말하라〔正語〕.
④ 바르게 행동하라〔正業〕.
⑤ 바르게 생업을 유지하라〔正命〕.
⑥ 바르게 수행하라〔正精進〕.
⑦ 바른 신념을 가져라〔正念〕.
⑧ 마음을 바로 잡아라〔正定〕.

여기서 잠깐 정(正)의 의미를 살펴보고 넘어가자. 정은 '중(中)'이다. 바르다는 것은 곧 극단에 치우치지 않은 중도(中道)에 서 있다는 것이다. 정견하라! 그것은 남음과 모자람의 여운을 두고 보는 것이 아니다. 정정진하라! 그 정진은 쾌락이나 고행의 어느 한쪽으로 기울어진 수행이 아니다. 중도 위에서서 세상의 참모습을 보고 중도로써 수행한다는 것이다.

정은 달리 '진리'로 정의할 수가 있다. 팔정도는 그 길을 따라가면 진리의 세계에 도달할 수 있음을 밝힌 여덟 가지 방편이요 목표이지만, 그 길을 걸어감에 있어 온전하고 모자람이 없는 정도(正道)만을 취하기는 결코 쉽지 않다. 중생이기 때문에 실수와 모순과 갈등 투성이의 팔정도를 닦아 가는 것이다. 그러나 차츰 닦아 익혀서 팔정도의 하나하나에 대해 굳이 애쓰지 않아도 나와 일체(一體)를 이루게 될 즈음에 이르면 중생은 자연스럽게 진리와 계합하게 되고, 팔정도는 곧 '팔진(八眞)'으로 탈바꿈하는 것이다.

정은 곧 진리이다. 영원히 변하지 않는 진리이다. 진리는 결코 50%의 진리가 있을 수 없다. 90%의 진리 또한 있을 수 없다. 오직 100%의 진리만이 존재할 뿐이다. 반은 바르고 반은 바르지 않은 진리, 그것은 이미 진리가 아니다.

이 정(正)의 진리에 의지하여 구도자는 수행을 계속한다. 이와 같은 팔정도의 실천은 세속의 잡된 인연으로부터 능히 수행자를 지켜주는 갑옷과도 같은 것이다. 구도자가 팔정도의 수행을 한다는 것 자체가 처염상정(處染常淨)의 길로 들어섰음을 뜻하는 것이요, 그것이 석등에서 8각의 땅을 덮은 연꽃〔覆蓮〕으로 상징화되어 나타난 것이다.

나) 간주(竿柱)가 8각을 이루면서 위로 쭉 솟은 다음 하늘을 향한 8각의 연꽃〔仰蓮, 上臺石〕을 받치고 있다

8각의 기둥(간주)이 위로 쭉 솟아있다는 것은 팔정도를 닦아 차츰 완숙한 경지로 나아감을 뜻한다. 이제 구도자가 팔정도의 수행을 깊이 닦아 애써 올바른 것을 닦으려 하지 않더라도 팔정도와 한 몸이 되어 진리의 세계를 향해 자연스럽게 승화되어 가고 있음을 상징화한 것이다. 구도자는 차츰 높은 경지에 이르게 되고, 마침내 하늘을 보면서 활짝 피어난 연꽃의 경지에 도달하게 된다. 활짝 핀 연꽃, 그것은 팔정도의 완성을 뜻한다. 그 위에 화사석이 있다.

화사(火舍)는 불〔火〕의 집이다. 그 불은 진리의 불이다. 어떠한 진리인가? 부처가 깨달은 진리이다. 팔정도의 수행을 통하여 체득한 최상의 진리이다. 그 진리의 불이 화사석 안에서 타오르고 있고, 그 진리의 불이 4방으로 난 화창을 통하여 뿜어 나와서 어둠의 중생계(衆生界)를 밝혀주는 것이다.

말을 바꾸어 보자. 화사석, 그 안에는 부처님이 계신다.

우리가 흔히 접할 수 있는 불상의 대좌는 석등과 같이 하대석·중대석·상대석으로 구성되어 있고, 그 모습 또한 복련과 8각의 중대석과 앙련의 형태의 취하고 있다.

불상의 대좌를 역사적인 맥락에서 살펴볼 때 앙련 위에는 부처님과 부처의 경지에 준하는 보살만이 앉을 수 있음을 쉽게 발견할 수가 있다. 우리 나라 최고의 예술품인 석굴암 조각상 중에서도 사천왕이나 팔부신장, 심지어는 이 세상의 선악을 관장하고 심판한다는 제석천(帝釋天)이나 대범천(大梵天)까지 반석위에 서 있을 뿐, 연꽃 위에 자리하지 못하고 있는 것을 볼 수 있다. 그리고 삼국 시대 또는 신라의

법주사 사천왕석등　　　　　　　　　　연화대좌 위에 앉은 불상

보살상을 살펴보면 대부분이 앙련이 아닌 복련 위에 자리를 잡고 있음을 발견할 수 있다.

　따라서 석등의 앙련위에 놓은 '불의 집〔火舍〕 속에 부처님이 머물러 계신다'고 보는 것은 '대좌의 앙련 위에 부처님이 앉아 계신다'는 사실과 같은 맥락에서 파악되어져야 하며, 그것은 조금도 무리가 될 수 없는 것이다.

　한동안 필자는 불상의 대좌가 왜 땅을 덮고 있는 복련과 팔각 간주와 하늘을 향한 앙련으로 구성되어 있는가에 대한 의문에 사로잡혔지만, 쉽게 이 문제를 풀 수가 없었다. 전문가에게 문의하여도 대칭적 구조상의 안정감과 양식적 멋의 표현이 아닐까 하는 답변밖에 얻을 수가 없었다. 혼자의 생각으로도 처염상정(處染常淨)의 완전하게 핀 앙련 위에 부처님이 계시다는 것은 쉽게 이해할 수 있었지만, 연꽃을 뒤집어서 엎어 놓은 까닭은 이해가 되지 않았다. 땅을 향해 핀 연꽃이란 말인가? 진흙탕 속에서 피어나는 연꽃을 꺾어서 마치 진흙탕을 덮은 형국을 취하게 하다니…….

그런데 이 글을 쓰면서 명확한 해답을 얻을 수 있게 된 것이다. 불상의 대좌와 석등 및 부도의 대석은 공통적으로 부처님의 경지로 나아가는 수행의 과정을 상징화하여 나타낸 것이며, 그 대좌나 대석 위에는 반드시 부처님 또는 부처님의 본질, 부처님의 경지, 부처님의 작용을 뜻하는 무엇인가가 자리를 잡게 된다는 것을 깨닫게 되었던 것이다. 그리고 앞에서 살펴본 바와 같이 하대석을 복련의 형태로 만들게 된 까닭을 밝힐 수 있었던 것이다.

다시 석등을 살펴보면서 이 문제를 심도 있게 관찰하여 보자.

석등의 앙련 위에는 불의 집인 화사(火舍)가 있다. 화사는 불빛이 비춰 나오게끔 화창을 뚫은 화사석과 멋있는 팔각 지붕의 옥개석, 옥개석 위에 놓인 보주로 구성되어 있다. 화사는 부처님의 집이다. 그 집 속에 누가 있겠는가? 부처님이 계신다. 부처님은 불의 집 속에서 중생의 미혹을 밝히는 사제(四諦)의 진리를 설법하며 계신다. 그리고 사제의 설법이 화사석 4방으로 뚫린 네 개의 화창으로 상징화된 것이다. 그 화창을 통하여 세상의 어둠을 밝히는 사제의 불빛이 끊임없이 뿜어나오고 있음을 나타내고 있는 것이다.

사제(四諦)는 네 가지 온전한 진리, 네 가지 온전한 깨달음이다. 고(苦)·집(集)·멸(滅)·도(道)의 네 가지로 구성되는 사제는 가장 완전한 진리이지만, 그 진리는 범인으로서도 너무나 쉽게 수긍할 수 있는 당연한 진리이다.

①이 세상은 고통스럽다〔苦諦〕.

②그와 같은 고통은 중생들 모두가 그 자신이 무엇인가를 모른 채 공연히 욕심을 부리고 화를 내고 시기·질투·대립·투쟁을 일삼기 때문에 생겨나는 것이다〔集諦〕.

③그러나 고통이 사라진 그 본연의 진리로 돌아가면 영원과 행복과 자유와 평화〔常樂我淨〕가 가득한 세계가 있다〔滅諦〕.

④그와 같은 진정한 평화와 행복을 얻기 위해서는 탐욕과 분노와

어리석음을 잠재우는 팔정도를 닦아야 한다〔道諦〕.
　부처님은 앙련 위의 집 속에 모습을 감춘 채 이러한 사제의 법문을 설파하고 계신 것이다.
　그러나 다시 돌이켜보면, 이 네 가지 진리는 결코 네 가지가 아닌 하나의 진리이며 하나의 깨달음이다. 그것은 곧 우리의 마음을 다스리는 하나의 가르침이요, 우리들 마음이 원래의 맑고 깨끗한 모습을 회복해 가질 때 발현되어지는 하나의 진리일 뿐이다. 앙련 위의 부처님 집은 곧 일심을 회복해 가진 깨달은 중생의 집이요, 그 집에서 나오는 밝은 빛은 곧 일심의 빛인 것이다.
　부석사 무량수전앞석등의 화사석 4면에 조각된 보살 입상. 그 보살은 합장을 하거나 공양을 올리면서 이와 같은 진리를 깊이 경청하는 자세로 서 있다. 그 보살이 듣는 법문 내용은 어떠한 진리일까? 그리고 법주사 사천왕석등에는 보살상 대신에 사천왕상이 조각되어 있다. 사천왕이 사방을 지키는 가운데 자리에는 언제나 부처가 있다. 사천왕이 수호하고 보살이 사방으로 모습을 나타내고 부처의 권능을 대신하는 석등. 그것은 결코 단순한 등기(燈器)가 아니었던 것이다.

　(2) 변형화된 석등
　기본형을 벗어난 석등으로 가장 대표적인 것은 쌍사자석등(雙獅子石燈)과 고복형 석등(鼓腹形石燈)이며, 그밖에 몇 가지 석등들이 있다.

가) 쌍사자석등
　쌍사자석등은 기본형 석등의 중대석인 8각 간주 자리에 두 마리의 사자가 버티고 서서 앙련의 윗부분을 지탱하고 있는 석등을 말한다. 대표적인 신라 시대 쌍사자석등으로는 법주사 쌍사자석등(국보 제5호), 중흥산성 쌍사자석등(中興山城雙獅子石燈, 국보 제103호, 국립중앙박물관), 영암사지 쌍사자석등(靈巖寺址雙獅子石燈, 보물 제353호, 경남 합천) 등이 있다.
　왜 두 마리의 사자가 복련 위에 마주 서서 앙련석을 받치고 있는

제4장 眞理의 등, 一心의 불 101

석등을 만들게 되었는가?

불교에서의 사자는 지혜를 상징하는 동물이다. 그래서 반야(般若)의 지혜를 대변하는 문수보살(文殊菩薩)은 사자를 타고 있는 모습으로 많이 묘사된다. 또한 부처님의 설법을 사자후(獅子吼)라고도 한다. 사자가 포효하면 모든 동물이 다 굴복하듯이 부처님의 설법이 모든 중생의 번뇌를 제압한다는 것을 상징화한 것이다.

특히 재미있는 것은 이 두 마리의 사자 가운데 한 마리는 입을 벌리고 있고 한 마리는 입을 다물고 있다는 사실이다.

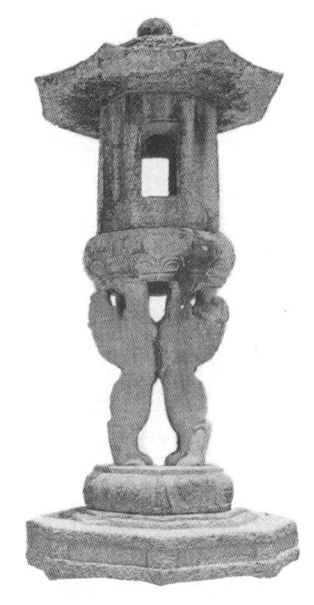

법주사 쌍사자석등

입을 벌린 사자와 입을 다문 사자. 이것은 사찰의 금강문(金剛門)을 지키는 두 금강역사 가운데 하나는 입을 벌려 '아'하는 소리를 내고, 다른 하나는 '훔'하며 입을 다물고 있는 것과 맥락을 같이 하는 것이다. 즉 입을 벌린 사자는 창조와 출발과 시작을 의미하고, 입을 다문 사자는 끝과 소멸을 나타내는 것이다.

따라서 쌍사자는 시작과 끝을 잇는 반야의 지혜, 그것을 넘어선 영원의 지혜를 상징하는 것이며, 쌍사자가 앙련과 화사석을 떠받들어서 부처님께서 영원토록 꺼지지 않는 반야지(般若智)의 등불로 세상을 밝히고 있음을 나타내고자 한 것이다.

그러나 고려시대에 만들어진 고달사지(高達寺址) 쌍사자석등(보물 제282호, 국립중앙박물관)이나 조선 초기에 만들어진 청룡사 보각국사 정혜원융탑앞사자석등(靑龍寺普覺國師定慧圓融塔前獅子石燈, 보물 제656호, 충북 중원)의 사자 모습은 신라시대의 모습과는 완전히 다르다. 고달사지석등의 두 마리 사자는 서 있는 것이 아니라 쭈그린 자세로 앉아있고, 입의 모습도 두 마리가 같으며, 부재도 사자가 가장자리의 일부분만을 받치고 있는 모습을 보여주고 있다. 그리고 정혜원융탑 앞사자석등에는 한 마리의 사자가 엎드려 있고 그 등 위로 간주가 세워져 있다. 이러한 고려 및 조선시대의 석등은 그 어떤 상징성을 담기보다는 양식적 특색과 약식화에 초점을 맞추고 있다는 인상을 지울 수가 없다.

나) 고복형 석등

고복형 석등은 통일신라 후기부터 호남 지방을 중심으로 하여 많이 만들어진 석등이다. 이 또한 간주석에 변화를 준 것으로, 8각의 간주석이 원형으로 바뀌고 그 원형 기둥의 중앙에 '북'의 형태를 이룬 굵은 마디를 둔 것이 특징이다. 간주석 전체를 보면 마치 '장구'의 모양을 취한 것같이 느껴지기도 한다.

대표적인 유물로는 화엄사 각황전석등(華嚴寺覺皇殿石燈, 국보 제12호, 전남 구례)을 비롯하여 임실 용암리석등(보물 제267호), 청량사석등(淸涼寺石燈, 보물 제253호, 경남 합천), 실상사석등(實相寺石燈, 보물 제35호, 전북 남원), 개선사지석등(開仙寺址石燈, 보물 제111호, 전남 담양)등을 꼽을 수 있다.

간주석이 둥글면서도 배 부분이 튀어나온 고복형 석등이 갖고 있는 상징성에 대하여 필자는 많은 생각과 함께 관계 학자들에게 문의하여 보았지만 확고한 해답을 얻을 수가 없었다. 이와 같은 고복형 석등이 생겨난 데는 분명한 이유가 있을 것이다. 왜냐하면 8각의 간석에 대한 단순한 양식적 변천이나 석등을 화려한 모습으로 바꾸기 위해서 고복형 석등을 만든 것이라면, 먼저 8각의 간석에 여러 가지 문양을 조각하거나 8각과 원형의 중간 형태를 취한 간석이 발견되어야 하는데, 그러한 유물을 전혀 찾아볼 수 없기 때문이다. 즉, 8각에서 출발한 약간의 변화나 점진적인 기법의 변천을 고복형의 간주에서는 전혀 찾아볼 수가 없다.

제4장 眞理의 등, 一心의 불 103

고달사지 쌍사자석등의 '쌍사자' 부분

실상사 고복형 석등

왜 석등의 다른 부분은 크게 바뀌지 않았는데 이 간주석만은 완전히 형태를 바꾸어버린 것일까? 이것은 통일신라 후기부터 나타나기 시작한 팔각원당형부도(八角圓堂型浮屠)와 관련시켜 생각해 볼 수도 있다. 그리고 선종(禪宗)과 밀교의 사상적 영향으로 변형된 것이라는 추정도 해볼 수 있다. 그러나 이것은 완전한 해답이 아니다. 관심있는 분들의 연구와 명쾌한 해답을 바라마지 않는다.

다) 그밖의 특이한 석등

그밖의 특이한 석등의 예로는 구례 화엄사에 있는 4사자삼층석탑앞 석등(華嚴寺獅子三層石塔前石燈)을 꼽을 수 있다.

이 석등의 간주석 자리에는 왼쪽 무릎을 세우고 왼손으로 공양구(供養具)를 쥐고 있는 승상(僧像)이 앉은 자세로 8각형의 옥개석과 화사석을 받치고 있는데, 이것은 석등 앞에 있는 4사자삼층석탑과 함께 살펴보아야 한다.

4사자석탑의 기단부에는 사자 네 마리가 앉아 석탑의 네 모서리를

화엄사 4사자석탑과 석등   사자탑앞석등

받치고 있으며, 그 중앙에 합장한 자세로 직립한 승상(僧像)이 머리로써 석탑을 받들고 있다. 이 승상이 바로 연기조사(緣起祖師)의 어머니인 비구니의 모습이라 하고, 석등의 간주석 자리에 궤좌(跪坐)하고 있는 승상은 연기조사의 모습이라고 한다.

　효성이 지극한 연기조사가 탑을 머리에 이고 있는 어머니께 석등을 이고서 차공양(茶供養)을 올리는 모습을 나타낸 것이다. 신라 화엄종의 대고승이요, 화엄사를 중창한 연기조사가 이제 막 죽음의 문턱에 든 어머니의 정토 왕생을 지극한 효성으로 기원하는 모습을 예술로 승화시켜 이와 같은 석탑과 석등을 만들어 낸 것이라고 보아 마땅하다.

　그리고 또 한가지 주목을 끄는 석등으로는 전라남도 여천 흥국사(興國寺) 대웅전 앞에 있는 석등을 꼽을 수 있다. 조선 중기에 만들어진 이 석등은 석물을 다듬는 솜씨가 훌륭한 것으로 평가하기에는 무리가

제4장 眞理의 등, 一心의 불   105

흥국사 대웅전 앞 계단

있지만 사찰 전체의 구조와 비추어 볼 때 심장한 의미가 담겨 있음을 느낄 수 있다.

　흥국사는 바닷가에 있는 사찰로서, 내륙 및 산간 지방의 사찰에서는 쉽게 찾아볼 수 없는 거북·게·해초 등 여러 바다 생물들이 법당 주위의 축대나 주춧돌 등에 조각되어 있다. 그리고 법당인 대웅전을 오르는 계단의 양편 모서리에는 용 네 마리가 조각되어 있다. 이것은 흥국사뿐만이 아니라 우리 나라 남해안 지방의 여러 사찰에서 쉽게 발견할 수 있는 하나의 특징이다.

　왜 이와 같은 바다 생물의 조각들을 법당 주위에 새기고, 법당의 계단에는 용을 장식하였을까? 그것은 법당 전체를 바다에 떠가는 반야용선(般若龍船)으로 보았기 때문이다.

　흥국사의 대웅전은 하나의 반야용선이다. 반야의 지혜에 의지하여 고뇌의 차안(此岸)에서 허덕이는 중생을 피안의 세계로 인도하는 큰 배이다.

홍국사 대웅전앞석등

그 반야용선을 용이 끌어간다(돌계단의 용). 그 배 위에는 중생을 피안의 세계로 인도하는 선장인 부처님을 비롯하여, 기관사나 갑판장 역할을 하는 보살들과 선객인 중생이 함께 타고 있다(법당 안의 불·보살 등). 하늘에서는 희귀한 새들이 피안으로 가는 그들을 축복하며 아름다운 노래를 부르고 있다(대웅전 내부 천정 부분). 반야용선은 바다의 거센 파도를 헤치며 힘차게 힘차게 나아가고 있는 것이다.

그런데 그 반야용선(대웅전) 앞에 석등이 있다. 다른 사찰에서는 쉽게 발견할 수 없는, 거북의 등을 하대석으로 삼아 서있는 석등을 볼 수가 있다.

반야용선 앞에서 불을 밝히며 나아가는 거북이 석등. 수많은 중생을 실은 그 배의 길잡이가 되고, 그 배의 나아갈 길을 밝혀주는 석등.

파도 치는 밤바다에 석등을 등에 업은 거북이의 뒤를 따라 피안의 세계로 향하여 가는 반야용선을 머리 속에 그려 보라. 그 얼마나 극적인 장면인가? 홍국사의 석등은 사찰 전체가 간직하고 있는 상징성에 맞추어서 하대석을 복련으로 장식하지 않고 거북으로 대치하였던 것이다.

어찌 석등이 단순한 등기(燈器)나 장식적 용도에 의해 만들어진 것이라고 하리. 비록 지금은 무심하게 서있는 석등이지만, 그것은 부처님과 세상을 밝히는 진리, 깊은 수행과 종교적 신심(信心), 사찰 전체와의 조화 등을 충분히 고려하고 수용하여 중생을 일깨우는 지혜의 등불로 만들어졌던 것이다.

석등은 언제나 불을 밝히고 있다. 중생의 마음을 밝히는 불, 세상의 어둠을 일깨우는 불, 피안의 세계로 인도하는 그 불이 시간과 공간을 초월하여 다함없는 빛으로 중생의 앞길을 비춰주고 있는 것이다.

3. 보배 찾아 불을 밝혀……

석등의 빛. 그것은 부처님의 깨달음을 상징하는 빛이요, 진리의 빛이요, 마음의 빛이다. 그것은 그야말로 일심의 빛이다. 중생은 끝없이 흘러간다. 태어남의 기쁨이 채 가시기도 전에, 자라남의 즐거움을 만끽하기도 전에, 인생의 행복을 몸으로 체험하기도 전에 사바의 고뇌 속에 자신을 묻으며 죽음을 향해 끝없이 흘러간다. 진정 중생은 번뇌의 물결 속에, 고해(苦海)의 출렁임 위에 몸을 맡겨 살아야만 하는 불쌍한 존재라는 말인가?

석등은 불을 밝히기를 원한다. 마음의 불, 일심의 불을 밝히기를 원한다. 그 불은 단순한 불이기를 거부한다. 내 속에 있는 참된 보배를 캐내어 그것을 갈고 닦아 발현시키는, 무명(無明)을 깨뜨리는 영원한 불이고자 한다.

나에게 있는 진정한 보배. 그것이 무엇인가? 불교의 입장에서 보면 그것은 불성(佛性)이다. 불성의 개발, 불성을 온전히 발현시킨다는 것은 곧 부처가 됨을 뜻한다. 그러나 꼭 불성이 아니라도 좋다.

우리들 각자가 진정으로 보배롭게 생각하는 것이 무엇인가? 그것은 한 폭의 그림이 될 수도, 한 수의 시가 될 수도 있다. 그것이 사랑일 수도 있다. 이익과 명예와 욕심을 떠난 가장 깊은 마음에서부터 우러나와 의미를 부여하고 싶은 그 무엇이 있을 것이다. 그것이라면 진정으로 자신을 불태울 수 있는 것. 그것이 보배이다.

그 불은 인생을 행복하게 한다. 그 불만이 참으로 우리를 살릴 수가 있다. 내 속의 보물! 그것을 찾아 갈고 닦으면서 사는 이는 이미 중생이 아니다. 그는 흐름을 따라 표류하는 무명(無明)의 종자가 이미 아니다. 자기 속의 보배를 찾아 기꺼이 노력하는 사람이야말로 번뇌의 환멸(還滅)과 자아혁명의 길을 걷는 진정한 구도자요, 보살이 아니겠는가.

 그들은 세상을 아름답게 꾸민다. 그들이 있는 세상은 빛을 잃지 않는다. 그들이 있는 장소, 그들이 활동하는 세계는 결코 어두울 수 없는 것이다. 그들이야말로 진정한 석등이다. 그들이 완전히 탈 때 석등은 찬연히 빛난다. 그들이 자신을 태우지 못할 때 석등의 빛은 시들해진다.

 완전히 태우자! 완전히 타자! 자신의 일에 진정한 의미를 부여할 수 있고 그것이 내가 가진 진정한 보물이라고 확신한다면……

 인류의 위대한 선각자들의 삶을 살펴보라. 그들은 무엇보다도 먼저 그들의 보배를 찾았다. 그리고 그들은 그 보배를 갈고 닦아 사회와 인류를 밝혔다. 그 선각자들이 보배를 찾아 빛을 내는 작업에 몰두했을 때 그들의 몸과 마음은 그대로 불꽃이었다. 앞생각 뒷생각이 뚝 끊어진 그 자리에서 한 좋은 모닥불이 되어 그들의 삶에 철저히 몰두했었다. 연기나는 모닥불도 타다 말아 그을음진 장작도 아니었다. 앞서 간 그분들은 연기없이 스스로를 철두철미하게 연소시켜 항상 뽀얀 재만을 남겼을 뿐이다.

 잿빛 재는 장작으로 돌아오지 않는다. 재는 재일 뿐이다. 재는 완전한 재가 되어야 한다.

 우리 속에 있는 참된 보배를 찾자. 그리고 그 보배를 갈고 닦아 우리의 영원한 등불을 밝히자. 그리고 그 등불을 완전히 태우자. 그것이 석등이 거기에 서 있는 까닭이요, 우리가 여기에 있는 까닭이 아니겠는가!

제5장

不滅의 몸이 깃든 집
— 탑(塔) —

 사찰의 법당 앞에는 대부분 탑이 있다. 그 탑이 땅 위에 솟아 있다. 땅의 소식을 하늘에 전하려는 듯 우뚝하게 솟아 있다.
 탑! 그것은 무엇인가? 그것은 부처님의 영원한 몸이 숨겨져 있는 집이다. 열반(涅槃)의 길로 들어선 부처님의 영원한 삶이 숨겨져 있는 집이다.
 우리는 많은 곳에서 석탑을 대한다. 그리고 간혹은 전탑(塼塔, 벽돌탑)도 대한다. 이들 탑은 거의가 사람이 들어갈 수 있는 문이 없고 들어가서 머무를 수 있는 공간이 없다. 그렇기 때문에 우리들 대부분은 탑을 집이라고 생각하지 않는다. 그러나 탑은 엄연한 집이다. 그것도 삶의 애착 속에 사무쳐서 사는 중생의 집이 아니라 진리 그 자체의 몸, 번뇌도 정열도 사랑도 남김없이 태워서 모든 불이 완전히 소멸된 열반의 집, 불멸의 부처님이 머물고 계신 집인 것이다. 이제 열반의 집이요, 법신불(法身佛)의 집인 탑을 함께 살펴보기로 하자.

1. 佛塔崇拜의 참의미

 카필라국의 왕자로 태어나 인생의 무상(無常)을 똑바로 직시하고 왕성(王城)의 쾌락을 뛰어넘었던 석가. 6년의 피나는 고행으로 육신의 장애를 극복한 석가. 그러나 진정한 해탈이 고행에 있지 않음을 깨닫고 보리수 아래에서 중도(中道)의 삼매(三昧)를 이루어 마침내 부처가 되었던 석가…….

그러나 석가모니의 성도(成道)는 시작이었다. 뭇 생명있는 자들의 영혼을 일깨우고 중생의 일심(一心)을 올바로 발현시키기 위한 중생 교화의 출발점이었던 것이다. 그 뒤 45년. 석가모니는 중생이 거니는 길을 따라 발걸음을 옮기면서, 모든 중생들이 스스로 간직하고 있으면서도 미쳐 있다는 것조차 깨닫지 못하여 묻어 두고만 있는 보배를 찾을 것을 설파하셨다.

그 보배는 곧 불성(佛性)이요, 여래장(如來藏;감춰진 여래. 여래가 될 수 있는 씨앗)이며, 스스로의 진실에 대한 체험이었다.

이들의 발현을 위하여 석가모니는 무엇을 말씀하셨는가? 석가의 평생 설법 내용을 무엇이라 해야 할까? 과거의 일곱 부처님이 하나같이 말씀하셨다는 〈칠불통계게(七佛通戒偈)〉가 그것을 단적으로 나타내어 주고 있다.

모든 악을 짓지 말고
모든 선을 받들어 행하며
스스로 그 마음을 깨끗이 하라.
이것이 모든 부처님의 가르침이니라.

諸惡莫作 衆善奉行
自淨其意 是諸佛敎.

이 〈칠불통계게〉에서와 같이 부처님은 언제나 '스스로〔自〕'라는 것에 주의를 환기시키곤 하셨다. 스스로에게 있는 보배를 찾아 스스로의 진실을 체득하고 스스로 부처가 될 것을 강조하셨던 것이다. 이와 같이 설법의 내용은 마지막 열반의 순간에까지 이어졌다.

쿠쉬나가라의 사라쌍수(沙羅雙樹;두 그루의 사라수) 아래에서 슬픔에 잠긴 아난다와 비구들에게 석가모니는 최후의 설법을 남겼다.

"비구들이여, 스스로를 등불로 삼고 스스로를 의지할 곳으로 삼아라. 다른 사람에게 의지해서는 안된다. 법(法, 진리)을 등불로 삼고 법을 의지할 것으로 삼아라. 다른 것에 의지해서는 아니된다.
비구들이여. 모든 것은 변천한다〔諸行無常〕. 게으름이 없이〔不放逸〕부지런히 정진하라."
스스로를 등불로 삼고 법을 등불로 삼아〔自燈明法燈明〕부지런히 정진하라는 것으로 45년의 설법을 요약한 석가모니는 열반에 들었다. 그리고 인도의 전통 장례법에 따라서 화장을 하였다. 그러나 장례에 관한 일에는 제자들이 직접 관여할 수가 없었다. 부처님의 말씀이 있었기 때문이다.
"너희들 출가 수행승은 여래의 장례 같은 일에 상관하지 말아라. 너희들은 진리를 위해 게으름이 없이 정진하여야 한다. 장례는 독실한 재가 신도(在家信徒)들이 맡아서 집행해 줄 것이다."
장례는 쿠쉬나가라에 살고 있는 말라족에 의하여 치르어졌다. 오직 점화만을 부처님의 법을 이은 마하가섭(摩訶迦葉)이 했을 뿐이다. 유해가 다 타자 마침 비가 쏟아져서 거기에는 사리(舍利)만이 남게 되었다. 이 사리 또한 말라족 사람들이 거두어서 집회당에 모셨고, 무장한 병사들로 하여금 엄중히 지키도록 하였다.
뒤늦게 석가모니의 열반 소식을 접한 인도의 일곱 나라에서는 각각 '사리를 받아 큰 탑을 세우겠다"고 하면서 말라족에게 사리를 줄 것을 요구했다. 말라족이 거부하자 마가다국의 왕인 아자타샤트루와 바이샬리의 릿차비족들은 무력으로라도 사리를 입수하겠다며 선전 포고를 하였다. 사리의 분배를 둘러싼 전투가 일어나기 직전, 드로오나(香城)라는 바라문이 중재에 나섰고, 마침내 사리를 여덟 몫으로 나누어서 원만하게 분배하였다.
사리를 분배받은 것은
① 마가다국의 아자타샤트루왕
② 바이샬리의 릿차비족
③ 카필라성의 석가족

④ 알라캅파의 부리족
⑤ 라마그라마의 콜랴족
⑥ 베티두비파의 바라문
⑦ 파바의 말라족
⑧ 쿠쉬나가라의 말라족 등이었다.

그들은 각기 자기 나라로 돌아가서 탑을 세웠는데 이를 '근본팔탑(根本八塔)'이라고 한다.

그리고 배분을 중재했던 드로오나는 사리가 들어 있었던 병을 받아 병탑(甁塔)을 세웠고, 뒤늦게 당도한 핍팔리바나의 모랴족은 남은 재를 가지고 가서 회탑(灰塔)을 세웠다. 모두 합하여 '근본십탑(根本十塔)'이라 부르고 있다. 마침내 불교 최초의 탑이 세워지게 된 것이다.

"다비(茶毘, 화장)를 마친 뒤에는 사리를 거두어라. 그리고 네거리에 탑을 세워 사리를 그 속에 봉안하고, 탑의 표면에는 비단을 걸어 길가는 모든 사람들로 하여금 부처님의 탑을 볼 수 있게 하라. 살아서는 여래·법왕(如來·法王)의 도(道)와 교화를 사모하여 삶의 행복을 얻을 수 있게 하고, 죽어서는 천상(天上)에 태어날 수 있게끔……."

이와 같은 부처님의 유언에 따라 탑은 사찰이 아니라 모든 사람이 접할 수 있는 네거리 한복판에 세워지게 된 것이다. 그뒤 2백여 년 동안 불탑(佛塔)의 관리와 숭배는 승려들의 간섭없이 재가의 신도들에 의해서 이루어졌다.

사리용기
근본팔탑의 하나인 카필라성 대탑지에서 발굴된 사리용기

여기서 한 가지 의문을 던져보자. 부처님과 가장 가까운 사람은 출가 수행자인 비구들이다. 그 비구들 속에는 아들인 라후라까지 포함되어 있다. 그런데 부처님의 장례에서부터 사리의 분배, 불탑의 건립, 관리와 숭배에 이르기까지 비구들은 전혀 관여를 하지 않고 있다. 특히 사리의 분배 문제로 유혈 충돌이 일어날 지경에 이르렀을 때에도 부처님의 큰 제자들은 묵묵히 지켜보기만 하였고, 드로오나라는 바라문이 중재에 나서고 있다. 왜일까?

적어도 사리의 분배에 있어서는 비구들이 훨씬 적합한 위치에 있었을 것인데도 왜 나서지 않은 것일까? 그리고 불탑을 건립하고 숭배하고 관리한다는 당연한 권리를 비구들은 왜 포기한 것일까?

그 분명한 이유 중의 하나는 부처님이 장례를 재가 신도에게 맡기라는 유언을 남겼다는 것이다. 그러나 그것보다도 더 큰 이유는 '자등명(自燈明) 법등명(法燈明)'에 있었다고 단언하고 싶다. 스스로를 등불로 삼고 법을 등불로 삼아 부지런히 정진하라!

오늘날을 사는 우리의 상식에서 볼 때는 탑이 있는 곳에 절이 있고, 절 안에는 탑이 세워져 있어야 한다. 그러나 초기의 인도 사찰에는 승원(僧院)만 있었을 뿐, 불상을 모신 법당(法堂)도 없었고 부처님의 사리를 모신 탑도 없었다.

무엇 때문인가? 부처님의 모습을 묘사한 불상도 부처님의 유골을 모신 탑도 결코 스스로를 밝혀가는 최상의 의지처가 되지 못한다고 보았기 때문이다. 비구들은 법(진리)과 자기 자신만이 해탈을 위한 진정한 의지처가 된다고 한 부처님의 가르침을 명심하였고, 스스로의 진실을 체험하면서 법에 맞게 부지런히 수행하는 것이 성불의 지름길이 됨을 확신하고 있었던 것이다.

부처님은 45년 설법을 '달을 가리키는 손가락'이요, '뗏목'과 같은 것이라고 비유하셨다. 달을 가리키는 손가락에만 집착하면 달을 볼 수가 없다. 뗏목이 있을지라도 스스로 노를 젓지 않으면 피안의 세계로 건너갈 수가 없다.

부처님의 무덤인 탑을 숭배하는 것도 좋다. '달을 가리키는 손가락'

을 바라보고 있는 것도, 뗏목을 유심히 살피는 것도 좋다.

그러나 해탈을 위해 무엇보다도 중요한 것은 스스로에 의지하여 진실의 등불을 밝히고, 법에 의지하여 지혜의 등불을 밝히면서 부지런히 정진하는 일이다. 이와 같은 정진을 그릇되지 않게 하기 위하여 부처님은 출가 수행자의 불탑 숭배를 금하셨던 것이다. 불탑 숭배를 금한 가장 큰 이유가 '자등명 법등명'에 있었던 것임을 필자는 감히 단언하여 본다.

출가 수행자에게 불탑 숭배를 금한 또하나의 이유는 불교 이전의 브라흐만교에서 저질렀던 잘못이 불교에서 반복되어서는 안된다는 것을 부처님이나 부처님 이후의 불교 교단 지도자들이 잘 알고 있었기 때문으로 보여진다.

제사 만능주의인 브라흐만교. 그 종교는 신과의 중개 역할을 하는 사제자 브라흐만을 통하여 신에게 제사를 올리기만하면 결코 이루어지지 않는 것이 없다고 주장하였다. 브라흐만교의 지나친 맹신이 남긴 피폐는 인간을 혼미와 무능 속으로 빠뜨리는 결과 외에는 주어진 것이 없었다. 즉, 극단적인 종교의 타락과 치부와 권위 속에 인도 전체가 병들어 갔던 것이다. 이와 같은 브라흐만교에 실망한 새로운 수행 집단이 새로운 힘을 키우고 있을 때 석가모니는 부처가 되었고, 그의 첫 설법에서 이 사실을 지적하였었다.

아무리 기도를 한들 불이 물로 바뀔 수 있는가? 물이 낮은 곳에서 높은 곳으로 올라 갈 수 있는가? 태어난 육신이 영원히 죽지 않고 존재할 수 있는가?

모든 것은 법(法)을 따르고 있다. 그렇게 되게끔 되어 있는 법, 인과응보(因果應報)의 법칙을 따르고 있다. 선한 원인에는 선한 결과가, 악한 원인에는 악한 결과가 따르는 것이 너무나 당연한 것이요, 그것이 곧 진리라는 것을 설파하셨던 것이다.

물론 신앙의 힘은 신비롭다. 신앙은 인간의 고통을 구원하고 인간에게 큰 행복을 가져다 주기도 한다. 하지만 인간을 맹신 속에 빠뜨리기도 한다. 적어도 매달리는 신앙, 기대하는 신앙 속에서는 허공처

제 5 장 不滅의 몸이 깃든 집 115

인도 대보리사 대탑
높이 50m, 석가모니가
성불한 자리에 불멸의
탑을 세웠다.

럼 맑은 마음을 찾아보기 어렵다.
 더욱이 부처님은 스스로의 신격화를 원하지 않았다. 오직 진리의 길을 가리키는 스승으로서의 역할에만 충실하였고, 신앙 이전의 자기 진실, 구복(求福) 이전의 진리 탐구를 가르쳤던 것이다. 부처를 믿고 무작정 의존하기보다는 마음을 허공처럼 맑게 하여 스스로에게 있는 참된 보배를 찾아 철두철미하게 정진하고 나아갈 것을 가르치셨다.
 부처님이 팔정도(八正道) 등의 실천을 통하여 진리의 인(因)을 심을 것과 그 인에 의해 해탈과 성불이라는 과(果)를 거둘 것을 강조한 까닭도 여기에 있다. 아마 부처님은 이렇게 말씀하실지도 모른다.

　착한 제자야. 불탑을 숭배하는 것은 좋다. 그러나 인과법을 무시하여서는 안되느니라. 신앙이 신앙으로 끝나버린 채 해탈과는 무관한 경우가 대부분이 아니더냐. 그리고 그 숭배가 맹신으로 흐른다거나 이기적인 행복을 구하는 수단이 되어서는 더욱 안되느니라.
　착한 제자야. 불탑을 숭배하면 현세의 행복이나 하늘 나라에 태어나는 공덕은 있다. 그러나 그대가 생전이나 현세의 행복을 위하여 사랑하는 모든 것을 버리고 출가한 것은 아니지 않느냐? 자칫 잘못하면 브라흐만교와 같은 타락의 길로 들어서고 마는거야. 참으로 해탈하려거든 올바른 성불의 인을 심어야 하는 법…….
　착한 제자야. 불탑의 숭배와 관리는 전문적인 수행을 하지 않는 재가 신도들에게 맡겨라. 그들이 탑에 경배하고 탑을 관리하면 죽어서 하늘 나라에 태어나는 공덕을 이루고, 탑 속에 부처님이 계신다는 생각으로 예배하고 기도하면 자기 정화가 이루어질 것이니 말이다.
　착한 제자야. 너의 할 일은 수행이다. 스스로의 진실을 체험하고, 진리에 계합하여 생사를 초월하는 그 길을 향하여…….

이제 이 단락의 결론을 맺자. 우리가 살펴본 바와 같이 탑은 부처님의 깊은 배려가 깃든 마지막 가르침과 깊이 밀착되어 있다. 나의 남긴 자취보다는 스스로를 의지하고 법을 의지해야 한다는 세심한 배려를 읽을 수 있었을 것이다.
　그러나 아쇼카왕(재위년은 B. C. 268~232)이 근본팔탑의 사리를 꺼내어 인도 전역에 팔만 사천 개의 사리탑을 세운 뒤부터는 승려들도 직접 불탑 관리와 숭배에 참여하게 되었다. 탑의 숫자가 많아졌기 때문에, 사찰 안에 탑이 세워졌기 때문에, 그리고 무엇보다도 큰 이유는 그 많은 수행승 가운데 '자등명 법등명'에 입각하여 정각(定覺)을 이루는 이가 매우 적었다는 점이었다.

제 5 장 不滅의 몸이 깃든 집 117

    혼자 설 수 없는 사람은 남의 도움을 바란다. 이것이 신앙의 출발이다. 부처님이 없는 세상에서 진리와 스스로만을 의지처로 삼아 성불하기는 쉽지가 않다. 차츰 불교는 신앙이 강조되었고, 기원후 1세기 말경에 불상이 정식으로 만들어지기 전까지는 불탑의 신앙이 불교신앙의 대종을 이루게 된 것이다.
    그렇다고 하여 그 당시의 신앙이 맹신으로 흐른 것은 아니었다. 철두철미하게 불교의 근본 교리에 입각한 신앙을 전개하였다.
    특히 대승불교가 일어나면서 불탑에 대한 신앙은 단순한 경배나 기복이 아니라 참회(懺悔)와 삼매(三昧)를 이루는 수행으로 발전하게 되었다. 진정한 참회는 스스로의 업을 남김없이 녹이는 것이다. 삼매란 일심의 원천으로 돌아가서 부처님과 하나가 되는 것이다. 우리나라 신라의 불교계에서 참회와 삼매를 매우 중요시하였던 까닭도 올바른 참회와 삼매가 곧바로 해탈로 연결됨을 입증한 많은 고승들의 체험이 있었기 때문이었다.
    그러나 오늘날을 돌아보라. 사리나 불탑을 숭배하고 신앙하는 오늘날의 우리 나라 불교가 제자리에 있는 것일까? 물론 이것은 사람의 문제이다. 그 숭배자가 어떻게 하느냐에 달려 있다. 단순한 기복이나 이기적인 행복을 위해서 숭배하는 자, 사리를 직접 보면 삼악도(三惡道)에 떨어지지 않는다며 공덕을 위해서 숭배하는 자. 그 유형은 수없이 많은 것이다. 그렇지만 그것을 결코 나쁜 것이라고 말할 수 있는 자격을 가진 이는 없다. 다만 부처님의 세심한 배려와 함께 마지막 설법에서 남긴 그 참뜻, 최초의 탑이 건립될 당시의 정신은 계승되어야 한다는 것이다.
    탑 속에 든 사리는 부처님을 상징한다. 영원한 진리의 몸을 상징한다. 탑과 사리를 경배하는 이는 마땅히 영원한 진리를 먼저 경배하여야 하리라. 탑에 대한 신앙, 사리에 대한 신앙, 부처님을 절대시하는 신앙이 있기 전에 먼저 스스로의 등불을 밝히고 진리의 등불을 밝히는 생활, 스스로의 진실을 체험하기 위해 노력하는 생활, 인과의 법을 굳게 믿는 생활, 이기적인 욕심이나 시샘보다 참회하고 몰두하는 삼매의 생활, 스스로의 마음을 맑혀가는 생활이 선행돼야 할 것이다.
 그와 같이 노력하는 생활인의 신앙이라면 부처님의 마지막 설법과 조금도 어긋남이 없으리라. 그 신앙은 결코 브라흐만교와 같은 맹신과 타락을 낳지 않으리라. 그와 같은 신앙이라면 불탑에서도 사리에서도 이 육신에서도 성스러운 빛〔放光〕을 뿜어나게 할 것이리라…….

2. 寺塔의 나라

 중국인들은 백제를 일컬어 '절과 탑이 매우 많은〔寺塔甚多〕 나라'라고 하였으며, 〈사택지적비(砂宅智積碑)〉에는 "황금으로 법당을 짓고 옥으로 불탑을 세웠다"는 기록을 남기고 있다. 그리고 《삼국유사》에는 신라의 서울을 가리켜 "절은 밤하늘의 별처럼 널려 있고 탑은 기러기의 행렬처럼 줄지어 있다(寺寺星張 塔塔雁行)"고 하였다.
 우리 나라 고대 문화재 가운데 불상과 함께 주류를 이루는 것은 탑이다. 오늘날 남아 있는 옛 탑이 1,500여 기에 이르며, 국보와 보물의 약 25%가 탑이라는 점만으로도 탑이 차지하는 비중을 짐작할 수 있다. 그리고 탑에 대한 연구도 다른 불교 문화재에 비하여 매우 깊이 있게 이루어질 수 있었다. 일제 강점기에 우리 문화의 연구와 발굴을 위해 헌신하였던 고유섭(高裕燮) 선생을 효시로 하여, 현재 황수영(黃壽永)·진홍섭(秦弘燮)·정영호(鄭永鎬)·김희경(金禧庚) 선생 등에 의해 우리 나라 탑에 대한 연구는 심도있게 이루어졌다. 탑에 관한 저서 또한 고유섭 선생의 《조선탑파의 연구》를 비롯하여 화보집 등 10여 종 이상의 책을 서점에서 쉽게 접할 수 있다. 그러므로 탑에 관한 일반적 사항이나 양식적 변천 등은 여러 선학들의 훌륭한 저서를 참고하여 이해의 폭을 넓히기를 요망하고 싶다.
 따라서 이 글에서는 우리 나라 탑의 역사를 간략히 개관하면서 왜 그와 같은 탑이 만들어졌고 다양한 양식 변천이 이루어졌는가? 왜 탑이 그곳에 있으며, 그 탑에 숨겨진 깊은 의미는 무엇인가? 등 아직까지 뚜렷하게 해명되지 않은 의문들을 풀어보고 앞으로 더 깊이 연구되어야 할 몇 가지 사항들을 제시하는 것에 중점을 두고자 한다.

(1) 탑은 자연과 함께

탑은 탑파(塔婆)의 약칭으로, 인도 고대어(梵語)로는 스투파(Stūpa)라고 한다. 스투파는 '신골(身骨)을 봉안하여 흙이나 돌로써 높이 쌓아 올린 분묘'를 말하는 것이므로, 중국에서는 이를 의역하여 방분(方墳)·원총(圓塚)·고현처(高顯處) 등으로 풀이하였다.

초기 인도의 탑은 흙이나 벽돌을 사용하여 만들었으며, 중국에서는 벽돌과 나무를, 우리 나라에서는 나무와 벽돌, 특히 돌을 많이 이용하였고, 일본은 나무로써 탑을 만들었다. 이처럼 만든 소재가 무엇인가에 따라서 탑은 전탑(塼塔)·목탑(木塔)·석탑(石塔) 등으로 분류된다.

동양 삼국 가운데 중국은 특히 벽돌탑을 많이 세웠으므로 '전탑의 나라', 일본은 나무탑을 많이 세웠으므로 '목탑의 나라', 우리 나라는 돌탑을 많이 세웠으므로 '석탑의 나라'로 불리우고 있다.

왜 이와 같은 탑들이 많이 세웠겼는가? 그것은 탑을 세운 곳의 자연 환경과 밀접한 관계가 있다. 중국의 넓은 평야와 진흙빛 땅은 곧 전탑을 연상시킨다. 일본은 화산이 분출하여 생긴 나라이므로 그 흙이 벽돌을 만들기에 적합하지 않고, 돌은 석재로서의 가치가 거의 없기 때문에 목탑이 발달할 수밖에 없었다. 그리고 우리는 풍부하고 질이 좋은 화강암을 이용하여 훌륭한 석탑과 석불 등을 만들었던 것이다.

물론 우리 나라에도 목탑과 전탑이 없었던 것은 아니다. 중국으로부터 불교가 유입되었으므로 우리 나라도 중국처럼 처음에는 목탑이 많이 만들어졌고, 그 다음에는 중국의 전탑 유행과 함께 전탑 모양의 탑을 만들었다.

그러나 우리의 조상들은 우리에게 주어진 천혜의 자연을 이용하여 중국에서는 찾아 볼 수 없는 석탑을 창출하였고, 수백 년 동안 사찰의 다른 건축물과 조화를 이루는 새로운 석탑의 변형을 시도하여 왔던 것이다. 그것이 남아 오늘날 세계적으로 널리 알려진 '한국의 석탑'이

된 것이다. 따라서 우리의 석탑을 이해하기 위해서는 그 석탑을 있게끔 한 우리의 목탑과 전탑을 살펴보아야 한다.

(2) 우리 탑에 우리 이름을

본론으로 들어가 목탑과 전탑을 살펴보기 전에 먼저 한 가지만 지적하고 싶다. 현재 통용되고 있는 탑의 부분 명칭들을 보라. 일반인의 상식으로는 쉽게 이해될 수 있는 단어가 아니다. 왜 '지붕돌'이라고 하면 쉽게 알 수 있는 것을 옥개석(屋蓋石)이라고 하여야만 되는가? 왜 탑의 가장자리에 있는 기둥을 우주(隅柱)라 하고 안쪽에 있는 기둥을 탱주(撑柱)라고 하는가? 예를 들어 이를 '가기둥'·'안기둥'이라고 표현하면 잘못되는 것인가?

이것은 우리말을 굳이 살리기 위하여 한문으로 된 용어, 일본식으로 된 단어들을 쓰지 말자고 하는 것이 아니다. 물론 그것이 불상의 백호(白毫)나 육계(肉髻)처럼 특별한 의미와 내용을 지닌 것이거나, 일반인의 상식으로 쉽게 이해할 수 있는 용어라면 우주도 탱주도 옥개도 좋을 것이다. 그러나 옥개도 탱주도 우주도 특별한 의미를 지닌 말이 아니다. 오히려 젊은 세대와는 거리가 너무나 먼 용어일 뿐이다.

우리의 상식과 거리가 먼 우리 문화재의 명칭들. 이것이 곧 조상들의 얼이 담긴 문화재로부터 우리들을 멀어지게 하는 가장 큰 요인의 하나가 된다는 것을 알아야 할 것이다. 우리 모두가 상식으로 이해할 수 있는 명칭을 사용하는 것. 그것이 곧 조상들이 남긴 문화 유산을 전승하는 지름길이 된다는 것을 필자는 감히 단언하고 싶다.

용어에 가로 막혀서 우리의 문화재 속으로 깊이 들어갈 수 없게 된다면 그것은 누구의 책임인가? 아니, 책임 이전에 우리 모두의 손실일 뿐이다. 우리 것을 올바로 알 수 없게 되고 우리 것 속으로 깊이 들어갈 수 없는 상황에서 어찌 우리 것을 사랑하라고 할 수 있을 것인가?

문화재를 연구하는 그 어떤 전문가도 혼자만의 희열을 위한 학문의 담장 속에 갇혀 있지는 않을 것이다. 전문가들의 연구는 우리 것에 관심을 기울이는 우리 모두를 위한 것이다. 평범한 사람들이 그것을 원할 때 반드시 그 명칭은 바뀔 수 있다. 우리 모두가 그와 같은 노력을 할 때 조상들의 얼이 담긴 문화재는 우리들 앞으로 쉽게 다가설 것이다. 이것을 우리들의 노력으로 이루어야만 한다.

우리 모두 이를 위해 작은 힘을 모아보자. 우리 것을 찾기 위한 가장 기본적인 작업을 위해……

3. 목탑

(1) 봉분형에서 누각형 탑으로

여기서 먼저 인도탑의 구조를 살펴보기로 하자. 왜냐하면 인도탑은 우리 나라와 중국·일본의 탑과는 그 외형적인 모습을 완전히 달리하고 있기 때문이다. 불교 전성기의 인도탑은 현재 대부분이 파괴되었고, 완전에 가까운 것은 기원전 3~1세기에 세워진 중인도(中印度)의 산치대탑(Sanchi 大塔)이 남아 있는 정도이다. 이 탑을 도식화하면 〔도6〕과 같으며, 그 구조는 밑에서부터 기대(基臺)·복발(覆鉢)·평두(平頭)·산개(傘蓋)의 순으로 구성되어 있다.

기대(基臺)는 귀중한 것을 높은 대(臺) 위에 모셔서 경의를 나타낸 다는 의미를 지닌 것이다. 복발(覆鉢)은 반구형(半球形)의 봉분이다. 마치 엎어 놓은〔覆〕 바루(鉢盂, 음식을 담는 승려의 그릇) 모양과 같다고 하여 복발이라는 이름이 붙여 졌으며, 탑의 대부분을 구성하는 부분이다. 그야말로 '스투파'에 담긴 뜻처럼, 흙을 쌓아 올린 분묘형과 직접적인 관계가 있다.

평두는 네모진 상자의 모양으로 복발 위에 놓여지며, 신성한 곳을 둘러싸는 울타리라고도 한다. 그리고 이 평두의 한가운데는 높이 솟은 간(竿)이 있고 간 위에 산개(傘蓋)가 있다.

간은 우리 나라의 솟대와 같이 신성이 깃든 곳임을 나타내는 징표로 추정되며, 산개는 우산과 같은 모양을 하고 있어서 생겨난 이름이다. 인도나 중국에서의 햇빛을 가린다는 실용적인 의미와 함께 고귀한 신

산치대탑 가장 전형적인 인도 봉분형의 탑. 동양 삼국의 고층 누각형 탑과는 전혀 다른 모습이다.

실상사 서3층석탑 전북 남원. 우리 나라 탑의 상륜부에서 인도 봉분형의 탑 모습을 읽을 수 있다.

제 5 장 不滅의 몸이 깃든 집 123

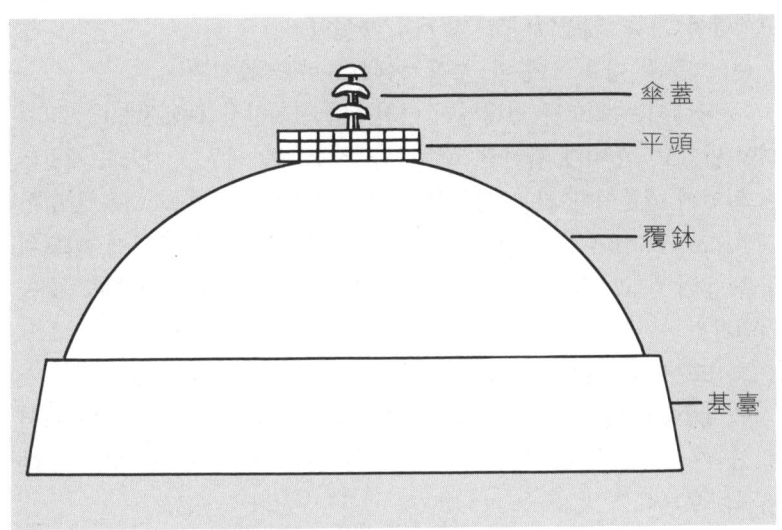

〔도6〕 인도탑의 각부 명칭

분을 상징하는 것으로 산개를 널리 사용하였다. 이 탑 위의 산개는 석가모니 부처님 주위에 언제나 천인(天人)들이 받치고 있는 천개(天蓋)가 함께 하고 있었다는 것과 관련시켜 생각해 볼 수도 있을 것이다.

그런데 중국에서는 처음부터 인도탑과는 전혀 다른 모습의 독창적인 탑을 건립하였다. 인도의 봉분형 탑 모습이 중국이나 우리 나라의 탑에서는 탑의 제일 윗부분에 해당하는 상륜부(相輪部)에서만 그 흔적을 찾아볼 수 있을 뿐이다. 중국인들은 인도탑을 상륜부로 삼고 그 아래쪽으로 그들 나름대로의 고층 누각(樓閣) 형태인 기단부(基壇部)와 탑신부(塔身部)를 만들어서 탑의 중국적 변신을 이루어 놓았던 것이다.

이와 같은 중국적 변신은 탑에서만 이루어졌던 것이 아니다. 인도의 선(禪)을 개발하여 중국을 선의 종주국으로 만들었던 것을 비롯하여, 석가모니의 생애나 불교 교리에 대한 해석까지도 중국인 나름대로 변화시켰다. 석가모니가 수행할 때 한 번도 가보지 않았던 히말라야산(雪山)이지만 그들은 불경을 번역할 때 석가가 설산에서 6년 동안을 고행하여 도를 깨달았다고 바꾸어 놓았다.
 왜 그들은 탑을 고층의 누각 형태로 바꾸었는가?
 "중국에서는 불교가 전래되기 이전부터 신선사상(神仙思想)이 고취되어 있었고, 이것과 관련된 고층의 누각 건축을 세우는 기술도 개발되어 있었기 때문이다"라고 김희경 선생 등은 밝히고 있다. 매우 합당한 관점으로 보여진다. 그런데 그 누각 건물의 꼭대기 부분에 인도의 탑을 올려 놓고 있다. 이것은 신선사상과 불교의 조화로 보아도 좋을 것인가?
 그리고 《위서(魏書)》에는 또 하나 주목되는 기록이 있다.
 "궁탑(宮塔)의 제도는 천축(天竺)의 구상(舊狀)에 따라 1급(級)에서 3·5·7·9에 이르고 있으며, 세상 사람들은 이를 부도(浮屠, 곧 佛塔)라 부른다."
 이것은 일찍부터 누각 모양의 탑 층수를 3·5·7·9층 등의 양수층(陽數層)으로 하였음을 나타내어 주는 기록이다. 우리 나라 탑의 경우에도 마찬가지이다. 모든 탑의 층은 거의가 양수를 취하고 있다.
 그리고 또 한 가지 고려되어야 할 점은 탑의 한 층 한 층이 취하고 있는 평면적인 모습은 4각형이 대부분이고 다소 6각형과 8각형이 보이고 있다는 점이다. 즉 모든 탑의 수직적 층수는 절대로 4층·6층 등의 짝수를 취하지 않았고, 평면적 면구성에 있어서는 3각·5각 등의 홀수를 취하지 않고 있다.
 왜 동양 삼국의 탑들은 한결같이 수직적으로는 3·5·7·9 등의 홀수를 취하였고, 평면적으로는 4·6·8 등의 짝수를 취한 것일까? 필자는 이것을 해명하고자 오랫동안 생각한 결과 다음과 같은 결론을 유추해낼 수 있었다.
 우선 탑층을 이루는 3·5·7·9 등의 홀수는 곧 양수(陽數)이고, 평면의 각을 구성하는 4·6·8 등의 짝수는 음수(陰數)라는 점을 먼저 고려하여야 한다. 이것은 곧 음수와 양수, 음과 양의 조화를 뜻한다.
 그리고 음양사상가들은 하늘〔天〕을 양으로, 땅〔地〕을 음으로 보았다. 그 기운으로 말하면 하늘은 모든 것을 창조하는 생기(生氣)로 충만되어 있고 땅은 모든 것을 완숙하게 기르는 성기(成氣)로 충만되어 있다. 나아가 하늘과 땅 사이에는 생기와 성기를 받아 생겨난 사람〔人〕이 있다. 즉, 음양사상가들은 인간을 천지조화의 극치로 파악하였고, 천지합일(天地合一)·음양합일(陰陽合一)의 존재를 사람〔人〕으로 보았던 것이다.

그들은 더 나아가 우주의 모든 현상이 하늘과 땅과 인간의 유기적 관계 속에서 이루어지고 있음을 주장하는 천·지·인(天地人) 삼재(三才)의 이론을 확립하게 되었던 것이다.

음양사상가들의 이와 같은 생각은 집을 만드는데도 그대로 적용되었다. 집은 사람이 사는 곳이다. 따라서 완벽한 집은 하늘의 생기와 땅의 성기가 완벽한 조화를 이룰 때에만 만들어질 수 있고, 완벽한 천지합일이 이루어진 집이야말로 완벽한 인간이 살기에 가장 적합한 곳이라고 보았기 때문에 고층 누각형의 집을 만들었던 것이다.

탑은 곧 집이다. 불멸의 부처님이 머물러 계신 집이다. 가장 이상적인 인간인 부처님이 항상 머물고 계신 집이다. 따라서 그 집은 가장 완벽한 집이어야 한다. 중국인이 고루형(高樓形)의 탑을 세운 것은 이와 같은 까닭이었을 것이다.

하늘을 향한 층수를 양수로 구성하고, 음수로써 바닥을 이루는 면을 구성한 그 이유를 필자는 음양과 천·지·인 삼재에 입각하여 풀어본 것이다. 관심있는 분들의 깊은 고견과 질책을 바라마지 않는다.

(2) 우리 나라의 목탑

초기의 중국 목탑의 양식은 우리 나라에 그대로 전래되어 고구려·백제·신라에서도 고루형(高樓形)의 목탑이 만들어 지게 되었다.

물론 삼국시대의 목탑은 현재 1기도 남아 전하지 않는다. 그러나 《삼국유사》와 《법원주림(法苑珠林)》에는 이미 광개토대왕 때 요동성 가까이에 7층의 목탑이 세워졌다고 하였다. 이 기록에 따르면 적어도 4세기 말에는 우리 나라에 목탑이 건립되었음을 알 수 있다.

현재 고구려의 목탑자리로는 **평양** 청암리의 팔각 기단 목탑지를 비

쌍봉사 대웅전
전남 화순. 높이 10m. 1984년의 화재로 소실되었다.

롯하여 대동군 임원면 상오리의 절터, 중화군 진파리의 정릉사 터, 그리고 평원군 원오리 절터에 남아 있을 뿐이다.

 발굴조사에 따르면 이들 목탑자리는 모두 사찰의 가장 중심되는 곳에 자리잡고 있었고, 기단은 팔각형으로 되어 있었으며, 목탑의 지름은 20m가 넘었다고 한다. 이로 미루어 보아 고구려의 목탑은 다층다각의 매우 큰 건물이었으며, 탑이 법당보다 더 중요한 위치에 있는 가람 배치를 이루고 있었음을 추정할 수 있다.

 백제의 경우에는 부여 군수리의 목탑지를 비롯하여 부여 부소산 산허리에 있는 절터, 부여 구아리 천왕사지, 익산 왕궁면의 제석사지에 목탑자리가 남아 있다.

 백제의 목탑은 고구려의 목탑과는 달리 정사각형이 평면으로 되어

정림사지 오층석탑 충남 부여. 국보 제9호. 미륵사지 석탑과 더불어 백제의 목탑 형식을 살필 수 있는 석탑이다.

있었고, 위치도 중문(中門)·목탑·법당·강당을 일직선으로 연결하는 자리에 놓여 있었다. 삼국 가운데 건축 기술이 가장 앞섰던 백제의 목탑이 어떠하였는지는 알 수 없지만, 그나마 목탑을 변환시켜 만든 익산 미륵사지 석탑과 부여 정림사지 석탑이 남아 있어 백제 목탑이 완벽에 가까운 비례감과 절제된 아름다움이 있었을 것이라는 것을 추측해 볼 수 있다.

삼국 통일 전 신라시대의 목탑으로는 흥륜사·천주사·황룡사·영묘사의 목탑이 알려져 있는데 이들은 모두 경주에 있다.

이 가운데 황룡사 구층탑은 우리 나라 목탑 가운데 가장 대표적인 것이었다. 자장율사(慈藏律師)가 삼국 통일이라는 국가적·민족적인 염원 아래 백제의 아비지(阿非知)를 초청하여 착수한 이 탑은 삼국

정혜사지 13층석탑 경주군 안강읍. 통일신라. 국보 제40호. 신라 목탑의 모습을 다소나마 살필 수 있는 특이한 형태의 석탑이다.

시대 말기인 646년(선덕여왕 15)에 완성되었으며, 우리 나라 탑 가운데 가장 높고 가장 큰 것으로서, 이에 관해서는 《삼국유사》와 1964년 탑자리에서 발견된 900여 자의 《금동탑지(金銅塔誌)》에 자세히 기록되어 있다.

　이 탑은 여러 차례의 중수를 거치면서 신라인의 정신적 조형물이 되었으나, 1238년(고종 25) 몽고의 침략으로 소실되었다. 수차례에 걸친 발굴조사 결과 정사각형인 탑자리는 한 변의 길이가 22.2m로 되어있고, 64개의 사각형 주춧돌이 놓여 있으며, 건평은 150평임이 밝혀졌다. 그리고 《삼국유사》에 기록된 탑 높이 225자를 환산하면 74.22m나 된다. 우리는 지금 그 탑을 건립한 까닭과 함께 머리 속으로만 탑의 모습을 그려볼 수 있을 뿐이다.

삼국 통일 이후의 경주 일원에서는 사천왕사·망덕사·보문사 등지에 목탑이 세워졌는데, 이들은 모두 쌍탑(雙塔)으로 건립되었다. 쌍탑의 등장은 사찰의 상징성에 있어서 매우 중요한 의미가 담겨져 있을 것이다.

쌍탑. 그것은 법당을 마주보고 두 개의 탑이 나란히 서 있다는 것을 말한다. 그 이전의 신라탑은 법당 하나에 탑 하나라는 일탑일법당(一塔一法堂)의 구조를 취하고 있었던 것이다. 그것이 사천왕사를 시원으로 하여 이탑일법당(二塔一法堂)으로 바뀌게 되었다. 왜 일탑일법당에서 이탑일법당으로 바뀌게 된 것인가? 그 사상적 맥락은 무엇에서 찾아야 하는가? 이에 관한 학계의 설은 있으나 필자는 다소 다른 견해를 가지고 있다. 이에 관해서는 뒷날 자세하게 이야기하고자 한다.

고려시대에 들어와서는 태조 왕건(王建)이 나라를 세운 다음 신라의 황룡사 구층탑 건립을 본받아 개경에 목조 7층탑, 서경에 목조 9층탑을 세워 후삼국 통일의 염원을 기원하게 된다. 그리고 고려말에는 '경조면연천세억(景祚綿延千世億)'을 기원하며 개경의 연복사(演福寺)에 5층 목탑의 건립을 발원하였으나, 완공을 보지 못하고 왕조가 바뀌게 된다.

조선의 태조 이성계(李成桂)는 이 공사를 이어받아 탑을 완성시키고 '역자불교이방국(亦資佛敎利邦國)'이라 하였다.

그리고 태조는 비인 신덕왕후(神德王后) 강씨(康氏)의 명복을 빌기 위하여 흥천사(興天寺)를 창건하고 1398년(태조 7) 5층 목조탑을 세워 여기에 사리를 봉안하게 하였다.

여기에서 주목을 끄는 것은 5층 목조탑을 탑이라고 부르지 않고 사리각(舍利閣)이라고 부른 점이다. 이 탑은 조선시대에 건립된 가장 대표적인 목탑인데《중종실록(中宗實錄)》중종 5년 3월 28일조에 '흥천사사리각재(興天寺舍利閣災)'라는 기록이 있어 1510년에 이 목탑이 불타버렸음을 알 수 있게 한다.

현재 임진왜란 이전에 건립한 목탑은 하나도 남아 있지 않지만, 조선 초기까지는 상당수의 목탑이 남아 있었던 것으로 보여진다. 김시습(金時習)의《매월당집(梅月堂集)》에는 경주의 영묘사 목탑에 올라가서 봄비에 젖은 들풀을 바라보며 나그네의 쓸쓸한 정취를 읊은 〈등영묘사부도(登靈廟寺浮圖)〉라는 제목의 시가 수록되어 있다. 그리고 영묘사 목탑보다 후대에 건립된 기림사 목탑이나 법주사 목탑, 고려 때의 만복사 목탑 등 다수의 탑이 임진왜란 전까지는 건재하였으나, 임진왜란의 병화(兵火)로 모두 불에 타서 없어지고 말았다.

다만 임진왜란 뒤인 1605년(선조 38)에 사명대사(泗溟大師)가 재건한 법주사의 팔상전과 1690년(숙종 16)에 재건한 쌍봉사의 대웅전이 현존하였으나, 그나마 3층 목탑인 쌍봉사의 대웅전은 1984년의 화재로 소실되어 현재에는 5층 목탑인 법주사 팔상전만이 유일하게 남아 과거 우리 나라 목탑의 윤곽을 짐작할 수 있게끔 한다.

(3) 법주사 팔상전

먼저 법주사 팔상전을 사진과 〔도7〕를 통하여 살펴보자. 정사각형의 돌로 만든 기단부 위에 목조로 5층의 탑신부, 그리고 가장 위쪽에 철제로 만든 상륜부의 세 부분으로 구성되어 있다. 화강암으로 만든 기단은 이 탑이 처음 건립될 때의 기단으로서, 사방에는 전각으로 들어갈 수 있는 돌계단이 놓여있다. 탑신부의 1층과 2층은 사방 5칸, 3층과 4층은 사방 3칸, 마지막 5층은 사방 1칸으로 되어 있다. 오륜(五輪)으로 된 철제의 상륜부는 5층의 지붕 위쪽에 서 있다.

팔상전의 내부에서는 1층을 지탱하는 바깥기둥인 변주(邊柱)와 3층을 지탱하는 고주(高柱), 5층을 받치고 있는 사천주(四天柱)의 세 가지 기둥이 서 있는 것을 볼 수 있다. 1층과 3층을 받치는 변주와 고주

법주사 팔상전
충북 보은. 조선 중기 국보 제55호. 높이 22.7m. 현존하는 유일의 목탑이다.

팔상전 내부

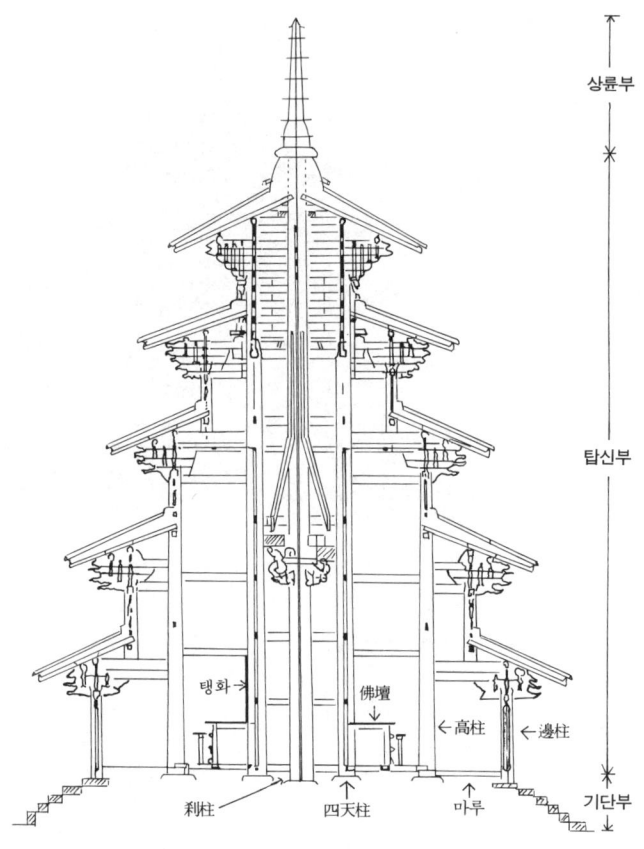

[도7] 법주사 팔상전 架構圖

사이에는 마루가 깔려 있고, 3층과 5층을 받치는 고주와 사천주 사이에는 불단(佛壇)이 마련되어 그 위에는 불상이 모셔져 있다. 그리고 사천주를 서로 연결하는 네 벽에는 부처님의 일생을 8폭의 그림으로 묘사한 팔상도(八相圖, 捌相圖라고도 함)가 각 벽에 두 면씩 봉안되어 있다. 그리고 5층을 받치는 사천주 안쪽에는 상륜부를 지탱하는 찰주(刹柱, 一心 또는 중심을 뜻한다고 하여 心柱라고도 함)가 서 있으며, 사리는 찰주 아래에 있는 심초석(心楚石) 속에 봉안되어 있으나, 사천주 사이가 벽으로 막혀 있기 때문에 밖에서는 전혀 볼 수가 없게 되어 있다.

따라서 팔상전 내부는 크게 셋으로 나누어진다. ① 사리를 봉안하고 있는 사천주 안쪽의 공간, ② 사천주와 고주 사이에 있는 불상과 팔상도, ③ 고주와 바깥 기둥 사이에 있는 예배자를 위한 공간 등으로 나뉘어진다.

이와 같은 구조를 통하여 우리는 수행과 예배의 장소로 이용되었던 목탑의 참모습을 살필 수가 있다. 밀폐되어 내부가 통하여 있지 않은 석탑이나 전탑과는 달리, 목탑 속에서는 예배를 비롯한 각종 의식이 이루어질 수가 있다. 일반적으로 탑 바깥쪽을 돌면서 행하는 탑돌이 의식까지도 이 팔상전 안에서는 이루어질 수가 있다.

그리고 모든 사람들은 감춰진 영원한 부처님의 몸인 사리를 생각하면서 불단 위에 있는 부처님께 예배를 하게 된다. 석탑을 보면 예배의 대상이라는 느낌이 가까이 다가오지 않지만, 이 목탑 속에 들어서면 탑이 영원한 부처님의 몸을 모신 온전한 모습의 집이요, 부처와 중생이 함께 하면서 진리의 세계와 더불어 살아가게끔 하는 교화의 집이라는 것을 느낄 수가 있다.

또한 이탑일법당의 사찰에서는 법당이 사찰의 중심을 이루지만, 일탑일법당의 사찰에서는 탑이 사찰의 중심을 차지하게 되는 까닭도 예배의 공간이 마련된 이 팔상전을 통하여 쉽게 이해할 수가 있다. 영원한 몸이 숨겨져 있는 집, 부처님의 영원한 삶이 간직되어 있는 집, 불멸의 부처님이 머물러 계신 집이 곧 탑이라는 것을 목탑은 강력하게 시사하고 있는 것이다.

따라서—뒤에 다시 언급하겠지만—우리의 석탑은 이와 같은 목탑에 그 기원을 두고 독창적으로 변형화되어 탄생한 탑이므로, 그 석탑의 속을 볼 수 없다고 하여 단순한 사리 봉안처로만 석탑을 이해하는 오류를 범하여서는 아니된다. 그 석탑 또한 목탑과 같은 기능을 지닌 예배와 신앙의 중심 건물이요 집이라는 것을 잊어서는 안될 것이다.

4. 전탑(塼塔)

(1) 전탑의 나라 중국

전탑은 벽돌을 구워서 쌓아 올린 탑이다. 따라서 전탑은 수없이 많은 벽돌로써 구성된다. 동양 삼국 가운데 전탑이 가장 많은 나라는 중국이다. 그리고 중국은 동양 탑의 시원 국가다. 그러나 앞에서 언급하였듯이 중국에서도 초기에는 인도탑과는 전혀 다른 높은 누각 형태의 목탑을 먼저 건립하였다.

문헌을 통해서만 목탑을 건립하였음을 추정해 볼 수 있는 후한(後漢 25~219) 시대를 지나 남북조시대(386~589) 초기부터는 실제로 많은 목탑이 건립되었다. 이때 전탑도 목탑의 뒤를 이어 건립되기 시작하였다.

현존하는 중국의 가장 오래된 전탑으로는 북위(北魏) 효명제(孝明帝)의 정광4년(正光四年, 523년)에 건립한 하남성(河南省) 숭악사(嵩岳寺)의 12각 15층 전탑이다. 그리고 동위(東魏)의 무정2년(武定二年, 544년)에 건립된 산동성(山東省) 제남부(濟南府)의 신통사(神通寺) 사문탑(四門塔) 등이 전한다. 따라서 중국에서는 남북조시대에 이미 매우 다양한 전탑이 건립되고 있었음을 살필 수 있다.

그러나 수나라 때까지의 중국의 탑은 전탑보다 목탑 중심으로 기울어져 있었다. 특히 수나라(581~618) 때에는 방형의 4각형 목탑이 널리 건립되었다. 이를 입증하는 대표적인 것은 수나라의 문제(文帝)가 인수년간(仁壽年間, 601~604)에 3회에 걸쳐 1백여 주(州)에서 동시에 건립하게 한 인수탑(仁壽塔)이다.

5층의 목조 사리탑이었던 이 탑의 특색은 동일한 설계도를 여러 주(州)에 나누어 주고 같은 형태의 목조탑을 건립하였다는 점이다. 전후 3회로 나누어서 건립하였지만, 그때마다 각각 같은 날 공사를 시작하여 같은 날 탑을 완공한다는 원칙은 지켜졌다. 중국 천하를 통일한 문제가 천하 통일의 상징으로 이 탑을 세웠는데, 아쇼카왕이 인도 대륙을 통일한 뒤 8만 4천 사리탑을 세워 민심을 수습한 것과

제 5 장 不滅의 몸이 깃든 집 135

자은사 대안탑 당나라 때의 대표적인 중국 전탑이다.

같은 맥락에서 인수탑을 건립했을 것임을 헤아려 볼 수 있다. 이 인수탑은 1기도 현존하지 않지만 풍부한 문헌 자료를 남기고 있어 능히 그 탑의 위용을 짐작할 수 있게 한다.

그러나 당나라(618~907) 때부터는 목탑보다 전탑이 많이 건립되게 되었다. 그 대표적인 탑으로는 현장법사(玄奘法師)가 세운 장안 대자은사(大慈恩寺) 대안탑(大雁塔)을 들 수 있다. 이 절과 탑은 648년에 건립되었으며, 대안탑은 4각 7층탑이다.

당나라 이후의 오대(五代)·송대(宋代)·요·금(遼金) 시대에도 특별한 경우를 제외하고는 거의 전탑이 건립되었고, 원대(元代)부터는 목탑이 자취를 감추고 있다. 이와 같이 중국에서는 후대로 내려올수록 전탑 일색이 되고 만다.

왜 중국인은 전탑을 많이 만들게 되었는가? 그 까닭은 몇 가지로 요약해 볼 수 있다.

첫째는 목탑의 수명이 짧은 데 있었다. 중국의 넓은 평야지대에 나무가 귀하여서 전탑이 발달한 것이라고 말하는 사람도 있으나, 그와 같은 이유였다면 전탑 이전에 목탑이 먼저 생겨날 수 없었을 것이다. 고층으로 만들기 위해 많은 힘을 들여야 하는 목탑이 전란이나 실화(失火) 등을 만나면 쉽게 불타버리는 것을 중국인들은 많이 보았기 때문에, 성보(聖寶)를 영원토록 모시려는 열망과 함께 내연성이 강한 전탑을 만들게 된 것임에 틀림없을 것이다.

실제로 중국에 남아 있는 가장 오래된 목탑은 불궁사(佛宮寺)의 석가목탑(釋迦木塔)으로서 1056년(淸寧 2년)에 건립된 것인데 비해, 전탑은 523년에 건립된 것이 남아 있다는 점으로 보아도 쉽게 느낄 수 있을 것이다.

둘째, 한족(漢族)들이 오랜 옛적부터 건조물에 전재(塼材)를 널리 애용하여 그 기술이 축적되어 있었기 때문이다. 그들이 벽돌을 이용하여 집이나 궁전, 사찰, 무덤 등을 많이 건립하게 된 까닭은 그들 땅에 벽돌을 만들기에 적합한 뻘이 많다는 것을 무시하여서는 안된다. 이와 같은 자연 환경에 의해 우리 나라에서는 석탑이 발달하고 중국에서는 전탑이, 일본에서는 목탑이 많이 생겨나게 된 것이다.

이 두 가지 이외에 다음과 같은 이유를 내세우는 학자도 있다. 즉, 인도에서는 벽돌로써 봉분형의 탑을 만들었었다. 처음 중국에 탑이 건립될 때 중국인은 인도탑을 실지로 보지 않은 채 말로만 듣고 고층 누각형의 목탑을 만들었다는 것이다. 그 뒤 인도의 전법승(傳法僧)들이 인도탑과는 전혀 다른 모습의 중국탑에 대해 지적하였고, 중국의 구법승(求法僧)들이 직접 인도로 가서 인도탑의 모습을 확인한 다음 전탑을 만들게 된 것이 아닐까? 하는 주장이다.

그러나 이와 같은 주장을 채택하기에는 몇 가지 모순점이 보인다. 먼저 말로만 듣고 탑을 만들었다고 해도 봉분형과 고층의 누각형을 구별하지 못할 중국인이 아니라는 것, 이것이 잘못이었다면 애초부터 인도의 전법승들이 지적하였을 것이라는 점, 그리고 만약 후대의 확인에 의해 인도식의 전탑을 따르고자 하였다면 그때부터는 중국에서도 고층 누각형이 아닌 봉분형의 전탑을 만들어야 할 것인데 그와 같은 형태는 중국 고대의 탑에서 전혀 찾아볼 수 없다는 점 등을 들 수 있다.

따라서 인도탑의 재확인에 의한 전탑의 유행은 무시하여도 좋으리라 생각한다. 다만 탑을 영구히 보존하기를 바랐던 중국인들에게 인도에서 벽돌을 이용하여 탑을 만든다는 사실은 목탑에서 전탑으로의 변환에 하나의 근거로써 작용할 수는 있었을 것이다.

이제 우리 나라로 넘어가자.

(2) 우리 나라의 전탑

우리 나라는 중국과는 달리 건물을 벽돌로 짓는 경우가 거의 없었다. 기껏 담장과 굴뚝 등에 장식적으로 다소 사용하였을 뿐이다. 지질구조상 우리 나라는 화강암 등의 석재가 풍부하고, 흙 또한 뻘보다는 모래 성분이 많기 때문이다. 뻘 등을 이용하여 벽돌을 만든 다음 그것으로 탑을 쌓는다는 것은 매우 비생산적인 노역이었을 것이다. 따라서 우리 나라에서는 전탑이 크게 유행하지 못한 채 경상도 등의 일부 지역에 치우쳐서 전탑이 건립되었던 것이다.

우리 나라에 현존하는 전탑으로는 안동 신세동 7층전탑(국보 제16호, 8세기)과 안동 조탑동 5층석탑(보물 제57호, 통일신라), 안동 동부동 5층전탑(보물 제56호, 통일신라), 송림사 5층전탑(경북 칠곡, 보물 제189호, 9세기), 신륵사 다층전탑(경기도 여주, 보물 제226호, 고려) 등 5기 뿐이다.

이들을 통하여 신라시대 전탑의 특징을 간추려 보면,

① 기단부가 단층으로서 화강암으로 되어 있고,
② 지붕[屋蓋] 추녀가 매우 짧고 가파르며,
③ 지붕의 상하에 매우 많은 층단을 마련하였고,
④ 탑신의 초층에는 인왕상 등이 지키는 감실(龕室)을 설치하였다는

점 등이다.

여기에서 특히 주목되는 것은 기단부를 화강암으로 만들었다는 것이다. 중국의 전탑은 전체가 벽돌로만 축조되고 있는데 우리 나라의 전탑은 화강암과 벽돌의 혼용으로 이루어져 있다. 이와 같은 사실을 두고 전탑이 우리의 것으로 완전히 뿌리를 내리지 못하였음을 나타내어 주는 증거라고 주장하는 학자들도 있지만, 이것이야말로 신라인 특유의 탑파 건축이요, 창의성으로 파악되어져야 한다.

또한 이미 파괴되어 현재에는 탑을 쌓았던 벽돌의 부재만 발견되는 것으로는 안동 금계동 다층전탑, 안동 장기동 전탑, 안동 개목사(開目寺) 전탑, 청도 불령사(佛靈寺) 전탑, 청도

송림사 오층전탑 경북 칠곡. 보물 제189호. 신라시대에 만든 금동제 상륜이 현존하는 유일한 탑이다.

운문사(雲門寺) 작압전(鵲鴨殿) 등 다섯 개의 폐탑이 있으며, 기타 문헌상으로만 남아 있고 흔적이 없는 것도 몇 개의 예가 있다. 그러나 모두 합친다고 하여도 수십 기에 불과하여 전국 1500여 기의 석탑에 비한다면 수적으로 너무나 적다.

특히 현존하는 전탑 5기 가운데 4기는 모두 통일신라시대에 건립되었다는 점과 폐탑지까지 모두 10기 가운데 6기가 안동 지방에 있다는 것에 주의할 필요가 있을 것이다.

흔히들 우리 나라에서는 모전석탑(模塼石塔, 전탑의 형식을 취하고 있으나 석재로 만든 탑)이 만들어지기 전에 전탑이 만들어졌고 그 전탑이 모전석탑을 만드는데 기초가 되었다고 한다. 그러나 고유섭 선생은 오히려 모전석탑이 먼저 만들어졌고 그 뒤에 전탑이 만들어졌다고 주장하였다. 고유섭 선생은 우리 나라 전탑의 사원을 634년(선덕여왕

안동 신세동 칠층전탑 경북 안동. 8세기. 국보 제15호. 우리 나라 최대의 전탑이다.

안동 동부동 오층전탑 경북 안동. 통일신라. 보물 제56호. 낙수면에 기와를 올려놓았다.

3년)에 건립된 경주 분황사(芬皇寺) 모전석탑(국보 30호)에서 찾았고, 그 탑이 한편으로는 신라 석탑의 모태가 되면서 다른 한편으로는 전탑의 모태가 되었다고 본 것이다.

분황사탑은 화강암의 기단부 위에 안산암(安山岩)이라는 회백색 석재를 벽돌 모양으로 잘라서 쌓은 탑이다. 탑의 기단부 사방에는 석사자가 지키고 있으며, 1층의 사방에는 각각 문이 있고 문의 좌우에는 금강역사(金剛力士)가 지키고 있다. 이와 같은 구조는 앞에서 살펴본 바와 같이 현존하는 신라 전탑의 특징에서도 그대로 나타나고 있다.

이와 같은 고유섭 선생의 주장을 바탕으로 하여 우리 나라 전탑에 얽혀 있는 몇 가지 의문점을 필자 나름대로 풀어보고자 한다.

(3) 왜 안동 지방에 전탑이?

　중국과 우리 나라는 문화적으로 매우 밀접한 관계를 가지고 있었다. 이와 같은 상황은 신라 이후 고려·조선으로 시대가 내려가면 더욱 심화되고, 어떤 문화 분야에서는 중국의 문화적 속국이 우리 나라가 아닌가 느껴질 정도로 독창성을 잃고 있는 경우마저 있다.

　그러나 삼국 통일을 전후한 신라는 강한 주체성 아래 우리의 독창적인 문화 창출에 지대한 업적을 남겼으며, 당나라 문화의 좋은 점이 발견될 때는 즉시 그것을 받아들여 우리식의 새로운 문화를 꽃피웠다. 현존하는 문화재를 통해서 보더라도 범종·석탑·불상·인쇄술 등 중국보다 훨씬 우수한 것들을 남겨 놓고 있다.

　황룡사의 9층목탑을 건립한 것도 이와 같은 맥락일 것이다. 527년(법흥왕 14) 신라가 불교를 공인한 22년 뒤인 549년(진흥왕 10)에 양(梁)나라로 유학갔던 각덕(覺德)이 불사리(佛舍利)를 최초로 신라에 가져왔고, 그 뒤에도 안홍법사(安弘法師) 등이 사리를 가져옴에 따라(576년), 신라도 고구려와 백제의 뒤를 이어서 불사리를 모신 큰 목탑을 건립하였을 것이다.

　7세기에 접어들면서 당나라가 목탑보다는 전탑의 건립에 치중하게 되자 신라에서도 영구성이 부족한 목탑을 반영구적인 전탑으로 바꾸어 보려는 노력을 시도하였을 것이다.

　그러나 경주는 지질학적으로 불국사화강암지대라는 매우 질이 좋은 석재들이 생산되는 곳이고, 오히려 벽돌을 구워낼 수 있는 뻘을 구하기 어려운 곳이다. 따라서 양질의 화강암과 벽돌 모양으로 만들기 쉬운 안산암(지금의 경주 주사산은 안산암으로 이루어져 있음)을 이용하여 독창적인 분황사 모전석탑을 만들게 되었으리라. 이것을 시원으로 하여 목탑의 건립과 함께 반영구적인 모전석탑의 건립에 신라인들은 많은 노력을 기울였을 것이다.

　그러나 안산암 등의 돌을 벽돌 모양으로 깎아서 탑을 세우는 것 또한 용이한 일이 아니다. 이에 신라인들은 돌을 벽돌 모양으로 하나하나 깎아서 만들기보다는 질 좋은 화강암을 이용하여 전체적인 모습이

제5장 不滅의 몸이 깃든 집 141

분황사 모전석탑 경북 경주. 신라. 6세기. 국보 제30호. 신라 석탑과 전탑의 시원이 된 탑이다.

의성 탑리 오층석탑 경북 의성. 통일신라. 국보 제77호. 전탑의 형태를 취한 화강암 석탑. 분황사 모전석탑이 우리 나라 특유의 석탑으로 변하는 중간 과정의 모습을 보여주고 있다.

벽돌탑 모양으로 보이는 석탑을 만들게 되었다. (의성 탑리 오층석탑 사진 참조)

특히 삼국을 통일한 뒤의 신라에서는 사찰의 창건, 불상과 탑의 조성이 크게 유행하게 되고, 신라의 불탑 조성은 경주를 중심으로 원을 그리면서 전국적으로 확산되어 갔다. 양질의 화강암 석재가 있는 곳에서는 화강암을 이용하여 낙수면이 매끈한 전형적인 우리의 석탑 또는 지붕의 낙수면이 층이 진 전탑을 닮은 석탑을 만들게 된 것이다.

그러나 우리의 전형적인 화강암재 석탑을 만드는 것이 불가능한 지역이 있다. 즉 화강암이 없는 퇴적암 지대, 화강암은 있으나 대규모의 지각 변형 작용을 받아 단층선 등이 많이 생겨난 지역에서는 돌을 다듬어서 큰 탑을 만들기가 용이하지 않다. 왜냐하면 퇴적암은 부서지기 쉽고, 심한 지각 변동을 받은 지대의 화강암은 암석 입자의 조직이 치밀하지 못할 뿐 아니라 내부의 균열이 심하여 1m 이상의 큰 석재를 다듬기는 거의 불가능하다.

즉 탑의 지붕돌과 같은 것을 모양 좋게 다듬으려고 하면 어느쪽인지 모르게 떨어져 나가거나 돌이 균열에 따라 갈라지고 만다. 이러한 지역의 화강암은 축대석 등으로 이용하기에는 적합하나 매끈한 공예품으로 만들기에는 적합하지가 않다. 자연 이들 지역에서는 주위의 석재를 이용하여 큰 석탑을 만든다는 것이 불가능해지고 만다.

그렇다고 하여 탑을 만드는 것을 포기할 것인가? 아니다. 이러한 곳에 전탑이 세워졌고, 일부 지역에서는 퇴적암 중에서 그나마 단단한 점판암이나 사암 등을 이용하여 탑을 만들게 되었던 것이다.

이제 왜 안동 지역에만 유독 전탑이 많이 건립되었는가를 함께 규명하여 보자.

고유섭 선생이 "어떤 까닭으로 안동군 내에 이와 같은 전탑이 집합하게 되었느냐는 전혀 미상이다."라고 한 이래, 많은 사람들이 그 까닭을 찾고자 하였다. 그러나 정확한 해답보다는 오히려 고구려의 영향을 받은 것이 아닌가 하는 억측까지 주장하게 되었다. 고구려와 백제의 옛터에서는 삼국시대에 전탑이 건립된 유지조차 발견되지 않고

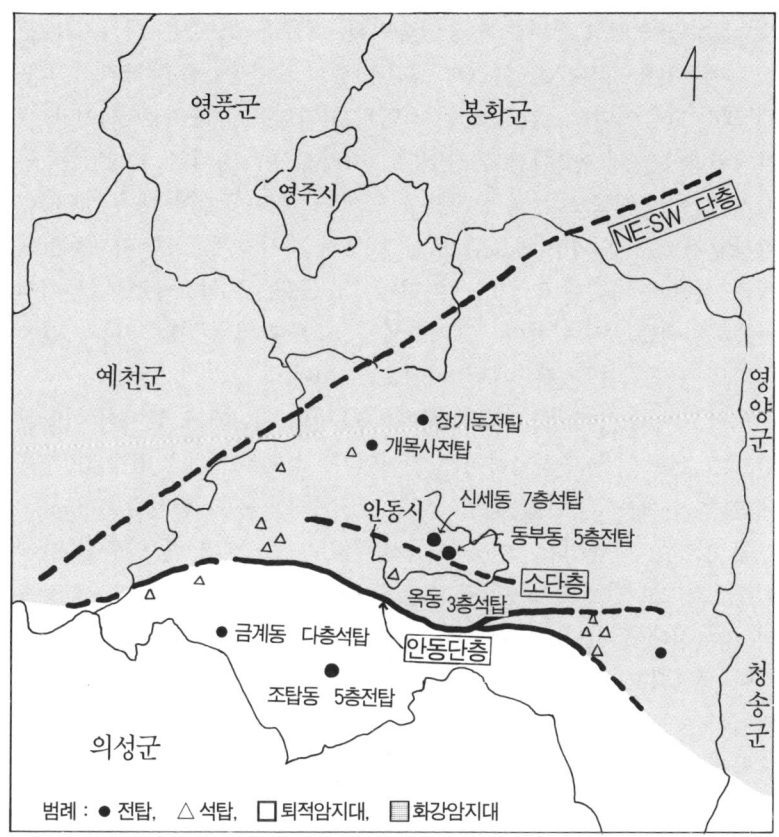

〔도8〕 안동 지방 지질·단층선 및 탑파 분포도

있음에도 이와 같은 주장이 나오고 만 것이다.

　필자는 그 까닭을 찾고자 안동대학 지질학과에 있는 황상구(黃尙九) 교수를 만나 안동의 지질 구조에 관한 구체적인 설명을 접할 수 있었다. 필자의 첫번째 의문은 왜 안동시내가 화강암 지대인데 신라시대에 화강암 석탑보다 전탑을 많이 만들게 되었는가 하는 점이었다. 이 점에 대해 황상구 선생은 다음과 같이 설명하였다. (도8 참조)

　"안동의 화강암 지대에는 2개의 큰 단층선이 지나가고 있다. 하나는

NE-SW 단층이고 하나는 안동단층이다. NE-SW단층은 백악기(白堊紀, 1억 4천만~7천만년) 이전에 생긴 단층이고 안동단층은 백악기 이후에 생긴 단층이다. 그리고 안동 지역의 화강암은 쥬라기(2억 1천만~1억 4천만년전)에 관입(貫入)하였다. 따라서 이 지역의 화강암은 두 시기에 걸쳐 대규모의 변형 작용을 받아 암석은 균열이 매우 심하고, 화강암의 입자를 현미경으로 보면 보통의 화강암에 비해 파쇄현상이 훨씬 심하게 나타나고 있다. 따라서 이 돌을 큰 석조물로 다듬어서 사용하기에는 부적합하다. 그러므로 10m 안팎의 큰 탑을 이와 같은 석재로 만든다는 것은 매우 어려운 일이다."

그리고 안동시내에도 제3의 작은 단층선이 지나가고 있어서 석탑을 만드는 것은 더욱 부적합하다는 것이었다. 실제로 안동의 6개 탑 가운데 안동 신세동 7층전탑(높이 14.65m), 안동 동부동 5층전탑(8.35m), 안동 장기동 다층전탑, 안동 개목사 전탑은 두 개의 큰 단층선 안에 있다. 그리고 안동 조탑동 5층전탑(8.35m)과 안동 금계동 다층전탑은 퇴적암 지대에 있다. 또한 안동단층 남쪽의 퇴적암 지대에는 양질의 뻘이 생산되고 있어서 벽돌을 만드는데 좋은 재료가 된다는 것도 간과되어서는 안된다.

물론 안동 지역에 석탑이 없었던 것은 아니다. 김희경 선생이 엮은 〈한국탑파목록〉에 의하면 안동에는 6기의 전탑 외에도 보물 제114호인 안동 옥동 3층석탑(6.3m)을 비롯한 17기의 석탑과 모전석탑 1기가 있음을 보여 주고 있다. 그러나 이들 석탑 중 보물 제114호의 석탑을 제외하고는 대부분 고려시대에 건립된 탑이라는 것과 그 석탑의 규모가 전탑에 비하면 매우 작다는 사실 또한 파악되어져야 한다는 점이다.

그리고 안동 북쪽을 지나고 있는 NE-SW단층 북쪽의 봉화나 예천 지방이 같은 화강암 지대지만 지각변동이 안동 지역처럼 심하지 않았다는 점과, 그곳이 안동과 인접하지만 단 1기의 전탑도 남아 있지 않다는 사실도 주목하여야 할 것이다.

이와 같이 서라벌을 중심축으로 하여 전국적으로 번져갔던 삼국 통일 후의 불탑 건립은 안동의 지질학적 특성과 만나 안동을 전탑의

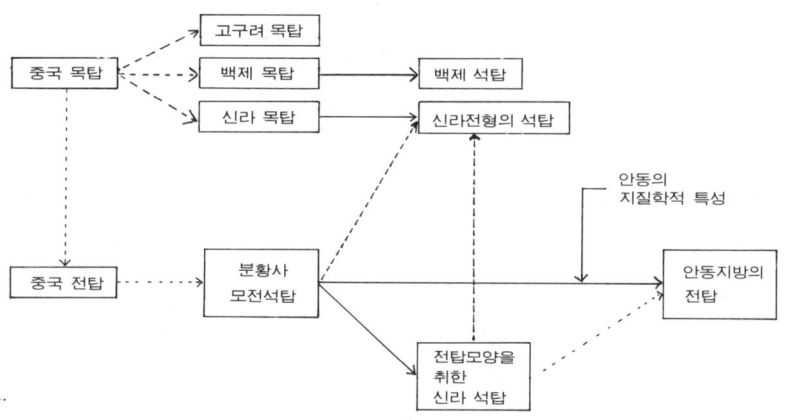

〔도9〕 탑의 흐름도

고장으로 만들었던 것이다. 이제 이들 사항을 모두 종합하여 안동 지방에 전탑이 만들어지기까지의 흐름도를 만들어보면서 끝을 맺을까 한다.

　우리는 잊지 말아야 할 것이다. 우리 것은 우리의 전통 속에서 만들어지고 재창조된다는 것을. 우리의 조상들이 우리의 자연 환경, 우리의 생활과 사고, 우리의 언어와 함께 새로운 문화를 꽃피워 왔다는 것을…….

　어느 때 어디에서나 우리가 새로움을 꽃피우려면 우리는 깨어 있어야 한다. 깨어 있다는 것, 그것은 우리가 주인공으로 있는 것이다. 옛 조상이 남긴 맥락과 정신을 올바로 파악하면서 오늘의 현실을 부릅뜬 눈으로 바라볼 수 있어야 한다.

　잠들어 있는 자에게는 창조가 이루어지지 않는다. 내가 깨어 있을 때 모든 것은 아름답게 피어난다. 내가 깨어 있을 때 우리 문화는 깊은 향기를 풍기게 되고 외래의 거센 물결도 우리를 어떻게 하지 못한다. 아니, 거센 물결은 오히려 재창조의 길을 열어 줄 것이다.

　탑이 왜 그곳에 그렇게 서 있는가? 영원한 부처님의 삶, 불멸의 부처님이 머물고 계신 그 탑은 우리에게 무엇을 말하고자 그곳에 서 있는가? 탑은 묵묵히 서 있다. 그러나 그 탑은 외치고 있다.
"뭇 생명있는 자여, 깨어나라. 깨어나서 참된 나를, 참된 우리의 보배를 찾아라. 그대를 책임질 수 있는 참된 주인공은 오직 그대 뿐! 그대가 깨어 있을 때 우리 모두는 깨어난다. 그대가 깨어남은 곧 우리 모두의 창조이리니……."

5. 석탑(石塔)

(1) 우리의 자랑 석탑의 시원

　석탑은 돌을 다듬어서 쌓아올린 탑이다. 돌을 마치 나무 다듬듯이, 돌을 마치 벽돌을 쌓아 올리듯이……. 그러면서도 나무의 짧은 수명을 반영구적으로 탈바꿈시키고, 벽돌로서는 표현할 수 없는 유연한 곡선을 가장 완벽하게 나타낸 것이 석탑이다.
　이 석탑의 나라가 한국이다. 전탑을 살피려면 중국이 좋고, 목탑에 젖으려면 일본이 적합하듯이, 우리 나라를 제외한 석탑의 연구란 감히 엄두를 낼 수조차 없는 일이다. 그야말로 석탑은 우리 문화의 자랑이요, 꽃이요, 정수 중의 하나인 것이다.
　왜 우리 나라에만 석탑이 많이 만들어지게 되었는가? 그것은 앞에서도 언급하였듯이 우리 나라의 곳곳에 산재되어 있는 질이 좋은 화강암 석재의 혜택 때문이었다. 우리의 조상들은 우리에게 주어진 천혜의 자연을 이용하여 중국에서는 찾아볼 수 없는 석탑을 창출하였고, 수백 년의 기간을 걸쳐 사찰의 다른 건축물과 조화를 이루는 새로운 석탑의 변형을 시도하여 왔던 것이다.
　이제 그 석탑의 시원에 관하여 간략히 살펴보기로 하자.
　석탑 이전의 우리 나라 탑은 모두가 목탑이었다. 그러나 서기 600년경에 이르러 백제의 익산 지방에서는 탑의 새로운 변화를 시도하기에 이르렀다. 즉 이전의 목조탑 양식을 그대로 계승한 채 그 재료만을 내구성이 강한 석재를 이용하여 탑의 건립을 시도한 것이다.
　그 최초의 석탑이 전라북도 익산의 미륵사지 석탑(彌勒寺址石塔,

익산 미륵사지 석탑

국보 제11호)이다. 《신증동국여지승람》에서 이 탑을 '동방 석탑의 최고'라고 지적하였듯이, 규모에 있어서도 이 석탑의 위용은 놀랄 만하다. 본래는 7층탑이었을 것으로 짐작되나 현재는 6층의 일부까지만 남아 있어 겨우 원래의 모습을 짐작할 수 있으며, 사방에는 출입이 가능한 문호(門戶)가 남아 있는 등 각부의 양식은 전적으로 목조 건축의 결구 수법(結構手法)을 그대로 반영하고 있어 목조탑의 형식과 개념을 벗어나지 못하고 있다.

특히 1974년 발굴 이후 꾸준히 계속된 이 미륵사지의 발굴조사에서 현재의 석조탑과 동일한 규모의 석탑지가 이 탑 동쪽 약 120m지점에서 발견되었고, 동탑과 서탑 사이의 중앙 지점에서 목탑지가 확인되었다.

이와 같은 3탑의 배치는 삼국시대 가람 배치의 특징인 '탑 하나에 금당 하나(一塔一金堂)'의 형식을 추종하면서도, 동서와 그 중간에 나란히 독자적인 법당과 탑을 건립하여 삼원(三院)의 형식을 취한 점에서 매우 주목되고 있다.

또 하나의 백제 석탑은 부여에 남아 있는 정림사지(定林寺址) 5층석

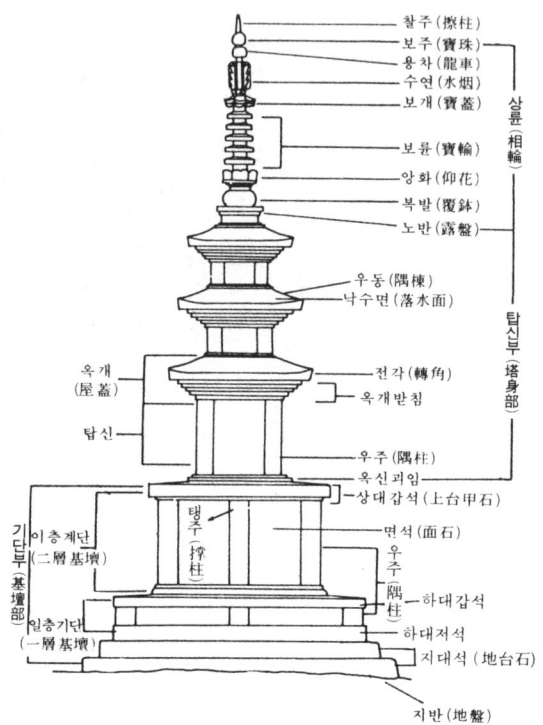

〔도10〕 석탑 세부 명칭도

탑(국보 제19호)이다. 이 석탑은 좁고 낮은 단층 기단과 각층의 우주(隅柱)에 보이는 '엔타시스(기둥의 아래는 굵고 위로 올라갈수록 가늘어지는 모습)' 수법, 얇고 넓은 각층의 옥개석 형태, 옥개석 전각에 나타난 반전, 옥개석 하면의 받침 수법, 특히 낙수면 네 귀퉁이의 우동마루형 등은 이 탑이 목탑에서 발전된 석탑이라는 것을 단적으로 증명하는 것이다. 현재 상륜부(相輪部)는 결실되어 있으나, 노반석(露盤石)까지의 석재는 149개로, 이것만으로도 이 탑이 목탑을 번안한 것임을 알 수 있게 한다.

그러나 세부 수법에 있어서는 맹목적인 모방에서 탈피한 정돈된 형태로서, 세련되고 창의적인 조형을 보이고 있다. 전체적으로 볼 때 장중하면서도 명쾌하고, 유연하면서도 격조 높은 기품을 풍기는 이 탑에서 우리는 백제탑의 뛰어난 멋을 살펴볼 수 있다.

 이상의 현존하는 백제 석탑 2기는 목탑을 모방하여 만들어진 것이므로 일반적으로 이 두 탑을 '목탑계 석탑'이라 지칭하기도 한다.

 그러나 삼국 통일 이전의 신라 석탑의 발생 사정은 백제와 다르다. 고신라의 경우에는 목조탑의 형식을 다소 취하고 있으나, 그 핵심은 전탑의 형식을 따르고 있다. 그러므로 신라와 백제는 우리 나라의 동쪽과 서쪽에서 서로 대립하여 각기 다른 양식의 석탑을 건립하였던 것이다.

 신라 석탑의 시원은 경주 분황사의 모전석탑(模塼石塔)이다. 이 탑은 장대석으로 구축한 단층의 기단을 갖추었고, 그 중에는 탑신부를 받치기 위한 널찍한 1단의 화강암 판석(板石) 괴임대가 마련되어 있다. 탑신부(塔身部)부터는 안산암을 소형의 장방형 벽돌 모양으로 절단하여 쌓아올렸으며, 초층 4면에 설치된 감실(龕室)의 좌우에는 인왕입상(仁王立像)이 배치되어 있는데, 이들은 모두 화강암을 사용하고 있다.

 분황사 석탑과 관련된 또하나의 고신라 탑으로는 경상북도 의성군 금성면 탑리동에 있는 의성 탑리 오층석탑(국보 제77호)을 들 수 있다. 이 탑 또한 한 눈에 전탑 양식을 모방한 석탑임을 알 수가 있다. 그러나 이 탑은 분황사 모전석탑과는 달리 옛 수법의 간략화와 함께 새로운 착상을 가미시켰다. 탑신부의 탑신에는 우주 이외에 주형(柱形) 1주를 만들었고, 기단부는 잘 정비된 건축 기단의 양상을 보이고 있으며, 분황사 석탑에서 사방에 설치하였던 감실은 한 면에만 마련하고 있다. 특히 탑의 각 기둥은 백제 석탑에서 살필 수 있었던 '엔타시스'가 강하게 나타나 있다. 따라서 이 탑은 백제의 두 석탑과 분황사 모전석탑의 양식을 함께 이어받은 것으로, 우리 나라 석탑의 선구적인 위치를 점하고 있다. 즉 목탑계 양식과 석탑계 양식의 조화를 함께 찾아볼 수 있는 탑이라는 것이다.

이제 각 시대별 석탑의 양식과 변천에 관하여 간략히 살펴보자.

(2) 통일신라시대

　삼국 통일의 새로운 계기를 맞아 건립된 석탑 중에서 신라 석탑의 표본이 되고 있는 시원적 석탑은 경상북도 경주군 양북면 용당리에 있는 감은사지(感恩寺址) 동서 삼층석탑(국보 제112호)과 경주시 암곡동에 있다가 현재 국립경주박물관으로 옮겨진 고선사지(高仙寺址) 삼층석탑(국보 제38호)이 있다.
　필자는 이 두 석탑을 삼국 통일의 역사적 전환기를 맞아, 통일 전과는 다른 독특한 문화 창출을 이루고자 했던 신라의 새로운 노력의 일환으로 이루어진 것이라고 풀이하고 싶다. 왜냐하면 이 석탑이 전형적인 우리 나라 석탑의 시원이 되고 있기 때문이다.
　문화 유산의 완전한 전환은 언제나 역사의 새로운 전환과 평행선을 이루는 경우가 많다. 이 시기는 가장 신라적인 탑, 삼국을 하나로 엮을 수 있는 탑의 탄생을 정치가나 국민들이 자연스럽게 요구하게 되는 때이기도 하기 때문이다.
　특히 감은사는 삼국 통일을 이룬 문무왕이 왜적을 물리치고자 창건한 호국의 대찰로서, 문무왕이 그 완성을 보지 못한 채 승하함에 따라 그의 아들 신문왕이 682년에 완성한 국가적 대찰이다. 이 절터의 동쪽과 서쪽에 나란히 서 있는 쌍탑은 서로가 같은 형식, 같은 규모인 신라 최대의 삼층석탑이다.
　기단은 2층의 건축 기단을 하고 있는데, 단층 기단이었던 삼국시대의 석탑에서 상하 이중 기단으로 변화된 것은 이 석탑이 최초이다. 그리고 상하층 기단 각면에는 우주와 탱주를 세워 목조 건축의 축부(軸部)를 모방하였고, 탑신부에도 양쪽 우주를 모각하여 역시 목조 건축을 모방하고 있다. 또한 옥개석은 폭이 줄어들었고 추녀 밑은 전각에 이르기까지 직선을 이루었으며, 옥개석의 받침은 5단의 층이 마련되어 있는 등 전탑의 양식도 보이고 있다. 그리고 옥개석 상면인 낙수면은 층을 이룬 전탑과는 달리 층급이 없는 유연한 경사를 이루었고, 전각에

제 5 장 不滅의 몸이 깃든 집   151

감은사지 삼층석탑

고선사지 삼층석탑

는 반전이 뚜렷하여 목조 건축의 지붕을 모방하고 있음을 쉽게 알 수 있다.

감은사지 동서삼층석탑에서 비롯된 이와 같은 양식은 이후의 우리 나라 석탑에 대한 하나의 정형으로 정립되었다. 시대에 따라 부분적으로는 다소 변화가 가해지기도 하였지만, 삼국 통일의 대업을 이룸과 함께 새로운 국민적 열망이 응결되어 이룩된 이 탑의 형식은 오랫동안 지켜져서 우리 나라 석탑 양식의 표본이 되었던 것이다.

또 하나의 시원 석탑인 고선사지 삼층석탑은 건립 연대·규모·양식 등이 감은사지탑과 거의 비슷하다. 다만 초층 옥신(屋身)의 4면에 호형(戶形)을 조각한 것이 다른 데, 이와 같이 문비(門扉)를 옥신에 조각한 것으로는 이 탑이 가장 오래된 것이다.

이후의 신라 석탑은 감은사와 고선사의 석탑을 본받으면서도 차츰 그 규모가 축소되고 간략해지고 있다. 7세기 말에는 경주 나원리 오층석탑(국보 제39호)과 경주 구황동 삼층석탑(일명 황복사지 삼층석탑,

불국사 삼층석탑 (석가탑)

불국사 다보탑

국보 제37호)이 건립되었고, 8세기에 들어와서는 경주 장항리 오층석탑, 그리고 8세기 중엽에는 경주 천군동 동서삼층석탑(보물 제168호), 불국사 삼층석탑(석가탑, 국보 제21호), 금릉 갈항사지(葛項寺址) 동서석탑(국보 제99호) 등이 건립되었다.

 이들 가운데 신라 석탑의 아름다움을 마음껏 구가하여 정점을 이룬 석탑은 불국사의 석가탑이다. 석가탑은 우리 나라 석탑의 상징답게 상하좌우 어디에서나 잘 조화된 하나의 균형미를 형성하고 있고, 그 세련된 선과 형에서 한민족의 심성을 대변할 수 있는 아름다움을 찾아볼 수 있다. 이와 나란히 서 있는 다보탑은 섬세함과 미려함에다 온갖 기교와 장엄을 더하여 도저히 돌로 다듬은 것이라고는 볼 수 없을 정도로 석조 건축의 최고봉을 이룩하여 놓고 있다.

 신라의 석탑은 8세기 중엽을 지나 9세기로 접어들면서 도읍인 경주를 떠나 점차 지방으로 확산된다. 선불교(禪佛敎)가 신라에 전래되어 포교의 중심지를 경주가 아닌 지방으로 삼았기 때문이다.

장흥 보림사(寶林寺) 쌍탑과 영주 부석사(浮石寺) 삼층석탑, 합천 청량사(淸凉寺) 삼층석탑, 산청 단속사지(斷俗寺址) 동서삼층석탑 등은 9세기 중엽의 대표적인 석탑이다. 이전까지만 하여도 석탑 하층 기단의 탱주가 3주(柱), 상층 기단의 탱주가 2주로 되어 있었으나, 이들 9세기 상층 기단의 탱주가 1주로 변화되어 있다. 다만 옥개석의 받침은 이전처럼 5단을 유지하고 있다.

그뒤 9세기 말로 내려오면서 석탑의 규모는 더욱 작아지고 약화된다. 골육상잔이 뒤따르는 왕권 쟁탈과 지방 세력의 대두로 문란해진 사회상이 석탑에도 그대로 반영되었던 것이다. 이 시기의 대표적인 석탑으로는 남원 실상사(實相寺) 동서삼층석탑과 대구 동화사 금당암(金堂庵) 삼층석탑, 봉화 서동리 동서삼층석탑 등이 있다. 이들 탑의 양식적 특징은 하층 기단과 하층 기단의 탱주가 모두 1주로 되어 있고, 옥개석의 받침도 4단 또는 3단으로 줄어들었다는 점이다.

그리고 신라 말기에 나타나는 또 하나의 변형은 2층의 기단부가 단층으로 변화한 경우이다. 문경 내화리 삼층석탑과 봉암사(鳳巖寺) 삼층석탑에서 그와 같은 변화를 찾아볼 수 있으며, 이러한 양식은 고려시

봉암사 삼층석탑

철원 도피안사 삼층석탑

대에까지 계승되고 있다.

이와 같은 전형적인 신라 석탑 이외에도 8세기 중엽부터는 여러 형태의 이형 석탑이 나타나기 시작하였다. 이형 석탑이란 보편적인 양식을 취하고 있는 전형 석탑과는 다소 이질적인 모습을 취하고 있는 석탑을 말한다.

이들 이형 석탑을 김희경(金禧庚) 선생은

① 전형적인 방형 중층(方形重層)의 기본 양식을 떠나 전혀 다른 형태를 하는 것,

② 탑신부가 전형 양식을 하면서 다른 형식의 기단부를 형성하는 것,

③ 전형 양식인 방형 중층을 하면서 장식이 가해지는 것,

④ 모전석탑 등 네 가지로 분류하였다.

첫째, 전혀 다른 형태의 탑으로는 불국사 다보탑과 화엄사 4사자삼층석탑, 월성 정혜사지(淨惠寺址) 13층석탑을 예로 들 수 있다. 불국사 다보탑이 석가모니의 《법화경》 설법을 증명하는 다보여래(多寶如來)의 세계를 상징화하고 있듯이, 이들 다른 형태의 탑은 그 속에 나름대로의 깊은 사상성을 담고 있는 것으로 해석하여 볼 수 있다.

둘째, 다른 형식의 기단부를 형성하고 있는 탑으로는 철원 도피안사(到彼岸寺) 삼층석탑과 석굴암 삼층석탑 등을 꼽아 볼 수 있다. 도피안사의 석탑은 기단부 상하에 앙련(仰蓮)과 복련(覆蓮)을 조각하여 8각의 연화문 불좌대(佛座臺) 형식을 취하였고, 석굴암의 석탑은 기단부를 원형으로 만든 다음 다시 여덟 개의 중석(中石)을 세워서 마치 석굴암 본존불의 좌대 같은 효과를 꾀하고 있다.

셋째, 여러 가지 조각이 새겨져 있는 탑으로는 경주 원원사지(遠願寺址) 동서탑과 화엄사 서오층석탑, 실상사 백장암(百丈庵) 삼층석탑, 경주 남산동 서삼층석탑, 양양 진전사지(陳田寺址) 삼층석탑, 선림원지(禪林院址) 삼층석탑 등 그 예가 매우 다양한 편이다. 대체로 이들 석탑에 등장하는 부조상의 내용은 사천왕·팔부신중·십이지신상·사대보살·사방불·비천상·공양상 등이다.

제5장 不滅의 몸이 깃든 집 155

이제 둘째·셋째 유형의 탑에 대하여 잠깐 주의를 기울여 보기로 하자. 왜 그와 같은 탑이 생겨나게 되었는가? 왜 기단부를 불좌대 형식으로 만들었으며, 어떤 이유에서 탑 주위에 사천왕이나 팔부신중 등을 조각하게 된 것일까?

그 이유는 분명하다. 그것은 탑이 곧 부처를 상징하기 때문이다. 불멸의 부처님이 계신 집을 뜻하기 때문이다. 그 탑에 부처님이 계신다는 것을 보다 분명하게 나타내고자 하는 열망에서 탑의 기단부를 연화대로 바꾸어 놓았고, 사천왕 등이 사방을 지키고 있는 중앙의 자리

석굴암 삼층석탑

인 탑 속에 부처님이 계신다는 것을 보다 분명하게 나타내기 위하여 여러 가지의 조각을 새겼던 것이다. 그리고 탑의 사방에 사방불을 조각한 것은 《화엄경》 등의 신앙에 근거하여 그 탑 속에는 진리 자체를 상징하는 법신불(法身佛) 비로자나불이 계시다는 것을 나타내고자 했던 의도였다.

그러나 이와 같은 부조상이나 불좌대는 대부분 9세기의 석탑에서 두드러지게 나타나고 있다는 점을 지적하지 않을 수 없다. 신라의 불교사를 살펴볼 때 그 전성기는 삼국 통일을 전후한 7세기부터 8세기 중엽까지이다. 그 시기에는 경전의 연구가 매우 활발하였고 참된 수행승들이 매우 많았던 시기였다. 그 이후에는 오히려 기복적이고 나약한 불교로 탈바꿈되어 갔고, 마침내는 불립문자(不立文字)를 내세우는 선(禪)이 신라 불교의 새로운 기수로서 등장하게까지 되었다.

그런데 이와 같이 불교가 쇠퇴한 시기에, 또한 어떠한 형태나 문자도 존중하지 않는다는 선사상이 크게 대두되고 있었던 시기인데도 탑

경주 원원사지 삼층석탑 기단과 초층탑신의 조각

에는 오히려 연화대가 등장하고 석탑을 지키는 장엄한 여러 가지 부조상들이 등장하고 있는 것이다. 이것을 우리는 어떻게 해석하는 것이 옳은가?

연화좌대가 없으면, 사천왕 등의 신중상 등이 없으면 불탑(佛塔)은 신앙의 표상으로부터 벗어나는 것인가? 그 탑은 이미 불멸의 몸이 깃든 집이 아니라는 말인가? 아니다. 아닐 것이다. 그것은 인간의 나약일 것이다. 믿는 마음이 부족해서, 그 믿음이 굳건하지 못해서 나타나는 슬픈 표상이 될 수도 있을 것이다.

해답은 우리들 각자가 갖자. 탑을, 불멸의 몸이 깃든 탑을 보다 온전하게 있게끔 하기 위하여……

(3) 고려와 조선시대

신라의 석탑이 경주를 중심으로 한 경상도 지방에 집중되어 있는 것과는 달리, 고려시대에는 석탑이 전국적으로 골고루 분포되어 있다. 그러나 다른 한편으로 볼 때 고려의 석탑에는 '옛 삼국의 땅에다 지역

제5장 不滅의 몸이 깃든 집   157

부여 무량사 오층석탑

평안남도 율리사 팔각오층석탑

적 특성을 살펴 옛 문화를 되찾고 계승한다'는 뚜렷한 특징이 나타나고 있다.

고려 석탑의 분포는 크게 네 지역으로 나누어진다. ① 개경(開京)을 중심으로 한 지역, ② 개경 북부의 평양을 중심으로 한 지역, ③ 신라의 옛 땅인 경상도 지역, ④ 백제의 옛 땅인 충청도·전라도 지역 등이다. 이 네 지역의 석탑은 대체로 뚜렷한 특징을 지닌 탑들이 서 있다.

우선 백제의 옛 땅인 충청도 지방에는 백제 때 건립된 익산 미륵사지 석탑이나 정림사지 석탑과 매우 유사한 목탑계 석탑이 그 주류를 이루고 있다. 부여 무량사(無量寺) 오층석탑, 부여 장하리 삼층석탑 등 온전하게 옛 백제의 양식을 살펴볼 수 있는 석탑이 8기가 있다.

그리고 평양을 중심으로 한 옛 고구려 땅에는 8각 또는 6각으로 된 다층석탑이 많이 건립되었다. 현존하는 고구려의 탑은 남아 있지 않지만, 1938년의 평양 청암리 사지 발굴조사 때에는 8각 기단의 목

경천사지 십층석탑

탑지가 발견되었다. 이것은 고구려가 다른 나라와는 완전히 다른 독창적인 다각형의 탑을 건립하였다는 좋은 증거가 되고 있다. 그러나 통일신라시대에는 이와 같은 8각 또는 6각형의 탑이 전혀 건립되지 않았다. 그런데 고려시대에는 평양을 중심으로 한 고구려의 옛 땅에 다시 8각 또는 6각의 다층석탑들이 건립된 것이다. 이것이 무엇을 의미하는 것일까?

경상도 지방에서 신라 계통의 석탑이 계승되었다는 것은 더 부연할 필요도 없다.

그리고 개경을 중심으로 한 지역에서는 고려의 수도답게 고구려·백제·신라형의 어느 하나만을 고집하지 않고 두루 포용한 석탑을 건립하였다.

3백년의 통일신라시대, 우리 민족 문화의 꽃을 피우고 삼국의 정신을 하나로 엮기 위해 노력한 통일신라시대였지만, 다시 새로운 왕조가 탄생하자 옛 땅에서는 옛 문화의 전승에 힘을 기울였고, 그 나름대로의 독창성을 되살리기 위하여 노력하였다는 것을 이 탑들은 단적으로 말해주고 있다.

그러나 오늘의 우리는 어떠한가? 외래 문화의 홍수 속에 옛 문화의 전승은 고사하고라도 오늘의 우리까지도 내팽개치고 있지는 않는가? 왜 우리의 뿌리를 뽑아내고 이국적인 문화를 심는 데에 더 치중하고 있는가? 하지만 필자는 희망을 버리지 않는다. 통일신라 3백년이 지난 후에도 다시 용솟음쳐, 옛 땅에 옛 석탑을 건립한 민족의 저력이 우리

제 5 장 不滅의 몸이 깃든 집 159

원나라 영향을 받아 변형된 고려말
석탑의 상륜부 (마곡사 탑)

신라 석탑의 상륜 (실상사 동삼층석탑)

의 피 속에는 흐르고 있음을 확신하기에……

그러나 우리는 또다른 경각심을 갖지 않으면 안된다. 원나라 지배하 고려의 탑이 그것을 깨우쳐 주고 있다. 신라는 비록 삼국을 통일하여 백제와 고구려의 영토를 다스렸지만, 그것은 어디까지나 단일 민족 사이에서의 일이었다. 그렇기 때문에 삼국의 그 어떤 문화도 훼손하거나 말살시키는 일을 저지르지 않았던 것이다.

그런데 원나라는 불과 98년의 통치 기간 동안 우리의 사회와 문화에 지울 수 없는 큰 획을 긋고 말았다. 필자의 조사 결과로는 석탑 뿐만 아니라 석등·불상·사찰 등 불교의 모든 문화재가 원나라 지배 기간 동안 그 외형적인 모습이 크게 변모되었음을 살필 수 있었다.

원나라 탑의 형식을 따른 대표적인 탑으로는 경천사(敬天寺) 십층석탑(국립중앙박물관 내, 국보 제86호)을 들 수 있다. 1348년(충목왕 4)에 건립한 이 탑은 원나라 공장(工匠)이 직접 만든 것으로서 각층, 각면에는 십이회상(十二會相)을 조각하여 불·보살·천부(天部), 기타 여러 가지 상을 빈틈없이 조각하여 놓았다. 특히 단조로운 형식으로 구성된 상륜부는 원형의 평면으로 된 노반(露盤)과 연구문형(連球紋形)의 복발, 앙련(仰蓮)으로 된 앙화(仰花)가 있고, 그 위에 보탑형(寶塔形)과 보주(寶珠)가 있다. 이와 같은 상륜부의 각 부재는 그 형태가 우리 나라 탑의 상륜 형식과는 완전히 다른 원나라 라마교적(喇嘛敎的) 수법을 따르고 있는 것이다.

물론 이와 같은 양식의 탑이 경천사 십층석탑 하나로 끝났다면 시대상이나 양식의 연구에 오히려 이 탑은 중요한 유물이 될 것이다. 그러나 이 탑이 건립되고 난 이후의 고려시대 탑뿐만 아니라 조선시대의 탑까지도 거의 대부분이 라마교식 탑의 상륜부를 취하고 있다는 점은 그냥 넘길 수 없는 일이다.

몸체 부분은 다시 우리 것을 따르되 머리 부분인 상륜부는 원나라가 얹어 준 것을 그대로 따르고 있는 고려말·조선시대의 석탑.

필자는 감히 부르짖고 싶다. 신라의 3백년 통일 다음에는 옛 얼과 뿌리를 찾아 지역성까지 되찾을 수 있었던 우리들이, 왜 98년의 몽고 강탈 문화에 젖어든 뒤 우리의 머리마저 잊은 채 살아왔는가를…….

불멸의 몸이 깃든 집. 영원한 진리의 몸이 숨겨진 탑! 그 탑이 거기에 서 있는 까닭은 무엇인가? 그 탑은 우리에게 무엇을 깨우쳐 주고자 하는가? 탑은 우리가 깨어 있기를, 우리들 각자에게 있는 참생명을 회복해 가지기를, 모든 것을 다 줄지라도 그것만은 줄 수 없는 참된 나를 찾을 것을 호소하며 거기에 서 있는 것이다.

탑은 조형물이 아니다. 탑은 생명이다. 우리 속에 있는 영원한 그 무엇이 그와 같은 형태로 모습을 바꾸어서 거기에 서 있는 것일 뿐이다.

그 탑은 침묵하고 있다. 침묵으로 일관하며 거기에 서 있다. 그러나 그 침묵은 어떠한 설법보다 웅대한 사자후(獅子吼)를 토하고 있다.

"그대여 찾아라. 참된 자기를 찾아라. 불멸의 자기를 찾아라. 참된 생명을 찾아라. 오직 그대의 참된 삶을 위하여……."

제6장

佛國淨土의 表象
― 法 堂 ―

1. 법당(法堂)이란?

　법당(法堂)이란 무엇인가? 그것은 법(法)의 집이다. 그 집은 불멸의 생명과 무한한 행복, 영원한 자유와 진리가 충만되어 있는 법(法, Dharma)의 집이다. 그 집에서는 불멸의 생명을 회복하여 무한한 행복과 자유를 누릴 것을 일깨우는 법문이 끊임없이 흘러 나오고 있다.
　흔히들 법당이라고 하면 불상을 모신 집이라고 생각한다. 물론 그것도 틀린 것은 아니다. 하나 법당을 철이나 돌, 흙이나 나무로 된 '불상을 모시기 위해 지은 집'으로만 파악한다면 법당에 담겨진 참의미는 결코 발견할 수 없게 되고 만다.
　법(法)의 집인 법당. 그 집은 '진리로써 가득 채워져 있는 집'이라는 뜻이다. 진리라고 하면 생존의 현실 속에 살아가고 있는 우리와는 너무나 멀리 떨어져 있는 것이라고 생각하기 쉽지만 법, 즉 진리는 '그렇게 되게끔 되어 있는 것' '그렇게 있게끔 되어 있는 것' '그렇게 하게끔 되어 있는 것'이라는 뜻을 간직하고 있다. 당연히 그렇게 ○○끔 되어 있는 것, 모든 것이 다 바뀐다 할지라도 그것만은 변할 수 없는 '그 어떤 그러한 것'이 법(法)인 것이다. 간단한 예를 들어보자.
　"콩 심은 데 콩 나고 팥 심은 데 팥 난다."

쌍봉사 대웅전 내부
자애로운 부처님의 눈은 어디로 향하며 그 진정한 관심은 무엇에 있을까?

"물은 아래로 흐르고 불은 뜨겁다."
 이것이 진리요 법이다. 콩을 심은 곳에는 콩이 나는 것이 당연한 이치이다. 물이 위로 흘러간다면 이미 흐르는 것이 아니고, 불이 차갑다고 한다면 이미 불이 아니다.
 하지만 중생은 어떠한가? 콩을 심었으면 콩이 날 것이언만, 팥을 심어 놓고 콩 나기를 바란다. 그리고 팥을 심었기 때문에 팥이 나온 것인데도 콩이 나오지 않았다고 하여 그 팥을 싫어하고 그 팥에 불만을 터뜨리고, 심지어는 자신까지도 미워하게 된다. 스스로 이기심과 탐욕과 어리석음을 불러일으켜서 스스로를 눈멀게 한 것은 잊어버린 채,

팥을 거두어 들이게 되었다는 결과를 용납하지 못하여 분통으로 자신을 불태우는 것이다.
 이것이 중생이다. '그렇게 되게끔 되어 있는 것'에 대해 그렇지 않게끔 되기를 바라는 중생의 미혹……. 그와 같은 중생의 미혹을 깨우치는 집이 법당인 것이다.
 이 법당에는 모든 번뇌와 미혹을 밝혀서 불멸의 생명, 무한한 행복과 영원한 자유를 이룬 부처님이 계신다. 그와 같은 부처를 이룰 수 있게끔 하기 위해서 부처는 발심하여 보리(菩提, 正覺)의 씨를 심었고, 육바라밀(六波羅蜜, 布施·持戒·忍辱·精進·禪定·般若) 등의 지극한 수행으로 밭을 갈아 정각(正覺)이라는 열매를 거두었던 것이다.
 정각을 이룬 부처님은 평생 동안 법을 설하였다. '그렇게 되게끔 되어 있는 법'을 설하신 것이다.

  마음 밭에
  생사의 씨를 심어 가꾸면 생사를 이루고
  정각의 씨를 심어 가꾸면 정각을 이룬다.
  정각의 열매를 거두기 위해서는
  마음 밭에 정각의 씨를 심어
  마음을 갈고 닦는 수행을 하여야 한다. ……

 석가모니는 45년 동안 팔만 사천 법문을 설하셨다고 한다. 인간의 번뇌를 다스리기 위한 그 법문의 세계는 무궁무진하다. 양적으로의 다양성은 물론이요, 깊이에 있어서도 감히 그 끝을 보기 힘들다. 그러나 이와 같은 법문의 핵심은 '그렇게 되게끔 되어 있다'는 것에 맞추어지고 있다.
 '그렇게 되게끔 되어 있는 것' 그것이 곧 법(法)이요, 그와 같은 가르침을 깨우쳐 주는 곳이 법당인 것이다.
 법당 속에는 흙으로, 돌로 만든 부처님이 좌정하고 있다. 흙으로 만든 그 부처님은 말을 하지 못한다. 돌로 다듬은 부처님은 설법을 할 줄 모른다. 그러나 그 부처님이 거기에 앉아 있는 것만으로도 법당 속에는 '그렇게 되게끔 되어 있는 것'에 관한 가르침이 충만되어 있는 것이다.

2. 법당의 유래

법당은 불교신앙의 대상이 되는 불상이나 보살상 등을 모신 전각이다.

이것이 법당에 대한 정의요 일반적인 인식이다. 그러나 불보살을 봉안하여 사찰의 중심이 된 건물을 처음부터 법당이라고 한 것은 아니다. 처음에는 이 전각을 금당(金堂)이라고 하였던 것이다. 지금도 중국이나 일본에서는 신앙의 대상을 모신 전각에 대해 법당보다는 금당이라고 부르는 것이 보편화되어 있다.

왜 사찰의 중심 건물을 금당이라 하였는가? 이에 대한 뚜렷한 정설은 없지만, 필자는 이를 부처님의 몸이 금색(金色), 엄밀히 말해 자금색(紫金色)을 띠고 있다는 것과 연관시켜 풀어보고자 한다.

자색금은 은은한 자주빛이 풍겨나는 금색이다. 동양에서는 길상(吉祥)을 상징하는 최고의 색으로 자색을 꼽고 있으며, 보통 사람의 얼굴에는 일평생 동안 한번의 자색이 나타나는 것조차 어렵다고 한다. 그와 같은 자색의 서기(瑞氣)를 언제나 은은하게 뿜어내고 있는 것이 부처님의 금빛 몸이며, 그와 같은 금색신(金色身)의 부처님을 모신 집이기 때문에 '금당'이라고 이름한 것이다.

우리 나라에서도 고려 초기까지는 본존불(本尊佛)을 모신 사찰의 중심 건물을 금당이라고 하였다. 그러나 그 이후부터는 본존불의 성격에 맞추어 건물의 명칭을 석가모니를 본존불로 봉안하였을 경우에는 대웅전(大雄殿), 아미타불을 본존불로 봉안하였을 경우에는 미타전(彌陀殿), 또는 극락전(極樂殿)이라고 하는 등, 중심 건물의 이름을 보다 구체화시켰던 것이다. 즉, 천태종 계통 사찰의 금당은 대웅전, 화엄종 계통 사찰의 금당은 대적광전(大寂光殿), 법상종 계통은 미륵전, 정토

제 6 장 佛國淨土의 表象 165

은해사 백흥암 극락전 보물 790호. 경북 영천. 아늑한 어떤 세계를 느끼게 한다.

계열의 사찰은 극락전을 두어, 그 절의 사격(寺格)을 뚜렷이 나타내었던 것이다.

그러나 조선시대 초기부터 극심한 배불정책(排佛政策)이 시행되자, 불교의 사상 및 신앙 영역에 따라 삼국시대 이래 다양하게 발전되어 왔던 여러 불교 종파는 차례로 사라지게 되었고, 일부를 제외한 거의 모든 사찰은 고유한 사상의 표방이나 수행보다는 사찰의 보존과 생존을 위한 갖가지 부역과 천대를 감수해야 하는 데 급급하였다. 한마디로 무종파적 혼돈의 길을 걷게 되었던 것이다.

이와 같은 무종파적 혼돈으로 인해 사찰에 모시는 신앙의 대상 또한 어느 특정한 부처나 보살로 한정되지 않고, 좋다고 하면 무엇이라도 수용할 수 있는 자유(?)를 얻을 수 있게 되었고, 따라서 사찰 안에는

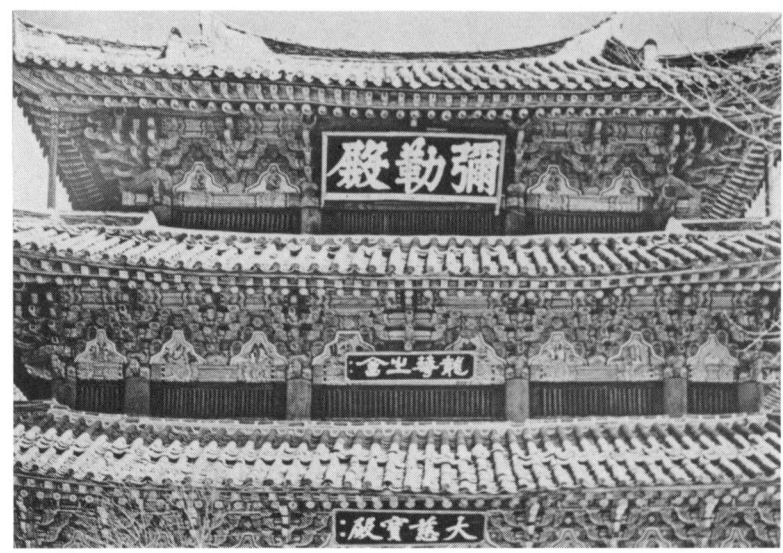

금산사 미륵전 편액 이 법당이 상징하는 참뜻을 편액에 새겨 표출시켰다.

매우 다양한 전각이 필요에 따라 세워질 수 있었던 것이다.

그렇다면 한 사찰 안에 있는 다양한 예배의 대상처를 무엇이라 불러야 할까? 그것을 통칭하여 법당이라고 불렀다. 그 까닭은 무엇인가?

법당이라는 용어를 최초로 쓴 종파는 선종이다. 선종에서는 법문을 설하는 장소를 지칭하여 법당이라고 하였다. 그것을 교종 계통의 사찰에 대비시키면 강당(講堂)과 같은 것이다. 선사(禪師)들은 이 법당에서 법문을 설하고 종지(宗旨)를 천명하였으며 각종 법회 의식을 주관하였다.

특히 자성(自性)의 개발에 초점을 맞추고 있는 선종의 승려들은 불보살에게 의지하는 신앙의 세계보다 견성성불(見性成佛)을 위한 내면의 관조(觀照)에 더 큰 힘을 쏟았고, 불상에 대한 예배보다는 조사(祖師) 또는 도를 깨달은 선지식(善知識)의 가르침을 더 중요하게 여겼다.

심지어 선종에서는 아예 금당을 만들지 않고 불상을 모시지 않은 법당만 두는 경우도 있었다. 그리고 금당을 따로 두는 경우, 예불 시간에도 금당에 가지 않고 법당에서 금당쪽을 향해 간략한 배례로 대신하거나, 그것마저 생략하는 경우도 있다. 이와 같은 까닭으로 인해 선종에서는 금당보다 법당에 더 큰 비중을 두게 되었던 것이다.

더욱이 규모가 작은 사찰에서는 금당과 법당을 따로 구분할 수가 없다. 하나의 건물을 지어 그곳에서 예불을 올리고 설법을 하는 등 각종 법회와 의식을 행할 수밖에 없는 것이다. 소규모의 사찰이 거의 대부분을 차지하는 우리 나라······. 이러한 사실 또한 법당이라고 부르게 된 이유로서 빠뜨려서는 안될 것이다.

그리고 또 하나 이유는 고려 중기 이후 선종이 교종보다 크게 성행하였다는 점이다. 특히 조선시대 불교계의 최고봉인 청허대선사(淸虛大禪師, 일명 西山大師)가 일세를 풍미한 이후의 승려들은 대부분이 서산대사의 법맥(法脈)을 이어 선을 닦는 데 치중하게 되었다. 즉, 무종파의 혼란에 처하였지만 불교계는 거의 선종 일색 ㅣ 되다시피 하였던 것이다.

이와 같은 여러 가지 이유가 복합적으로 작용하여 우리 나라에서는 신앙의 대상을 모신 전각을 총칭하여 법당이라고 부르게 되었을 것이다.

3. 법당의 종류와 신앙의 대상

우리 나라 불교를 사상적인 맥락에서 규정지어 원융불교(圓融佛敎) 또는 화쟁불교(和諍佛敎)라고 부르기 때문인가? 예배의 장소가 되는 법당을 하나의 사찰 안에서도 여러 개 발견할 수 있는 나라가 우리 나라이다. 마치 불교신앙의 백화점 같다고나 할까? 한용운(韓龍雲) 스님이《조선불교유신론》에서 '불보살의 이름은 다르지만 그 원리는 하나이니, 석가모니불만을 철저히 모시고 다른 신앙의 대상을 사찰에서 모두 없앨 것'을 강력히 천명하였다.

그러나 신앙은 중생의 됨됨이와 갈망에 순응하면서 발전되어온 것이다. 부처님쪽에서 신앙을 요구한 것이 아니라 중생이 스스로 갈구하여

마곡사 대광보전(대적광전) 앞에서 원나라풍의 오층석탑이, 뒤로는 대웅보전의 편액이 보인다.

믿는 것일 뿐이다. 불상이 음식을 먹을 수 있어서 재공(齋供)을 올리는 것인가? 아니다. 그것은 중생의 정성이다. 따라서 비록 작은 재공일지라도 지극한 정성으로 이루어져야 하고, 정성을 다하는 그 마음이 삼매(三昧)를 이룰 때 부처님은 응답을 하는 것이다.

바꾸어 말해서 불교신앙의 진수는 삼매를 이루는 데 있다는 것이다. 아직은 모자라는 중생이나마 그 마음을 하나로 모아 삼매로써 몰입할 때 참된 불보살이 그곳에 계시는 것이다. 그러므로 굳이 석가모니불을 모신 대웅전만을 고집할 필요가 없다고 본다.

만일 허약한 자식을 둔 한 어머니가 자식의 수명을 기원하며 칠성(七星) 앞에 섰다고 하자. 그 어머니는 마음의 갈구를 따라 지극한 기도를 할 것이다. 자식에 대한 사랑이 마음을 하나로 모아 줄 것이고, 그 하나된 마음은 곧 삼매를 이룰 것이며, 삼매를 이룬 어머니는 기도의 성취와 관계없이 매우 큰 무엇인가를 얻을 것이다. 이것이면 충분하지 않는가?

우리 나라의 수많은 법당은 중생의 갈망을 좇아 거기에 있는 것이

제6장 佛國淨土의 表象 169

며, 우리는 그 속에서 스스로를 닦아가면 족한 것이다. 어떠한 전각을 선택해도 좋다. 문제는 우리의 마음이요, 우리의 기도가 삼매를 이루느냐 이루지 못하느냐 하는 것일 뿐, 법당의 우열에 대한 시비에 가치를 부여하는 것은 바람직한 일이 아닐 것이다.

이제 사찰 속에 있는 법당들을 살펴보자. 법당을 아주 좁은 의미로 보면 사찰의 중심 건물인 본전(本殿)만을 지칭하게 되고, 조금 넓게 보면 부처나 보살을 모신 불전(佛殿)과 보살전(菩薩殿)까지를 포함하며, 광의(廣義)로 볼 때는 신앙과 예배의 대상이 되는 모든 전(殿)과 각(閣)을 포함하게 된다.

전(殿)에는 불교 교리에 입각하여 숭배의 대상이 된 부처나 보살이 모셔져 있고, 각(閣)에는 전통적인 불교의 입장에서 볼 때 신앙의 대상이 될 수 없는 것이지만 우리 민족의 심성과 민간신앙의 측면에서 중요시되어 불교가 수용한 산신·칠성·용왕 등이 모셔져 있다.

이들 전과 각을 합치면 우리 나라의 사찰에서 볼 수 있는 것이 30가지가 넘으며, 규모가 큰 사찰에서는 10여 개가 넘는 전각을 쉽게 발견할 수가 있다.

불전으로는 석가모니의 진신사리(眞身舍利)를 모신 적멸보궁(寂滅寶宮, 일명 舍利塔殿)을 비롯하여 석가모니를 모신 대웅전(大雄殿), 석가모니의 일생을 기리고 그 행적을 표출시킨 영산전(靈山殿), 석가모니를 본존으로 모시면서도 그 제자들에 대한 신앙 세계를 함께 묘사한 응진전(應眞殿)과 나한전(羅漢殿), 영원한 진리의 몸 그자체인 비로자나불(毘盧遮那佛)을 모신 대적광전(大寂光殿), 극락정토의 아미타불을 모신 극락전(極樂殿), 병든 중생을 해탈시켜 준다는 약사여래를 모신 약사전(藥師殿), 미래의 부처님인 미륵을 모신 용화전(龍華殿), 불교의 시간관에서 볼 때 현재에 속하는 현겁(賢劫)의 모든 부처님을 모신 천불전(千佛殿) 등이 있다.

보살을 모신 법당으로는 관세음보살을 모신 원통전(圓通殿), 지장보살과 유명계(幽冥界)의 시왕(十王)을 모신 명부전(冥府殿)을 비롯하여, 드물게는 문수보살을 모신 문수전(文殊殿)과 보현보살을 모신 보현전(普賢殿)도 있으며, 《화엄경》에 의해 법기보살(法起菩薩)이 상주(常住)하면서 반야의 법문을 설하고 있는 곳임이 밝혀진 우리 나라 금강산의 여러 사찰에는 반야보전(般若寶殿)이라는 특이한 전각이 있다.

이와 같은 불보살전 이외에도 대장경이 있는 사찰에는 법보전(法寶殿)으로 분류할 수 있는 대장전(大藏殿) 등을 건립하고, 조사에 대한 신앙을 매우 중요시하는 선종 사찰에는 조사전(祖師殿)을 특별히 갖추기도 한다.

그리고 각(閣)으로 불리우는 법당으로 호랑이를 거느린 산신을 모신 산신각(山神閣)을 비롯하여, 수명을 관장하는 칠성을 탈바꿈시켜 칠여래(七如來)의 상을 모신 칠성각(七星閣), 말세 중생에게 큰 복을 내린다는 나반존자(那畔尊者)를 모신 독성각(獨聖閣), 산신·칠성·나반존자를 함께 모신 삼성각(三聖閣) 등을 쉽게 찾아볼 수 있으며, 드물게는 용왕을 모신 용왕각(龍王閣)과 청정한 물을 위하여 세우는 수각(水閣) 등도 있다.

이들 전각에는 본존불을 보좌하는 협시보살이 있고 본존불 뒤에는 후불탱화(後佛幀畫)를 두어, 불상으로는 다 표현하지 못하는 그 법당의 상징 세계를 보다 구체적으로 묘사하게 된다. 이를 함께 정리하면 다음 옆 면의 표와 같이 요약할 수 있다. 이제 이들 전각의 내용과 그 속에 깃든 신앙의 세계를 심도있게 살펴보고자 한다.

4. 닫집과 수미단

법당은 단순한 집이 아니라 법(法, 진리)를 깨우치는 전각이요, 특정한 부처님의 세계를 그 작은 공간 속으로 옮겨 함축성 있게 묘사한 건물이다. 대웅전은 석가모니의 영산회상불국(靈山會上佛國)을 묘사한 집이고, 극락전은 아미타불의 서방 극락정토를 옮겨 놓은 전각이며, 약사전은 약사여래의 동방유리광정토(東方瑠璃光淨土)를, 미륵전은 미륵불이 먼 훗날 출현하여 사바의 중생을 제도하는 용화세계(龍華世界)

제6장 佛國淨土의 表象 171

法堂의 尊像와 幀畵

전 각 명	이 명	본 존	좌 우 협 시	후 불 탱 화
적멸보궁	사리보탑	진신사리		
대 웅 전	대웅보전	석가모니불	·가섭, 아난 ·문수보살, 보현보살 ·아미타불, 약사여래 ·제화갈라보살, 미륵보살	영산회상도 삼여래회상도
대적광전	대광명전 비 로 전	비로자나불	·노사나불, 석가모니불 ·문수보살, 보현보살	삼신탱화 화엄탱화
극 락 전	무량수전 미 타 전	아미타불	·관세음보살, 대세지보살 ·관세음보살, 지장보살	극락회상도 아미타삼본도 극락구품탱화
약 사 전	유 리 전	약사여래	·일광보살, 월광보살	약사유리광회상도
용 화 전	미 륵 전	미 륵 불 (미륵보살)	·법화림보살, 대길상보살	용화회상도 미륵탱화
영 산 전	팔 상 전	석가모니불	·제화갈라보살, 미륵보살	영산회상도 팔상도
응 진 전	나 한 전	석가모니불	·제화갈라보살, 미륵보살 ·가섭, 아난·십육나한	영산회상도 십육나한도
오백나한전	나 한 전	석가삼존불	·가섭, 아난·오백나한	삼세불탱화 오백나한도
천 불 전		과거칠불	·현겁천불	천불탱화
원 통 전	관 음 전 보 타 전	관세음보살	·남순동자, 해상용왕	관음탱화
명 부 전	지 장 전 시 왕 전	지장보살	·도명존자, 무독귀왕 ·시왕 등	지장탱화 시왕탱화
대 장 전	장 경 각	비로자나불 석가모니불	·대장경	
조 사 전	조 사 당	역대조사		조사영정
독 성 각	천 태 각	나반존자		독성탱화
산 신 각	산 령 각	산 신	·호랑이, 동남, 동녀	산신탱화
칠 성 각	북 두 전	치성광여래	·일광보살, 월광보살	칠성탱화
삼 성 각		독성·산신·칠성		독성·산신·칠성탱화

영천 은해사 백흥암 극락전 내부 그 화려함이 극치를 이루고 있다.

양산 통도사 대웅전 천장 정성을 다하는 예배자의 머리 위로 아름다운 꽃이 향기를 발하며 소담스레 피어있다.

를 표출시킨 법당이다.

이러한 법당이기에 그 속의 꾸밈 또한 화려하다. 무욕(無慾)과 무소유를 이상으로 삼는 승려들은 누덕누덕 기운 옷을 입고 주린 배를 채울 정도의 음식으로 만족을 한다. 그리고 그들이 거주하는 방도 일체의 사치를 금한다.

그러나 법당은 다르다. 이 세상 어느 곳에 내어놓더라도 손색이 없을 만큼 장중하고 화려하게 꾸며진다. 불국정토의 영원하고 행복하고 자유롭고 번뇌가 없는 상락아정(常樂我淨)의 모습을 묘사한 것이 법당임을 나타내기 위해 그와 같은 화려함을 보이는 것이다. 따라서 법당 안에는 불국정토임을 상징하는 여러 가지 조형물이 설치되고, 정토에서의 설법에 참여한 여러 대중의 모습이 구체적으로 묘사되어 있다.

불상을 중심으로 뒤와 좌우 벽에는 탱화가 있고, 아래에는 불단(佛壇), 윗쪽으로는 화려한 닫집이 있다. 상단 벽의 사방에는 본존불의 삼매로부터 생겨난 수많은 화불(化佛)이 그려져 있고, 대들보나 천정에는 하늘을 날으는 용과 극락조(極樂鳥), 아름다운 연꽃과 길상(吉祥)

은해사 백흥암 극락전 불단 길상을 상징하는 꽃과 동물들로 아름답게 꾸며져 있다.

을 상징하는 갖가지 문양들이 아로새겨져 있다.

오직 본존불 앞쪽에만 넓은 공간을 남긴 채, 온통 화려한 장엄을 보이고 있는 것이다. 그 앞쪽 공간은 우리들 중생을 위하여 마련된 자리이다. 우리가 그 자리에 참여하기만 하면 법당은 완벽한 모습을 갖춘 설법의 회상(會上)이 되는 것이다.

이제 이들 가운데 불단·닫집 등 그 의미를 쉽게 발견할 수 없는 몇 가지 시설물에 대해 살펴보기로 하자.

(1) 불 단

불단은 부처님을 모시기 위해 한 단계 높게 만들어 놓은 자리이다. 이 불단은 나무로 만들어지며, 그 형태는 대체로 우주의 중심에 있는 수미산(須彌山)과 같은 모양을 취하고 있다. 따라서 불단을 수미단(須彌壇)이라고 한다. 불단을 수미산 모양으로 만들게 된 까닭은 다음과 같은 위모설법(爲母說法)에 근거를 둔 것이라고 한다.

석가모니의 어머니인 마야(摩耶)부인은 부처님을 낳은 지 7일만에 죽

다보사 대웅전 불단의 꽃조각

어 도리천(忉利天)에 태어났다. 부처가 된 뒤 석가모니는 어머니를 제도하기 위하여 기원정사를 떠나, 수미산 정상에 있는 도리천으로 올라가서 선법강당(善法講堂) 앞에 있는 황금석(黃金石) 위에 앉았다. 마침 마야부인이 많은 처녀를 거느리고 부처님 앞에 나타났으므로 부처님은 어머니를 맞아 은근히 예경하고 법을 설하였다.

"삼계(三界)의 중생이 경험하는 것은 괴로움과 즐거움 두 가지 길입니다. 어머니께서 이제까지 사신 것도 모두 그것입니다. 그와 같은 고와 낙의 구렁을 떠나소서. 생명있는 몸은 모두 네 가지 물질적 요소와 네 가지 정신적 요소가 일시적으로 결합되어 생겨난 것입니다. 그와 같은 신명(身命, 육체와 정신)의 존재는 고유한 체(體)가 비어 있어서, '나'라고 내세울 만한 주체가 없고 늘 있는 것이 아니며, 나고 죽음의 존재이며, 마침내 고통의 근본이 되는 것입니다. 깊이 이 이치를 살펴 깨닫는 이는 바로 삼계(三界)의 굳은 감옥을 깨뜨리고 열반의 저 언덕에 이르게 되는 것입니다."

설법을 들은 마야부인은 곧 속세의 깊은 인연 때문에 생겨난 번뇌의 얽힘에서 풀려나와 깨달음을 얻었다.

그 뒤 부처님은 이 도리천에 석 달 동안 머무르면서 천인들을 위하여 설법하였다. 그때 지상에서는 부처님이 가신 곳을 알지 못하여 소동이

제6장 佛國淨土의 表象   175

파계사 원통전 불단의 꽃과 동자

일어났으며, 코살라국의 우다야나(Udayana) 왕은 부처님을 생각하며 높이 5척의 불상을 전단향(栴壇香) 나무로 만들어 예배하였다. 이것이 불상의 기원이 되었다.

〈佛昇忉利天爲母說法經, 佛說作佛形像經에서〉

물론 오늘날에는 석가모니 당시나 열반 이후 수백 년 동안 불상이 만들어지지 않았다는 것이 정설로 되어 있으므로 위의 불상 조성 경우에 대해서는 믿지 않고 있다. 그러나 후세의 불상 조성에 대한 근거와 수미산 모양의 불단 설치에 대한 기본을 이들 경전이 마련해 준 것은 틀림이 없다.

수미단은 사바 세계의 가장 높은 곳인 수미산정에 설치되어 있다. 그 위에 부처님이 계신다. 일주문을 거쳐 수미산정에 오르는 구도자의 행각을 이미 살펴보았듯이 (〈제Ⅱ장 해탈의 세 관문〉), 이제 구도자는 부처님이 정좌하여 설법하고 계신 수미단 아래에까지 도달한 것이다.

수미산 형태의 단상 위에 불상을 안치하는 것도 인도에서부터 행하여졌으며, 이와 같은 수법이 우리 나라·중국 등 북방 불교권에서 유행하였다.

일반적으로 수미단은 하대(下臺)와 중대와 상대의 구분이 있으며,

운흥사 대웅전 불단의 오리

중대 부분은 수미산 중턱의 모양처럼 좁아지고 상대와 하대는 층급을 지닌다. 원칙적으로는 상하에 각각 16개의 소단(小段)을 지니도록 되어 있다. 밀교에서는 이들 소단을 일체 중생이 본래부터 갖추고 있는 대보리심(大菩提心)을 표시하는 것이라 하며, 위로 향한 16단은 혜문(慧門)의 16보살, 아래로 향한 16단은 정문(定門)의 16보살을 상징하고 복판에 놓인 중대는 법계체성(法界體性)으로 설명하고 있다.

법계체성은 곧 일심(一心)의 다른 이름이다. 일심을 중심에 두고 선정(禪定)과 지혜(智慧)의 문을 아래와 위에 둔 점은 매우 흥미롭다. 즉, 일심으로 선정과 지혜를 완성시켜 단으로 삼고, 그 위에 불상을 봉안하였다는 점은 마땅히 지적되어야 한다.

그러나 밀교가 크게 성행하지 않았던 우리 나라에서는 이와 같은 여러 층급을 지닌 수미단이 유행하지 않았다. 현존 유품은 상하대에 연꽃 무늬를 새기되, 아래에는 복련(覆蓮), 위에는 앙련(仰蓮)의 형식으로 배치하고, 중대 부분에는 초화문(草花紋) 등의 화려한 장엄과 함께 사슴·봉황·게·거북 등의 길상을 상징하는 동물의 그림이나 조각으로 배치되고 있다. 그리고 때로는 격자문으로 배치한 위에 연꽃 문양을 놓기고 하고, 물결문·칠보문 등의 장엄을 나타내기도 한다.

이 수미단 위에는 다시 불상 대좌로서의 수미좌(須彌座)가 설치되

제 6 장 佛國淨土의 表象 177

개심사 대웅전의 운궁형 닫집 천판에 구름 속을 노니는 용이 그려져 있고 극락조가 그 아래에서 날아다니고 있다.

며, 그 위에 불상이 봉안된다. 대표적인 수미단으로는 보물 제486호로 지정된 영천 은해사 백흥암(白興庵) 극락전의 수미단과 양산 통도사 대웅전의 수미단 등을 꼽을 수 있다.

(2) 닫집(닷집)

따로 달아 감추는 집이라 해서 닫집이라 하였는가? 또 하나를 덧달아 만든 집이라 하여 닷집이라 하였는가?

어원부터가 분명하지 않지만, 매우 정교하고 화려하고 아름다운 닫집이 법당의 불상 위와 궁궐의 임금이 앉았던 용상(龍床) 위에 설치되어 있다.

세간의 왕인 임금과 출세간(出世間)의 법왕(法王)인 부처님. 한쪽은 권력으로 으뜸이요 한쪽은 도력으로 으뜸이다. 그 두 분의 정수리 위로 닫집이 설치되어 있는 것이다.

그러나 궁궐의 것보다 법당의 것이 더욱 화려하다. 도(道)의 왕인 부처님을 권력의 왕보다 더 높이 받들어서일까? 억불정책으로 사찰을 폐쇄하고 승려를 억압했던 조선시대에 만들어진 닫집까지도 하나같이 왕궁의 것보다 꾸밈이 화려하고 다양한 장식이 가해져 있어 오히려 이해가 되지 않을 정도이다.

덕수궁 중화전 내부의 닫집

집 안의 집인 닫집. 왜 집 안에 이와 같은 닫집을 다시 만들었던 것인가? 물론 이 집에서는 사방의 벽을 찾아볼 수 없다. 그러나 매우 정교한 형태의 지붕과 수미단에서부터 세워진 기둥은 있다. 엄연히 독립된 가옥을 이루고 있는 것이다.

이 닫집의 역사는 화개(花蓋)에서부터 찾아야 한다. 화개·천개(天蓋)·보개(寶蓋)·현개(懸蓋)·원개(圓蓋)등은 모두 닫집의 다른 이름으로서, 여러 불경에 이들의 이름이 나타나고 있다.

《관불삼매해경(觀佛三昧海經)》제6권에는 "부처님이 도리천궁에 들어가서 미간의 백호광(白毫光)을 놓으니, 그빛이 칠보(七寶)의 대개(大蓋)를 이루어 마야부인의 위를 덮었다." "동방의 선덕불(善德佛)이

제6장 佛國淨土의 表象 179

봉정사 대웅전의 운궁형 닫집 용은 천판에 그려져 있고 포작집은 천장 안쪽으로 숨겨져 있다.

묘보화(妙寶花)를 석가모니와 마야부인의 위에 흩었더니 변화하여 화개를 이루었다."는 등의 기록이 있다. 이와 같은 내용이 법당에 닫집을 설치하게 된 근거가 되었다.

티벳, 태국·미얀마 등의 남방 불교국, 그리고 일본 등지에서는 아직까지 불상 위에 양산 모양의 화개를 설치하고 있다. 필자가 살펴본 바에 의하면 불상 위에 집 형태를 이룬 닫집을 설치한 나라는 오직 우리 나라와 중국뿐이다.

우리 나라에서도 이 닫집을 처음에는 천으로 만들었으나, 후세에 내려오면서 금속이나 목재로도 조각하였다.

우리가 볼 수 있는 가장 오래된 닫집은 안동 봉정사 극락전과 영주

영주 부석사 무량수전의 보궁형 닫집 단아하면서도 섬세하다.

부석사 무량수전 안에 있다. 이 닫집은 매우 소박하다. 이후 목조 공예의 발달과 함께 조선 초기·중기로 내려 올수록 더욱 다양하고 화려한 구조를 보이고 있다.

우리 나라의 닫집은 크게 두 종류로 나뉘어진다. 하나는 운궁형(雲宮形)이고 또 하나는 보궁형(寶宮形)의 닫집이다.

운궁형은 다포계(多包系)의 포작(包作) 기술이 생겨나기 이전의 닫집으로서 구체적인 집의 형태를 취하지 않고 있다. 다만 천장 부분의 천판(天版)에다 용이 여의주를 물고 구름 사이를 누비는 모습을 그리고, 그 아래에 나래를 펴고 날아다니는 극락조(봉황이라고도 함)를 조각하게 된다. 운궁형의 가장 대표적인 것으로는 안동 봉정사 대웅전과 서산 개심사(開心寺) 대웅전의 닫집을 들수 있다.

그리고 운궁형의 천판에 그려진 용이 돌출하여 조각으로 묘사될 경우, 이를 보개형(寶蓋形) 닫집이라고 한다. 운궁형과 보궁형의 중간 형태로서, 영천 은해사 백흥암의 극락전에서 찾아볼 수 있다.

보궁형은 다포계의 포작 기술이 생겨난 이후부터 등장한다. 12세기 부석사와 봉정사의 닫집처럼 매우 단아하고 조촐함을 보이던 보궁형

제6장 佛國淨土의 表象   181

논산 쌍계사 대웅보전의 닫집   '寂滅宮'이라는 편액이 있어 닫집의 의미를 더 분명하게 시사해 준다.

닫집은 조선시대로 내려오면서 차츰 화려한 모습을 취하게 된다. 여천 흥국사 대웅전의 닫집, 논산 쌍계사 대웅보전, 완주 화암사의 극락전과 강화 전등사 대웅전, 부산 범어사 대웅전 등 많은 사찰의 중심 법당에서 우리는 매우 화려하고 뛰어난 형태의 닫집을 찾아볼 수 있다.

그리고 이들 닫집은 지붕의 앞쪽이 돌출하여 열십(十)자 모양을 취하고 있음을 살필 수 있다. 이와 같은 십자형은 길상만덕(吉祥萬德)을 상징하는 만(卍)자의 다른 형태라는 점을 잊어서는 안된다. 十자 형태의 卍자를 범어로는 스바스티카(Svastika)라고 하는데, 이는 수카 (Sukha, 樂)와 아스티(asti, 있다)의 복합어로서 '낙이 가득한 것' '행복이 충만된 곳'으로 풀이되고 있다.

특히 논산 쌍계사 대웅보전에서는 수미단에 앉아 있는 석가모니불·아미타불·약사여래 위로 각각 세 개의 보궁형 닫집이 있음을 볼 수 있다. 그리고 그 닫집의 처마 부분에 '적멸궁(寂滅宮)' '칠보궁(七寶宮)' '만월궁(滿月宮)'이라고 쓴 편액이 붙어 있다.

중앙에 봉안된 석가모니불 위의 적멸궁! 적멸위락(寂滅爲樂)의 열반에 든 석가모니가 그곳에 계심을 뜻한다. 약사와 아미타불은 칠보로 꾸며진 보배 궁전 속에, 둥근 달이 가득한 만월궁 속에 있다. 법당 안의 궁전, 열반의 경지에 도달한 부처님이 무한한 고요 속에 잠긴 채 진정한 보배〔七寶〕와 온전하고 가득찬 달의 낭만〔滿月〕을 누리고 있음을 시사하는 것이다.

궁전 안의 궁전 닫집. 그 집은 정혜(定慧)의 삼매를 이룬 부처님이 적멸위락 속에 계심을 일깨우고 있다. 구도자의 최후 목표는 적멸위락이다. 모든 수행은 열반으로 나아간다. 닫집의 의미는 이것에서 찾아야 할 것이다. 번뇌의 불길이 완전히 소멸된 열반의 집, 닫집!

부처님은 수미단 위에 앉아 열반의 낙을 즐기고 있는 것이다.

제7장
참다운 香供養

1. 공양의 의미

　수미단 위에 정좌한 부처님! 온갖 하늘꽃과 갖가지 길상의 문양들이 주위를 수놓는 가운데 부처님은 화려한 닫집과 탱화를 배경으로 삼아 잔잔한 미소를 띠며 앉아 계신다.
　이제 불국정토는 완성되었다. 수미단 위에 정좌한 부처님의 무언설법(無言說法)을 접하면서 구도자는 불국정토의 법회장에 정식으로 참여하게 된다. 마음을 하나로 모아 일주문을 통과하였고, 갖가지 유혹을 물리치며 수미산을 올랐던 구도자! 그 구도자는 불이문을 거쳐 불국정토의 아름다운 종소리·음악 소리를 들으며 부처님이 설법하는 법회장(會上)으로 들어온 것이다.
　이제 구도자는 성불이 보장되어 있는 불국정토의 일원이 된 것이다. 그들은 부처님의 법문 속에 젖으면서 마음을 더욱 정화하여 부처의 깨달음과 동일한 세계로 한걸음 한걸음 다가간다. 우리를 고해(苦海) 속으로 빠뜨렸던 거치른 번뇌의 파도는 이미 불이문을 통과하는 순간 모두 소멸되었지만, 아직도 마음 속에는 미세한 번뇌들이 남아 있다. 주객(主客)을 구별하고 나에게 맞고 맞지 않음을 판별하는 마음 속의 잔물결은 아직도 완전히 가시지 않은 것이다.

구도자는 부처님 전으로 나아가 불을 밝히고 향을 지핀 다음 정성스레 달인 차를 올린다. 또는 차 대신 맑디 맑은 청정수(淸淨水)를 떠서 올리기도 한다. 마지막 남은 번뇌를 소멸시키고, 부처님의 회상에 참여하여 하나가 되기 위하여 참다운 공양을 올리는 것이다.

원하옵건대 여기에 바치는 향이 온누리에 퍼져
시방의 모든 부처님을 공양케 하옵소서.
원하옵건대 여기에 바치는 등이 온누리에 퍼져
시방의 모든 진리를 공양케 하옵소서.
원하옵건대 여기에 바치는 향과 등과 차의 맛으로
시방의 모든 스님들을 공양케 하옵소서.
자비로써 이들 공양을 받으시어 버리지 마옵소서.

願此香供遍法界　供養十方諸佛陀
願此燈供遍法界　供養十方諸達摩
願此香燈茶味供　供養十方諸僧伽
不捨慈悲　受此供養

불교 의식문에 매우 자주 등장하는 이 게송은 향과 등과 차가 불·법·승 삼보를 공양하는 목적으로 바쳐지고 있음을 일러주고 있다. 삼보는 무분별평등(無分別平等)의 일심(一心)이며, 공양은 무엇인가를 바쳐서 '참생명을 기른다'는 뜻이 있다. 즉, 삼보에 공양을 올려 일심의 참생명을 기른다는 것이다. 이 때문에 사찰에서는 '식사를 한다'거나 '밥을 먹는다'는 말을 하지 않고 '공양한다'는 표현을 쓴다. 음식을 먹고 좋은 생각, 좋은 말, 좋은 행위를 많이 하여 참생명을 기르라는 이야기이다.

참된 공양은 일심에서 우러난다. 그 공양은 곧 일심을 살찌우는 것이요, 우리의 참생명을 회복시키는 지름길이다. 진정한 삼보에 대한 공양……

비암사 미륵보살반가사유 상 좌대의 향로 조각 향로 좌우에서는 꽃과 차를 올리고 있다.

이제 향과 향로, 부처님 전에 향공양을 올리는 참정신을 함께 살펴보기로 하자.

2. 신성(神聖)과 통하는 향

신라 제19대 눌지왕(417~457) 때의 일이다. 고구려에서 일선군(一善郡;경북 선산 지방)으로 들어온 묵호자(墨胡子)가 모례(毛禮)의 집에 숨어 지내며 불교를 전파할 때를 기다리던 어느 날이었다. 양(梁)나라에서 신라의 왕실로 향을 보내왔으나, 그 이름과 쓰는 법을 알 수가 없었다. 왕은 신하에게 그것을 알아오도록 명하였고, 전국을 다니며 수소문하던 신하는 묵호자를 만나 명쾌한 해답을 들을 수 있었다.

"이는 향이라는 것인데 불에 사르면 향기가 몹시 풍기어 신성(神聖)에게 정성이 통하도록 하는 것입니다. 신성으로는 삼보(三寶)보다 더한 것이 없으니 만일 이것을 사르고 발원하면 반드시 영험이 있을 것이오

그때 왕녀의 병이 대단하였으나 백약이 무효하였으므로 묵호자를 불러 향을 피우고 기도하게 하였더니 왕녀의 병이 곧 나았다

《삼국유사》의 이와 같은 기록 속에서 우리는 향이 우리 고유의 물건이 아니었음을 읽을 수 있다. 그리고 정성을 다해 올리는 향이 신령스럽고 성스러운 그 어떤 분과 인간과의 교합 및 감응을 유도하는 매체가 됨을 시사하고 있다. 때마침 공주는 치료하기 어려운 병을 앓게 되었

고, 묵호자는 신라 땅에서 최초로 삼보전에 향공양을 올려 공주의 병을 낫게 한 것이다.

삼보의 감응을 불러 일으킨다는 향.

향은 향내가 나는 물건이다. 그 기원을 명확히 알 수는 없지만, 나쁜 냄새를 물리치고 좋은 냄새가 나도록 하기 위해 향은 사용되었다. 좋은 냄새를 바라는 것은 인간의 본능이다. 인간의 후각(嗅覺)은 좋은 냄새를 쫓아 간다. 그리고 그 좋은 냄새를 쫓아 갖가지 감정 사건을 불러 일으킨다. 이러한 인간의 본능을 따라 향은 다양하게 개발되어진 것이다.

특히 무덥고 습기가 많아 몸에서는 땀 냄새, 주위에서는 부패의 냄새가 진동하는 인도 등의 아열대 지방에서는 일찍부터 향을 즐겨 사용하였다.

그들은 불결하고 더러운 냄새를 지우기 위해 향을 태우거나 향을 발랐으며, 사람들이 많이 모이는 방에는 향주머니(香囊)나 어떤 기물에 향을 넣어 벽이나 기둥에 매달아 두었다. 손님을 청하였을 때에도 집 주위나 마당에 향즙(香汁)을 뿌리고 몸에 향을 바른 다음 맞이하는 것이 일반화되어 풍습으로 전승되었다.

더 나아가, 불결한 곳에는 신성이 깃들지 않는다는 보편적인 사고 방식과 함께, 신을 모시는 곳에는 언제나 향을 피워 신성이 깃들기를 기원하였다. 신에 대한 믿음이 지극했던 인도인들에 의해 향은 신성을 불러들이는 매체로 자리잡게 되었던 것이다.

이와 같은 향에 대한 애용은 불교에서도 초기부터 그대로 채택하였다.

"인도는 나라가 덥기 때문에 몸에서 냄새가 많이 나므로 향을 몸에 바르고 여러 부처님과 스님들께 공양을 한다."

"혹은 땅에 향을 뿌리거나 행좌처(行坐處)에 향을 바른다."

"향을 피우면 그 내음이 삼천대천세계(三千大千世界)에까지 이른다." ―이상 《大智度論》

"향을 피우는 공덕은 이루 말할 수 없다. 모든 인간의 왕이신 부처

석굴암 십대제자상 중 목련 손잡이 향로에 덩어리 향을 넣고 있다.

님께서 앉아 계시는 곳에 우리들은 갖가지 향을 사른다."《金光明經》
 "과거 아주 오래 전의 아승지겁에 염부제(閻浮提)의 팔만 사천국을 다스리는 국왕 파새기(婆塞奇)는 부처님의 형상을 그려 각 나라에 하나씩 나눠주면서 향과 꽃을 갖추어 공양에 힘쓰도록 하라는 칙령을 내렸다."《賢愚經》
 이밖의 여러 불경에서도 향에 관한 기록은 빈번히 나타나고 있다. 꽃과 함께 불경에 가장 많이 등장하는 공양물이 향인 것이다.
 뿐만 아니라 사용법에 따른 향의 분류도 세분화시키고 있다. 바르는 향인 도향(塗香)은 향수·향유·향약(香藥)으로 나누어지고, 태워서 쪼이는 향인 훈향(薰香)은 환향(丸香)·말향(抹香)·연향(練香)·선향(線香) 등 형태에 따라 달리 불리어진다. 특히《유가사지론(瑜伽師地論)》에서는 소재(消災) 및 사용법에 따른 종류를 30가지로 분류하여 설명하고 있다. 이제 다시 우리 나라로 넘어가자.

3. 정성을 향로에 담아

묵호자가 향을 사르었던 그 이후, 그리고 삼국에 불교가 국교로 채택된 그때부터 향은 삼보에 대한 가장 중요한 공양물이 되었다.

4세기 말에서 5세기 초에 만들어진 쌍영총의 동쪽 벽에는 아홉 사람이 걸어가는 그림이 있는데, 가장 앞서 가는 소녀는 두 손으로 향로를 받쳐 머리 위에 이고 있으며, 그 뒤를 가사와 장삼을 입은 스님과 가족, 시종이 따르고 있다. 소녀가 인 누르불그스름한 향로에서는 세 줄기의 연기가 길다랗게 피어오르고 있는 것이다.

7세기 후반에 조성한 비암사 반가사유상(碑巖寺半跏思惟像)의 좌대에는 둥글고 통통한 단지 모양의 향로와 함께 피어나는 향연기를 조각하였다.

경주 석굴암의 십대 제자상에서도 향로를 든 지혜 제일의 사리불(舍利弗)과 신통 제일의 목련존자(目連尊者)를 접할 수 있다. 사리불과 목련은 석가모니의 수많은 제자들 가운데 가장 윗자리를 차지하는 분들이다. 이들은 속이 깊고 좁은 작은 종발(鐘鉢) 밑에다 원뿔 모양의 받침이 달리고, 잔의 밑둥에서부터 굽어 올라와 옆으로 뻗어간 자루 달린 향로를 들고 있다.

이것은 승려들이 항상 지니고 다니면서 사용했던 손잡이형 향로로서, 한 곳에 놓아 두고 여럿이서 같이 쓰는 붙박이형의 치향로(置香爐)와 구별하여 병향로(柄香爐)라 부른다.

사리불은 왼손으로 긴 자루를 잡아 가슴 앞에 올려 놓고, 오른손의 엄지와 검지로는 볍씨 모양의 작은 조각을 집어들었다. 이 볍시 같은 작은 조각이 바로 향인 것이다. 목련은 왼손으로 자루를 쥐어 가슴 앞에 올리고, 오른손은 그 위에서 손가락을 모아 향을 집어 넣는 듯한 모습을 취하고 있다.

석굴암을 설계한 그 분은 왜 석가모니의 양쪽 팔이 되었던 제자 두 분을 택하여 향공양을 올리게 하였을까? 그것은 향공양에 대한 신라인의 생각과 향공양의 중요함을 단적으로 표현한 것이다. 석가모

제 7 장 참다운 香供養 189

통도사 청동은입사향로

청동은입사사자뚜껑향로 동물의 모양이 사자를 닮았으나, 실은 연기와 불을 좋아하는 산예(狻猊)이다.

니의 가르침을 가장 잘 이해하고 능히 실천으로 옮겨 훌륭한 행을 이루어내는 사람이야말로 참다운 향공양을 올리는 분이기 때문이리라.

　이밖에 경주 남산 탑골(塔谷)의 무릎 꿇고 앉은 마애승상(磨崖僧像)과 경주 단석산 마애불상군의 일원이 되어 서 있는 재가인의 손에 쥐어진 손잡이 향로에서 뿜어나오는 향연기, 9세기에 들어서면서 사리탑의 중간 부분〔中臺石〕에 많이 등장하는 향로들을 통하여 향공양에 대한 신라인의 정신을 살펴볼 수 있다.

　특히 주목되는 것은 8세기 중엽, 백지 위에 먹으로 쓴 백지묵서화엄경사경(白紙墨書華嚴經寫經)의 서문이다. 화엄사(華嚴寺)의 연기조사(緣起祖師)는 사경에 사용될 종이를 만들기 위해 닥나무를 가꿀 때 향수를 나무의 뿌리에 뿌려 길렀고, 이 사경 법회가 진행되는 동안에도

청자칠보투각향로 국보 제95호. 12세기 전반. 뚫어진 구멍마다에서 향연기를 뿜어낸다.

향을 사르고 뿌렸음을 기록하고 있어, 불교에 대한 신라인의 지극한 정성을 대변하는 향공양의 위치를 확고히 밝혀주고 있다.

고려시대의 향공양은 현존하는 향로들을 통하여 능히 생각하고도 남음이 있다. 은입사(銀入絲) 무늬를 넣은 청동 향로와 다양한 형태의 청자 향로가 그것을 입증한다.

청동 향로의 은입사란 향로의 겉에다 새기고자 하는 무늬를 오목하게 파낸 다음, 그 속에다 은실을 꼼꼼하게 두드려 넣어 더욱 은은하고 환하게 나타낸 것이다. 범자(梵子)·당초문·보상화·꽃구름·봉황·구름 속을 노니는 용 등을 매우 섬세하게 조각한 은입사 향로는 인도·중국·일본에서는 찾아볼 수 없는 자랑스런 우리 나라 금속 공예의 산물이라는 점을 잊어서는 안된다.

뚜껑 없는 은입사 향로에 비해 크기는 작지만, 청자 향로에는 대부분 뚜껑이 있다. 향로하면 청자 향로가 떠오를 만큼 푸른 빛깔로 빚어진 그 아름다운 모습은 세계적인 유물이 되고 있다. 뚜껑 위에 앉아 있는 원앙이나 기린, 사자 등을 벌린 입으로 실낱 같은 향 연기가 피어 오르도록 만들어진 청자 향로의 극치는 국립중앙박물관에 소장된 청자칠보투각향로에서 찾아볼 수 있다.

이 향로를 살펴보면, 깜직한 토끼 세 마리가 등에다 향로를 지고 앉았다. 다섯 겹의 꽃잎을 쌓아 꽃송이를 이룬 향로 위에는 여섯 번이나 굽어 돌려진 뚜껑이 덮히고, 네 잎의 꽃잎들을 구멍 뚫어 돌려서 만든 둥근 공이 올려져 있다. 이 수많은 꽃잎의 구멍 마다에서 연기가 배어나오는 모습을 상상하여 보라.

신성(神聖)과 통하는 종교적 신심(信心), 향공양을 해탈을 위한 공양이라고 여겼던 우리 선조들이었기에 모방할 수 없는 창의력으로 이와 같은 위대한 공양구를 우리에게 물려준 것이다.

4. 매향(埋香)의 풍습

이들 유물과 함께, 《고려도경 (高麗圖經)》에는 향에 대한 기록이 있다.

"향에는 사향(麝香)을 비롯하여 독누(篤耨)·용뇌(龍腦)·전단(栴檀)·침수향(沈水香) 등이 있는데, 이 가운데 침수향이 가장 좋으니 이는 아주 오래 묵은 향나무의 심〔木心〕으로, 물에 넣었을 때 깊이 가라앉을수록 향내가 짙고 좋은 것이다."

침수향은 줄여서 침향(沈香)이라고 많이 부른다. 향 중에 가장 좋은 침향을 불전에 올리고자 하는 소박한 소망과 함께, 고려말 조선 초기에는 향을 오랫동안 땅에 묻어 침향을 만드는 매향(埋香)의 의식이 많이 행하여졌다. 향을 오랫동안 땅에 묻어두면 보다 단단하여지고 굳어져서, 물에 넣으면 가라앉는 침향으로 바뀐다는 것이다. 이와 같은 매향의 풍습을 기록한 매향비(埋香碑)는 현대 5기가 발견되었다. 연대순으로 보면

- 1309년(충선왕 1)에 세운 고성 삼일포 매향비,

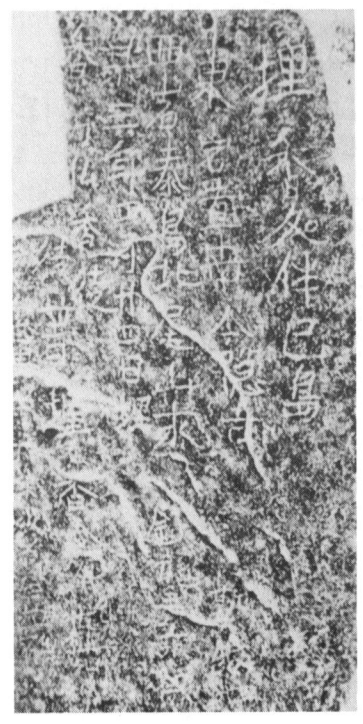

암태도 매향비 미륵정토인 용화세계의 왕생을 기원하는 내용을 담고 있다.

• 1335년(충숙왕 복위 4)에 세운 정주 매향비,
• 1387년(우왕 13)에 세운 사천 매향비,
• 1405년(태종 5)에 세운 암태도 매향비,
• 1427년(세종 9)에 세운 해미 매향비 등이다.

이들 매향비가 세워진 지역은 모두 바닷물이 유입하는 내만(內湾)이나 첩입부에 위치하고 있다. 좋은 침향을 만들어 낼 수 있는 최적지가 '산곡수(山谷水)와 해수가 만나는 지점'이라고 한 데서 비롯된 것이리라.

남아 있는 매향비를 통하여 볼 때, 매향을 위해 사람들은 보(寶)·결계(結契)·향도(香徒) 등의 조직체를 만들었고, 승려보다는 일반 민중이 중심이 되고 있음을 살필 수 있다.

왜 그들은 지금 현세에서 사용할 수도 없는 침향을 만들기 위해 조직을 만들고, 깊은 산의 좋은 향나무를 베어 바닷물이 유입하는 곳을 찾아 목심(木心)을 묻었을까?

매향신앙은 《미륵하생경(彌勒下生經)》에 근거를 두고 있다. 향을 묻는 것을 매개체로 하여 발원자가 미륵불과 연결되기를 기원하는 것이다. 미륵불이 용화세계(龍華世界)에서 성불하여 수많은 중생을 제도할 때 미륵의 정토에 태어나서 살겠다는 소원이 담겨져 있다.

매향은 그들의 고통과 불안을 땅에다 묻는 것이었다. 단순한 향나무가 침향으로 탈바꿈하는 때는 곧 미륵불이 출현하는 때이고, 그때 그들도 용화세계에 태어나 묻어 두었던 향을 파내어 부처님께 올리고 해탈을 이루겠다는 소박한 소망에서 매향의 풍습이 성행하였던 것이다.
　이제 향공양의 참정신을 살펴보자.

5. 한 자루의 향을 사르며

　심향(心香) 하나를 피워 구름 봉우리를 일으키고
　그 밑에 맑고 밝은 창공을 뚫었습니다.
　우러러 불법승 삼보께 청하옵니다.
　천엽보련(千葉寶蓮) 가운데 강림하소서.

　心香一炷起雲峰　直下淸明透碧空
　仰請佛法僧三寶　降臨千葉寶蓮中

　향 연기는 퍼져 온 세계를 덮고
　정혜(定慧)는 능히 팔만 법문을 여는구나.
　오직 원하오니 삼보의 대자비를
　믿음의 향(信香)으로 열어 법회에 임하게 하오리.

　香煙遍覆三千界　定慧能開八萬門
　唯願三寶大慈悲　開此信香臨法會

　의식문에 자주 등장하는 이 두 가지 향게(香偈)에 심향(心香)과 신향(信香)이라는 글자가 보인다. 마음의 향, 믿음의 향…… 삼보전에 올려 삼보를 청할 수 있는 향은 지극한 믿음과 맑고 밝은 마음의 향이라야 한다. 심향이라야, 신향이라야 신성한 삼보와의 교감을 불러 일으킬 수 있다.
　향은 스스로를 태우면서 좋은 향기를 바친다. 향기를 팔아 스스로를 몰락시키는 것이 아니라, 향기를 뿜어 뭇 생명을 맑게 밝게 가꾸면서 자신을 소멸시키는 것이다.

그러나 그 향은 타버린 것이 아니다. 그것은 영원한 진리 그 자체의 몸인 법신(法身)으로 환원된 것일 뿐이다.

깊은 믿음의 신향(信香), 밝고 맑은 마음의 심향(心香)을 사르는 구도자라면 마땅히 법신으로 돌아가기를 기원하리라. 그리고 그 자신이 향이 되어 진리 그 자체의 몸으로 돌아가고자 하리라……

이제 사찰의 조석예불(朝夕禮佛)로 옮겨 가자.

법당에서는 새벽과 해질녘에 예불을 올린다. 그때 올리는 예불을 오분향예불(五分香禮佛)이라 한다.

戒香 定香 慧香 解脫香 解脫知見香
光明雲臺 周邊法界 供養十方無量佛法僧 ……

오분향예불이라 한 것은 계향·정향 등 다섯 가지 향을 올리면서 행하는 예불이라는 뜻에서 붙여진 이름이다. 이 오분향은 오분법신(五分法身)을 향에 비유한 것이며, 오분법신은 진리 그 자체가 가지고 있는 덕성을 다섯 가지로 나누어 표현한 것이다.

하나의 향을 올려 예불을 드린다는 것은 법신 즉, 진정한 자성(自性)을 향해, '내가 타락의 길로 가고 있는가, 정화의 길을 걷고 있는가'를 묻고 판단하고 호소하여, 내 마음 자체를 계·정·혜·해탈·해탈지견으로 이끌어가는 의지를 표출시킨 것일 뿐이다.

우리는 예불을 '삼보를 향해 예배하는 것'이라고 풀이한다. 물론 이것이 틀린 것은 아니다. 예불문의 한 구절처럼 "시방과 삼세의 법바다에 그물을 펼쳐 일체와 더불어 있는(十方三世 帝網刹海 常住一切)" 것이 삼보이기 때문이며, 실지로 삼보는 우리에게 자비의 손길을 뻗치고 있기 때문이다.

그러나 자세히 이 구절을 음미하여 보라. 항상 우리와 함께 하는 상주삼보(常住三寶)는 곧 일심삼보(一心三寶)이다.

선종의 조사(祖師)들이 한결같이 강조하였듯이 청정한 마음이 참다운 불이요, 광명스런 마음이 참다운 법이며, 맑고 청량하여 어느 것에도 걸림 없는 마음이 참다운 승보인 것이다.

우리는 이 일심삼보를 향해 예배할 수 있어야 한다. 오분향도 결코 다른 것이 아니다. 계로써 만든 향, 선정으로 만든 향, 지혜로 만든 향, 해탈로 이룩된 향, 해탈지견을 베푸는 향을 완전히 태워서 일심의 세계로 되돌아 간다는 뜻이다.

잠시 오분향을 풀이하여 보자: 오분향의 계·정·혜·해탈·해탈지견은 불교에서 인간의 구성 요소를 밝힌 색(色)·수(受)·상(想)·행(行)·식(識)의 오온(五蘊)에 대응하여 생겨난 것이다.

색(色)은 대상이다. 인간은 대상을 접하면 감수 작용을 일으킨다. 즉, 대상의 원래 모습과는 관계없이 나름대로 수용하여 좋다, 나쁘다, 나에게 맞다, 맞지 않다는 등의 느낌을 형성하게 되는데, 이것이 수(受)이다.

그러나 인간은 느낌과 아는 것 정도로 쉽게 만족하지 않는다. 나름대로의 느낌과 앎을 기초로 하여 자기중심적인 생각을 끊임없이 전개시켜 보는 것이다. 때로는 공상·망상·몽상, 심할 때는 광상(狂想)에 빠져들기도 한다. 이와 같은 생각들은 마침내 마음 속에 어떠한 모습을 고정화시키게 되는데, 그것을 상(想)이라 한다.

생각이 형상화되면 그 생각의 힘에 이끌려 구체적인 행동을 유발시키고, 그 행위 속에 스스로를 완전히 빠뜨리고 만다. 그것이 행(行)이다.

이와 같은 수·상·행의 과정을 거치면서 인간에게는 개별적이고 주관적인 지(知)가 형성되는데, 그것을 분별지(分別知), 곧 식(識)이라고 하는 것이다.

이 식은 인간의 관념으로 고착되고, 다시 대상인 색을 접할 때 분별과 함께 새로운 감수 작용을 일으켜 끊임없는 정(正)·반(反)·합(合)의 관계로 흘러가고 마는 것이다. 타락의 길로 흘러가는 이들 오온을 다스려 일심삼보로 나아가게 하는 것이 오분향이요, 오분법신이다.

계(戒)는 색(色)인 색을 상대로 삼고 있다. 대상을 대할 때 마음에 허물이 없도록 하는 것이 계이며, 무아(無我)를 이룰 때 참다운 계는 완성된다.

그리고 마음이 고요한 정(定)의 상태에 머물러야 모든 산란이 사라져 감수〔受〕가 자기 중심적인 상태를 벗어날 수 있다. 이 정이야말로 그릇된 수용을 차단하는 근원적인 힘이 된다.

혜(慧)는 있는 그대로를 볼 수 있는 능력이다. 대상의 있는 그대로를 볼 수 있다면 결코 편협한 공상이나 망상에 빠져들지 않는다.

계로써 대상에 대한 허물을 짓지 않고 정으로 산란한 감수 작용을 잠재우며, 지혜로써 있는 그대로를 관조할 수 있다면 인간은 그 어떤 것에도 결박당하지 않는다. 자신이 스스로를 얽어 매는 것에서 벗어나는 것이다. 이것이 해탈이며, 해탈한 자의 인식〔識〕이 바로 해탈지견인 것이다.

해탈지견은 분별지가 아니다. 자유자재로 활용할 수 있는 무분별지(無分別知)요, 모든 중생을 하나의 몸으로 보는 평등지견(平等知見)이며, 무한한 자비가 충만되어 있는 여래지견이다.

오분향 예불. 이 예불은 계·정·혜·해탈·해탈지견의 향을 태우며 일심삼보의 세계로 돌아갈 것을 결심하는 의식이다.

향은 완전히 태워야 한다. 계의 향을 완전히 태운 자에게서는 허물을 찾아볼 수 없고, 정의 향을 완전히 태운 자에게는 산란함이 이미 존재하지 않는다. 모든 이기적인 생각, 일체의 주관적인 관념을 모두 비우고 오분향을 올릴 때 진리의 몸인 법신은 우리와 하나가 되며, 그 향들이 뿜어내는 "광명의 구름대는 전 우주에 충만되는 것이다(光明雲臺 周邊法界)."

법당에 들어선 구도자. 구도자가 이러한 정신으로 하나의 향을 올릴 때, 그는 불국정토의 부처님을 비롯한 모든 대중과 하나가 되는 것이다. 그리고 그 향이 피어 오를 때 이미 계와 정과 혜와 해탈과 해탈지견은 모두 갖추어진 것이다.

향공양! 우리는 한 자루의 향을 사르며 무엇을 염원할 것인가?

제8장
사바에 세운 寶宮
— 대웅전 —

"至心歸命禮 三界導師 四生慈父 是我本師 釋迦牟尼佛"

오분향예불(五分香禮佛)의 일곱 번 예배 중 그 첫번째 절은 이 구절과 함께 행하여진다. 인간에게 있어 가장 소중한 것은 무엇인가? 그것은 생명이다. 무엇보다 중요한 것은 생명이다. 예배자는 먼저 가장 소중한 생명의 원천으로 돌아가 지극한 마음으로 예배를 한다(至心歸命禮).

탐욕과 분노와 어리석음으로 가득찬 삼계(三界), 그 삼계의 중생을 해탈로 인도하시며 (三界導師)

뭇 생명있는 자를 자상한 아버지처럼 돌보시는(四生慈父)

우리들의 근본 스승(是我本師)

석가모니불께 예배를 드린다는 것이다.

석가모니. 불교는 이분에서부터 비롯되었다. 이분은 사바세계를 불국정토(佛國淨土)로 바꾸고자 한평생을 설법하고 교화하며 중생과 더불어 살다 가신 분이다.

그분은 왜 이 세상에 태어났는가? 그 분의 뜻이 사바세계에 있었기 때문이다. 참지 않고서는 살아갈 수 없는 이 세계를 불국토로 바꾸기 위하여, 아니 잡된 것으로 가득찬 이 세상 중생들의 마음을 평온과 행복이 깃든 마음으로 바꾸기 위해 이 세상에 오신 것이다.

그 분은 이 사바세계에서 깨달음의 문을 여는 씨알이 되었다. 깨달음의 길을 찾고 깨달음을 이루어, 그 길을 걸으면서 수많은 사람에게 길을 열어 보이는 자상한 스승이 되었던 것이다. 해탈의 씨를 심고 해탈의 문을 연 가장 근원적 스승이 그 분이기에, 예불문에서는 석가모니불을 '시아본사(是我本師)'라 한 것이다.

불교를 믿는 모든 이들의 근본 스승이신 석가모니불…….

수많은 부처님 중에서도 가장 근본이 되는 부처님이기에, 사찰의 곳곳에는 석가모니불을 모신 법당이 여러 가지 이름으로 세워져 있다.

우리 나라의 사찰 중심 전각의 반 이상을 차지하는 대웅전(大雄殿)을 위시하여, 부처님의 영축산(靈鷲山), 석가모니의 사리(舍利)를 불멸(不滅)의 상징으로 삼아 성스러운 도량으로 꾸민 적멸보궁(寂滅寶宮)과 금강계단(金剛戒壇), 석가모니와 그의 뛰어난 제자들을 함께 모신 응진전(應眞殿), 오백나한전(五百羅漢殿)……. 그분을 우러러보고 그분의 가르침을 접할 수 있는 곳은 사찰 속에 너무나 많다.

이제 극히 일부나마 그분의 숨결을 느낄 수 있는 대웅전에 대해 살펴보기로 하자.

1. 참된 영웅의 궁전

'대웅(大雄)'은 석가모니불에 대한 수많은 존칭 가운데 하나이며, 대웅전은 대영웅 석가모니불을 왕으로 모신 궁전이다. 크나큰 영웅의 궁전인 대웅전. 권력과 금력과 무력으로 이 세상을 휘어잡은 영웅이 아니라, 도력(道力)과 법력(法力)으로 이 세상을 맑힌 참영웅이 계신 궁전이란 뜻이다.

그러나 석가모니불은 그 법력으로 사람들의 마음을 정화하기 전에 자신 속에 깃든 그릇됨부터 다스렸다. 먼저 그 마심(魔心)을 항복받아 대웅의 자리에 올랐던 것이다. 이것이 세속적 영웅과 출세간적(出世間的) 영웅의 차이점이다. 권력으로 누르고 금력으로 뿌리고 무력으로

제8장 사바에 세운 寶宮 199

개암사 대웅전 전북 부안. 보물 제292호. 진리의 힘으로 모든 이의 정신세계를 다스리는 대웅 석가모니불. 그분이 계신 궁전이 대웅전이다.

죽여서는 결코 참된 영웅이 될 수가 없다. 내 마음 속의 그릇됨을 다스려 스스로의 진실을 체험한 자야말로, 그리고 그 진실의 힘으로 고뇌하는 사람들을 해탈의 길로 인도하는 자야말로 참된 영웅인 것이다.

불교에서는 전통적으로 석가모니불이 네 가지 마〔四魔〕를 정복하여 대웅이 되었다고 보고 있다. 신라의 원효대사(元曉大師)는 그의 《금강삼매경론(金剛三昧經論)》에서 4마를 자세히 풀이하고 있다.

4마의 첫번째는 신마(身魔)·음마(陰魔)·오온마(五蘊魔) 등으로 불리는 것으로, 인간의 눈·귀·코 등 육체의 감각 기관에 마가 깃들어 있다는 것이다. 눈이 있는 그대로를 보지 못할 때 마가 숨어 들고, 귀가 소리를 올바로 듣지 못할 때 마는 우리의 정신을 산란하게 한다. 통제되지 않은 인간의 감각 기관은 백팔번뇌 등의 헛된 망상을 함부로 일으키고 산란한 애증(愛憎)의 원인이 되며, 심지어는 자신의 생명까지 앗아가는 장본인이 된다는 것이다.

　둘째는 욕마(欲魔)·번뇌마(煩惱魔)라고 불리는 것으로, 인간의 의식 위에 빚어진 갖가지 욕심과 번뇌를 지칭하고 있다. 욕심과 번뇌에 휩쓸리지 않는다면 인간의 몸과 마음은 결코 괴롭지도 피곤하지도 않을 것이며, 그 생명을 헛되이 잃는 일도 없을 것이라고 하였다. 인간을 참으로 피곤하게 만드는 것은 일이 아니라 번뇌와 욕심이다. 대부분의 사람들은 그것을 알면서도 인간이기 때문에 그 번뇌를 비워버리지 못한다. 그만큼 번뇌마의 뿌리가 깊기 때문이다.

　셋째는 사마(死魔)이다. 인간의 생존은 몸과 의식의 각 기관이 계속해서 활동하는 데 있지만, 예기치 않은 죽음은 모든 것을 정지시키고 만다. 이 피할 수 없는 내객(來客)을 사마라 부르고 있다.

　넷째는 천마(天魔) 또는 천자마(天子魔)이다. 앞의 셋이 인간 각자에게 내재하고 있는 내면의 마라고 한다면, 이 마는 밖으로부터 오는 외마(外魔)라고 불리기도 한다. 천상계(天上界)에 있는 마왕과 그 수하들은 수도인이 훌륭하게 되는 것을 시기하여 세속의 속박에서 벗어나지 못하도록 갖가지 일을 꾸며 방해한다는 것이다. 이 마는 무서운 모습 또는 요염한 모습으로 밤에 찾아와서 수행하는 사람에게 공포를 주거나 미묘한 욕심을 충동질하여, 수행인으로 하여금 그 길에 빠져 헤어나지 못하게 한다고 하였다.

　결국 모든 마는 올바른 생각을 잃을 때 모습을 나타내는 것이다. 스스로가 깨어나 스스로의 진실을 체험하기보다는, 산란한 마음과 혼미한 정신에 나의 몸을 실어 번뇌와 망상의 흐름을 타고 끝없이 흘러가는 삶의 종착지는 마의 궁전일 수밖에 없다.

　그러나 자세히 살펴보면 마에는 씨가 없다. 알맹이가 없고 마 자체의 의지가 없다는 것이다. 결국 우리의 마음이 흔들렸던 것일 뿐이다.

　"마가 아무리 치성을 부릴지라도 마음이 흔들리지 않으면 무슨 상관이 있으랴"고 한 서산대사 휴정(休靜)의 말씀처럼, 석가모니는 스스로 깨어남으로써 마를 물리치고 진실을 체험하여 대응이 되셨던 것이다.

제8장 사바에 세운 寶宮 201

항마촉지인을 취한 석굴암 본존불 마의 실체는 우리 마음의 파도일 뿐이다. 그것을 부처님은 일깨우고 있다.

　대웅전에 봉안되어 있는 대부분의 석가여래상이 항마촉지인(降魔觸地印)을 취하고 있는 까닭도 이와 같은 맥락에서 살펴보아야 한다. 오른손으로 땅바닥을 살며시 짚은 듯한 모습의 항마촉지인은 석가모니가 대각(大覺)을 얻기 직전, 마왕(魔王) 파순(波旬)을 항복시키는 마지막 순간을 상징화한 것이다.
　세상의 혼란과 악을 관장하고 있는 타화자재천(他化自在天)의 왕 파순은 석가모니의 성도(成道)를 두려워하여 처음에는 위협적인 악마를, 다음에는 아리따운 나녀(裸女)를 보내 유혹한다. 그러나 이미 깊은 선정(禪定)을 체험한 석가모니의 마음을 동요되게 할 수는 없었다. 마지막 수단으로 파순은 직접 나아가 타화자재천을 모두 줄테니 성불을 연기하라고 사정한다. 이것마저 거부하자 파순은 억지를 쓴다.
　"당신의 성불을 증명할 이는 어디 있는가. 증명이 될 수 없는 성불은 헛것이다."

그때 석가모니는 지신(地神)을 청하며 오른손을 땅에 대었고, 홀연히 모습을 나타낸 지신은 석가모니의 성불을 증명하며 파순의 잘못을 크게 꾸짖는다. 그 순간 석가모니는 부처가 된다.

항마촉지인을 취한 대웅전의 불상은 이와 같이 마를 항복시킨 대웅 석가모니불의 성도 순간을 우리에게 보여주고 있는 것이다. 석가모니불은 대웅전 안에서 그 모습 하나만으로 무언의 진리를 설파하고 있다.

"구도자여, 무엇보다 먼저 네 육신과 마음에 깃든 마를 제거하여라. 스스로 불러 일으킨 마를 제거하여라. 그러나 마는 씨가 없는 것이다. 네가 깨어 있을 때 마는 저절로 사라진다.

또렷하게, 그리고 고요한 마음으로 깨어나 스스로의 진실을 체험하라. 그것이 너를 살리는 길이요, 뭇 생명있는 자를 살리는 길이다. 네 마음이 잠들 때 네 육신은 잠들고 네 인생은 잠든다. 깨어나라. 깨어나 스스로의 보배 창고를 열어라. 깨어 있는자, 진실을 체험하는 자, 결코 나와 다를 바 없으니……."

이렇듯 부처님은 대웅의 궁전에 앉아 설법하고 계신 것이다.

2. 대웅전의 불상 배치

대웅전은 언제나 사찰의 중심에 위치하며, 그 궁전 안에는 석가모니불을 중심으로 한 여러 형태의 불상이 봉안된다. 그러나 그것이 어떠한 형태를 이루고 있던 간에 왜 석가모니의 좌우에 왜 그와 같은 보살상이나 제자상을 모시게 되었는가? 하는 것이 필자의 의문이요, 연구 과제였다. 이제 여러 유형을 살펴보면서 그 의문을 함께 풀어보기로 하자.

첫째는 가장 단순한 형태로 석가모니불의 좌우에 가섭(迦葉)과 아난(阿難)이 시립(侍立)하고 있는 모습이다.

가섭은 소욕지족(少欲知足)의 성자였다. 욕심이 적고 스스로 만족할 줄 알았으며, 금욕(禁欲)의 두타행(頭陀行)을 행하여 부처님이 매우 중하게 여겼다. 특히 '염화시중(拈花示衆)의 미소'와 관련하여 부처님

흥국사 대웅전 석가여래삼존불 전남 여천. 화엄사상에 큰 비중을 두었던 우리 나라의 많은 사찰에서는 석가·문수·보현으로 구성된 삼존불을 대웅전에 봉안하였다.

의 마음법(心法)을 이어받음으로써 선가(禪家)에서는 그를 '부법장(付法藏)의 제1조'로 받들어 두터운 존경을 드리고 있다.

　아난은 20년 동안 부처님을 시봉한 제자이다. 그 총명함이 매우 뛰어나 한 번 들은 법문은 결코 잊지 않았다고 한다. 그야말로 그는 다문제일(多聞第一)의 제자였고, 석가모니불이 열반에 든 뒤 불경을 결집(結集)할 때 중추적인 역할을 담당하였다. 부처님의 설법을 가장 많이 들은 아난. 후세 사람들은 그를 석가모니의 교법(敎法)을 이은 인물이라 칭하고 있다.

부처님에게는 도력이 빼어난 10대 제자가 있다. 그들은 모두가 우열을 가리기 힘든 독특한 능력을 지니고 있다. 그런데 하필이면 가섭과 아난을 협시(脇侍)로 삼은 까닭이 무엇인가? 왜 이와 같은 삼존(三尊)을 조형화하여 우리에게 보여주고 있는 것일까?

그것은 부처님의 가르침이 선법과 교법으로 크게 나누어질 수 있음을 시사하기 위한 것이다.

언어나 문자를 빌리지 않고 마음에서 마음으로 전하는 이심전심(以心傳心)은 선법, 그것은 부처님의 마음이다. 중생의 마음 그릇에 맞추어 참되게 사는 법을 여러 가지로 설한 교법, 그것은 부처님의 말씀이다. 즉, 선은 불심(佛心)이고 교는 불어(佛語)이다. 가섭은 그곳에 서서 우리의 불심을 깨우치고, 아난은 그곳에 서서 부처님의 말씀을 우리에게 전하고 있는 것이다.

그러나 불심과 불어는 서로 다른 것이 아니다. 부처님의 입장에서 볼 때 그분의 본체와 작용을 선과 교로써 표현한 것일 뿐이다. 불교의 두 산맥인 선과 교. 그것은 석가모니로부터 비롯되었고 그 둘은 서로 분리될 수 없는 것이다.

석가모니는 비록 가섭과 아난을 거느리고 석가삼존불(釋迦三尊佛)을 이루었지만, 석가삼존불은 다시 하나가 되어 그곳에 계신다. 뭇 생명 있는 자의 마음 그릇에 선을 담아 불심을 깨우치고, 교법을 따라 끊임없이 실천할 것을 일깨우기 위해 그 자리에 계신 것이다.

둘째는 석가모니불을 중심으로하여 문수보살(文殊菩薩)과 보현보살(普賢菩薩)을 협시로 봉안한 형태이다.

우리 나라 사찰에서 가장 흔히 볼 수 있는 삼존불의 형태가 이것이다.

부처의 반야지(般若智)를 상징하는 문수보살과, 불지(佛地)를 향한 수행과 원(行願)이 광대함을 상징하는 보현보살. 이 두 보살은 부처님이 지닌 대표적인 두 힘을 형상화하여 나타낸 것이다. 반야(般若)의 지혜는 부처를 있게끔 하는 근거가 되며, 행원은 부처의 경지로 나아갈 수 있게 하는 방편이 된다. 모든 부처님은 이 반야의 지혜를 의지하고 행원을 실천하여 참된 깨달음을 이루신 것이다.

따라서 모든 구도자들도 이 지혜와 행원에 의지하여 해탈의 길로 나아가야 한다. 구도자에게 있어 지혜와 행원은 수레의 두 바퀴와 같은 것이다. 한 바퀴만으로는 결코 구를 수 없는 것이 수레이다. 석가·문수·보현의 삼존불은 지혜와 행원 없이는 부처를 이룰 수 없다는 것과, 지혜를 온전히 갖추고 행원을 원만하게 성취할 때 가장 자유롭고 행복한 존재가 될 수 있음을 시사하고 있는 것이다.

언제나 문수보살은 중생을 향해 끊임없이 반야의 지혜를 발현시킨다. 어디에서나 보현보살은 중생 제도를 위해 쉼없이 행원을 실천한다. 그러면서 이들 두 보살은 서로를 돌아 본다. 문수는 자신에게 부족한 보현의 행원을 닦고 익히고자 하며, 보현은 문수의 지혜를 배우고자 하는 것이다.

그들은 가장 좋은 벗이 되어 함께 중생을 제도한다. 마지막 한 중생을 제도할 그 날까지 그들은 서로 배우고 서로 사모하며 시작도 끝도 없는 보살의 길을 가는 것이다.

셋째는 석가모니불이 좌우에 갈라보살(羯羅菩薩)과 미륵보살(彌勒菩薩)이 봉안되고, 다시 그 좌우의 끝에 가섭과 아난이 시립하고 있는 경우이다. 이와 같은 배치법에 대해서는 불교도들까지 생소하게 느끼는 경우가 많으나 이 배치법에 따라 불상을 봉안하고 있는 사찰은 전국 여러 곳에서 찾아 볼 수 있다.

우선 우리에게 생소한 인물은 갈라보살이다. 갈라의 갖춘 이름은 제화갈라(提和羯羅, Dipamkara)이며, 한역하여 정광(定光, 錠光)·연등(燃燈)이라 하였다. 이야기는 아득한 옛날 석가모니의 전생으로 거슬러 올라간다.

아주 먼 옛날, 선혜(善慧)라는 청년이 살고 있었다. 그의 부모는 다른 사람들에게 존경받는 훌륭한 사람이었으나, 많은 재산을 남겨둔 채 일찍 세상을 떠나고 말았다. 부모의 장례를 치른 선혜는 인생의 무상을 느꼈다.

불국사 대웅전의 불상 경북 경주 석가모니를 중심으로 좌우에 갈라보살과 미륵보살, 가섭과 아난이 함께 봉안되어 있다. 과거·현재·미래를 꿰뚫는 불변의 진리는 언제나 중생을 위해 있는 것이다.

"이 많은 재산을 지니고 있었음에도 불구하고 부모님께서는 세상을 떠나실 때 한 푼도 가져가지 못하셨다. 이제부터 나는 다음 세상에 까지 가져갈 수 있는 씨앗을 심으리라."

나라 안의 가난한 사람들을 모아 재산을 모두 나누어 준 뒤 숲으로 들어간 선혜는 고독한 정진을 통하여 고뇌의 원인을 깨우쳤다.

"모든 중생이 고통의 바다에 빠져 헤어나지 못하는 까닭은 탐내는 마음, 성내는 마음, 어리석은 마음을 지니고 있기 때문이다. 이 세 가지의 그릇된 마음을 버려야만 참된 평안을 얻을 수 있다."

어느날 선혜는 부처님께서 세상을 나타나셨다는 이야기를 듣고 산에서 내려왔다. 산을 내려와 마을로 가는 길에 500명의 수행자를 만나 선혜는 그들과 도에 관한 이야기를 나누었다. 그 수행자들은 선혜의 가르침과 서원(誓願)을 듣고 환희를 느꼈으며, 헤어질 때가 되자 은전 한 닢씩을 내어 감사의 마음을 전하였다.

그들과 헤어져 마을 어귀에 이르자 온 마을이 향내음으로 가득하였다. 무슨 일이 있느냐고 묻자, '오늘이 연등불(燃燈佛)께서 마을에 오시는 날'이라고 하였다. 소식을 접한 선혜의 기쁨은 말로 형용할 수 없을 정도였다. 그때 맞은 편에서 고오피라는 왕녀가 일곱 송이의 푸른 연꽃을 들고 걸어왔다. 꽃이 필요했던 선혜는 그녀에게 간절히 청하였다.

"부탁합니다. 저에게 오백 닢의 은전이 있는데, 푸른 연꽃과 바꾸어 주십시오. 은혜는 잊지 않겠습니다."

고오피는 그의 간청에 못이겨 연꽃 다섯 송이를 주면서, 다음에 깨달음을 얻게 되면 제도해 줄 것을 당부했다.

마침내 연등불이 많은 제자를 거느리고 거리에 나타나자, 국왕을 비롯한 많은 백성들은 준비한 꽃을 뿌리고 향을 사르며 부처님을 경배하였다. 그런데 사람들이 던진 많은 꽃 중에서 선혜가 던진 푸른 연꽃 다섯 송이만이 공중에 떠 있어 부처님의 머리 위를 장식하였다. 연등불은 선혜 곁으로 다가와 말씀하셨다.

"그대는 여러 생(生)을 거듭하면서 수행을 하였고 몸과 마음을 바쳐 남을 위해 살았으며 욕망을 버리고 자비행을 닦아 왔다. 그러므로 이제부터 91겁(劫)이 지나면 부처가 되어 석가모니라 불리울 것이다."

이렇게 선혜는 연등불로부터 부처가 되리라는 수기(授記)를 받게 되었다. 91겁 뒤에 성불할 것을 수기한 연등부처님. 그분이 곧 제화갈라인 것이다.

연등불은 이제 보살의 모습을 취하여 석가모니불의 옆에 있다. 왜 수기를 준 과거불이 보살의 모습을 취하여 그 곳에 있는 것일까? 그 까닭은 석가모니의 오른쪽에 있는 미륵보살에게서 찾아야 한다.

미륵보살은 누구나 다 알고 있는 미래의 부처님이다. 이 미륵보살은 인도의 바라나시국의 바라문 집에서 태어나 석가모니불의 교화를 받으며 수도하였고, 미래에 성불하리라는 수기를 받은 뒤 도솔천(兜率天)에 올라가 현재 천인(天人)들을 위해 설법하고 있다고 한다. 그러나 아직 부처가 되기 이전의 단계에 있기 때문에 보살이라고 부른다.

그는 석가모니불이 열반에 든 뒤 56억 7천만 년이 되는 때, 즉 인간의 수명이 8만 세가 될 때에 이 사바세계에 태어나 화림원(華林園)의

수덕사 대웅전의 오존불 충남 예산. 석가·아미타·약사의 세 부처님을 함께 봉안함으로써 이 법당에서의 신앙영역은 더욱 넓어진다.

용화수 아래에서 성불하여 3회의 설법으로 272억 명을 교화한다고 한다.

이제 석가·제화갈라·미륵보살이 삼존불을 이루고 있는 까닭을 짐작할 수 있을 것이다. 과거의 연등불, 현재의 석가모니불, 미래의 미륵불. 이들 세 부처님이 과거·현재·미래의 삼세(三世)를 꿰뚫고 있다.

불교가 이 시대에만 있는 것이 아니라 아주 먼 옛날부터 있었고 아득한 미래에도 있을 것이라는 것, 석가모니가 평지돌출한 것이 아니라 과거로부터 예증된 존재이며 미래의 미륵불에게도 그 뜻이 이어져 중생 제도의 결실을 이루게 된다는 것을 강력히 시사하고 있는 것이다. 이와 같은 이유 때문에 이들 삼존불을 '삼세불(三世佛)'이라 부른다.

삼세불은 시간을 달리하면서 중생을 교화한다. 그러나 그 삼세불은 우리의 일심에 의해 하나가 된다. 오늘날의 우리가 삼매의 생활을 통하여 스스로의 진실을 체험할 때, 우리는 석가모니불뿐만 아니라 연등불·미륵불과도 하나가 되는 것이다.

넷째, 대웅전의 격을 높여 대웅보전(大雄寶殿)이라 할 때는 주불로 석가모니불, 그 좌우에 아미타불과 약사여래(藥師如來)를 모시고, 다시 여래상의 좌우에 협시보살을 봉안하기도 한다.

일단 대웅보전이 되면 법당의 규모는 커지고 주위의 장식은 더욱 화려해진다. 그런데 왜 수없이 많은 부처님 중 아미타불과 약사여래를 봉안한 것일까?

우리 나라에서 깊이 신봉된 부처님은 석가모니·아미타불·비로자나불·약사여래·미륵불이다. 이 가운데 비로자나불은 진리 자체의 몸으로 상징화되어 있고, 미륵불은 먼 훗날에 부처를 이룰 분이다. 그러나 극락의 교주 아미타불은 조상의 극락왕생 및 내생에 누릴 자신의 행복과 직결되며, 약사여래는 지금 당장 고통을 받는 병자나 가난한 사람에게 자비를 베푸는 부처님이다. 이러한 까닭으로 중생의 고난과 가장 밀접한 관련을 맺고 있는 아미타불과 약사여래를 사바의 교주 석가모니불과 함께 모신 다음, 격을 높여 대웅보전이라 하였던 것이다.

이밖에도 석가모니불만을 단독으로 모시는 경우, 문수보살과 보현보살 대신 대자대비 관세음보살과 대원본존(大願本尊) 지장보살(地藏菩薩)을 석가모니의 협시보살로 삼아 봉안하는 경우도 있다.

이와 같이 유독 대웅전에만 여러 형태의 불보살상이 봉안되는 까닭은 석가모니가 우리들이 살고 있는 이 사바세계의 교주라는 특성을 지녔기 때문이다. 결론적으로 볼 때 대웅전의 불상 배치는 석가모니불이 지닌 권능의 표출과 중생의 구제, 불교의 역사적 흐름에 의해 이루어진 것이다.

대웅의 궁전에 좌정한 부처님은 설함이 없는 법문을 끝없이 설하고 계신다. 어느 사람이 있어 소리없는 이 법문을 능히 들을 수 있을까?

불상은 중생에게 깨우침을 주는 무언의 설법인 것이다.

제9장

진리와 삼매의 궁전
— 대적광전(大寂光殿) —

 빛의 세계. 화려한 빛이 아니라 크나큰 고요가 깃든 빛의 세계. 그 빛은 진리의 빛이다. 모든 것을 감싸고 모든 것을 키우는 진리의 빛이다. 진리의 빛이 가득한 궁전. 그 궁전을 사찰에다 옮겨 놓았다. 그곳이 대적광전(大寂光殿)인 것이다.
 대적광전은 연화장세계(蓮華藏世界;더러움에 물들지 않는 연꽃으로 장엄된 세계)의 교주인 비로자나불(毘盧遮那佛)을 본존불로 모신 건물이다.
 화엄종의 맥을 계승하는 사찰에서는 주로 이 전각을 본전(本殿)으로 건립하며, 《화엄경》에 근거를 두고 있다 하여 화엄전(華嚴殿), 《화엄경》의 주불(主佛)인 비로자나불을 봉안한다는 뜻에서 비로전(毘盧殿), 그리고 비로자나불의 연화장세계가 대적정의 세계인 까닭에 대적광전이라고 한다.
 우리가 진실로 추구하는 진리는 과연 어디에 숨겨져 있는가? 그 진리의 빛은 어느 곳에 있는가? 우리는 '대적광전(大寂光殿)'이라는 이름을 통하여 이것을 읽을 수 있어야 한다.
 부처님은 항상 강조하셨다. 진리는 어디에나 어느 때에나 있는 것이며, 진리의 빛은 시공간을 초월하여 언제나 발현된다는 것을. 그리고 중생의 산란함과 어리석음이 눈 앞을 가려 진리를 올바로 볼 수 없게 할 뿐이라는 것을…….
 그렇다면 이와 같은 산란과 어리석음을 극복하는 길은 무엇인가? 그것은 선정(禪定)과 지혜(知慧)이다. 산란함을 선정으로 다스리고 어리석음을 지혜로써 다스릴 때, 깨달음은 그 자리에서 모습을 나타내고 진리의 세계는 그 곳에 펼쳐지는 것이다.
 대적광전의 '적(寂)'은 크나큰 선정이요, '광(光)'은 크나큰 지혜의 빛을 의미한다. 우리가 비로자나불이 계신 이 진리의 궁전 속에 함께 하기 위해서는 무엇보다 먼저 깊은 선정과 지혜의 빛으로 깨어나야 한다는 것을 '대적광전(大寂光殿)' 편액은 깨우치고 있는 것이다.

1. 삼신불의 궁전

대적광전에는 비로자나불을 중심으로 한 삼신불(三身佛)을 봉안하여 연화장세계를 상징하게 된다. 삼신은 부처님의 몸〔佛身〕을 본질〔體〕과 양상〔相〕과 작용〔用〕의 측면에서 관찰하여 법신(法身)·보신(報身)·화신(化身)으로 나눈 것이다.
 즉, 진리를 인격화한 진리불(眞理佛)이 법신이라면, 보살이 바라밀(波羅蜜)의 수행을 통해 완덕(完德)에 이른 이상적인 부처가 보신이며, 특정한 시대와 지역에 따라 특정한 중생을 구제하기 위해 출현한 부처님이 화신이다. 다시 부언하면 법신은 부처를 이루는 데 근거가 되는 몸이요, 보신은 깨달은 부처 그 자체의 몸이며, 화신은 중생을 깨달음으로 이끄는 중생의 입장에 선 불신이다.
 부처와 중생이 한 몸을 이루는 대적광의 궁전은 오로지 삼신불의 조화를 근거로 삼고 있으며, 이들 삼신불의 삼위일체화 속에서 불국정토 연화장세계는 온전한 모습을 나타낼 수 있는 것이다.
 대적광전 안에 봉안되는 법신·보신·화신의 삼신불로는 비로자나불·아미타불·석가모니불을 봉안하는 것이 상례로 되어 있으나, 우리나라 사찰에서는 선종(禪宗)의 삼신설에 따라 청정법신(淸淨法身) 비로자나불, 원만보신(圓滿報身) 노사나불(盧舍那佛), 천백억화신(千

해인사 대적광전 내부

百億化身) 석가모니불의 삼신을 봉안하는 경우가 많다. 그리고 비로자나불의 협시보살(脇侍菩薩)로는 문수보살과 보현보살을 봉안한다.

경우에 따라서는 법당내에 오불(五佛)을 봉안하기도 하는데, 이 경우에는 삼신불 좌우에 아미타불과 약사여래를 봉안하며, 아미타불의 좌우 협시보살로는 관세음보살과 대세지보살(大勢至菩薩)을, 약사여래의 협시보살로는 일광보살(日光菩薩)과 월광보살(月光菩薩)을 봉안하게 된다.

이 경우는 약사전(藥師殿)과 극락전을 대적광전에서 함께 수용한 형태로서, 우리 나라에서 중요하게 신봉되는 불보살들이 모두 한 곳에 모인 전각이 되는 셈이다. 즉 불교신앙의 만다라적 구조를 대적광전 속에서 살펴볼 수 있는 것이다. 따라서 일반적으로 볼 때 대적광전은 사찰내에서 가장 큰 당우가 된다.

후불탱화(後佛幀畫)는 전각의 규모에 따라 1폭의 삼신탱(三身幀)을 봉안하는 경우도 있지만, 보통 법신탱·보신탱·화신탱 3폭을 각각 불상 뒤에 봉안하는 경우가 많다.

〔도11〕 금산사 대적광전 내부에 봉안 되었던 5불과 6보살

또한, 대적광전의 위치가 대웅전과 동등한 위치를 차지하는 경우가 많으므로 보통 신중을 모신 신중단(神衆壇)과 영가를 모신 영단(靈壇)을 함께 마련하게 되며, 신중단에는 신중탱화를, 영단에는 감로탱화(甘露幀畫)를 봉안한다.

내부의 장엄도 화려하여 보통 주불 뒤에는 닫집인 천개(天蓋)를 만들고 여의주를 입에 문 용 등을 장식하며, 천장에는 보상화문(寶相華紋)과 연화문(蓮華紋) 등을, 벽의 상단에는 화불(化佛)과 비천(飛天)의 모습을 사실적으로 화려하게 장식한다.

이 전각 가운데 대표적인 것으로는 1986년 12월의 화재로 불에 타 현재 원형대로 복원하고 있는 금산사의 대적광전과 경상남도 합천군 가야산 해인사의 대적광전, 전라북도 완주군 위봉사(威鳳寺)의 보광명전(普光明殿)을 들 수 있다.

이제 대적광전의 주인공인 삼신불에 대해 더 심도있게 살펴보자.

2. 법신불과 비로자나불

(1) 법신불

법신불은 진리를 인격화한 불신이다. 초기의 불교에서 부처라고 하면 35세에 도를 깨달아 80세로 열반에 든 석가모니 한 분을 지칭하였으나, 석가모니가 열반에 든 뒤 부처에 대한 신격화가 이루어졌고, 범부로서는 찾아볼 수 없는 32상(相) 80종호(種好)의 특수한 모습을 갖춘 존재로 부각시켰다.

그러나 대승불교가 일어나면서 특정인이나 특수 상호(相好)를 갖춘

존재를 초월하여 보편적인 부처를 설정하게 된다. 이를 천명한 최초의 경전은 《법화경》이다.

보리수(菩提樹) 밑에서 도를 깨닫고 부처가 된 석가모니는 일시적으로 인간의 모습을 취하여 이 세상에 출현한 것에 불과하며, 과거의 무량한 세월 전에 이미 성불을 완성하고 무수한 시간에 걸쳐 인간을 교화해 온 구원실성(久遠實性)의 부처가 있었다는 것을 《법화경》은 밝힌 것이다.

이 부처를 우리는 '구원의 법신불'이라고 부르며, 이때의 법신은 법(法, Dharma)과 의미를 같이 하는 것이다. 이는 불교가 본래 법을 신앙하고 의지하는 종교라는 것과 그 법은 부처가 깨달은 진리와 일체를 이루는 것, 그 법이 바로 영원 불멸의 법신이라는 것을 천명한 것이기도 하다.

따라서 법을 인격화한 법신불은 일체의 중생이 모두 갖추고 있는 불성(佛性;부처가 될 수 있는 불변의 성품) 또는 여래장(如來藏 : 중생 속에 감추어져 있는 여래)으로 정의되고 있다. 불성은 그 사람됨과는 관계없이 모든 중생에게 한결같이 존재하며, 줄거나 늘어나는 일이 없고 시작과 끝이 없는 영원한 것이다.

신라의 원효(元曉)는 《대승기신론소(大乘起信論疏)》에서 법신을 여래장이라 정의하고, 그 자체에 지복(至福)한 덕성이 다 갖추어져 있는 것임을 강조하였다.

즉, 법신 그 자체는,

① 크나큰 지혜요, 광명이며〔大智慧光明〕,

② 세상의 모든 대상계를 두루 남김없이 비추어 모든 것을 다 알게 하는 것이며〔遍照法界〕,

③ 있는 그대로를 참되게 아는 힘을 간직하고 있으며〔眞實識知〕,

④ 방황함도 더러움도 없는 맑고 깨끗한 마음을 본성으로 하고 있으며〔自性淸淨心〕,

⑤ 영원하고 행복하고 자유자재하고 번뇌가 없으며〔常樂我淨〕,

⑥ 인과의 법칙에 의해 변동하는 것이 아니라 그 스스로 존재하는

것〔清涼不變自在〕이라고 본 것이다.
 이와 같은 덕성을 갖춘 것이 법신이요 중생 속에 감추어진 여래장이다. 따라서 중생을 떠나서는 결코 법신을 찾을 수 없다. 법신은 중생의 마음을 통해서만 증득되어질 수 있는 것이다.
 대적광전의 법신불은 연화대 위에 앉아 이것을 깨우치고 있다. 그대 속에 감춰진 여래! 그것이 바로 '나'라는 것을……

 (2) 비로자나부처님
 우리 나라 사찰 대적광전에 봉안된 법신불은 비로자나불(Vairocana Buddha)이다. 범어 바이로차나는 변일체처(遍一切處)·광명변조(光明遍照)로 번역된다. 모든 곳에 두루하며 광명으로 두루 비춘다는 뜻이다.
 이 부처님을 형상화시킬 때는 천엽연화(千葉蓮華 : 천 개의 꽃잎을 가진 연꽃)의 단상에 결가부좌를 하고 앉아 양손으로 지권인(智拳印)을 취한 모습을 묘사한다.
 지권인은 좌우 두 손 모두 엄지를 손에 넣고 주먹을 쥔 다음, 왼손의 집게손가락을 펴서 바른 손으로 감싸쥐고, 바른손의 엄지손가락과 왼손의 집게손가락 끝을 서로 대는 손모양이다. 이때의 바른손은 불계(佛界), 왼손은 중생계를 상징하게 된다. 즉, 중생의 무명과 번뇌를 부처의 지혜로써 감싸는 형국으로, 부처와 중생은 둘이 아니요 미혹과 깨달음이 하나의 몸임을 뜻하는 것이다.
 지권인을 취한 비로자나불은 무언의 설법을 한다. "그대의 불성을 보라. 진속(眞俗)과 미오(迷悟)를 넘어서서 그대의 불성을 보라. 모든 것은 원래부터 둘이 아니었다. 그 어느 것도 불성을 떠난 것이 없었다. 그 무엇도 불성을 물들이지 못한다. 오직 불성으로 깨어나 그대의 불성을 보라." 지권인을 취하여 비로자나불은 이렇게 설법하고 계신 것이다.
 그리고 불상의 좌대를 이루는 천엽연화의 꽃잎 하나하나는 백억의 국토를 표현한 것으로, 비로자나불이 계신 세계의 공덕 무량함과 광

불국사 금동비로자나불좌상   국보 제26호. 통일신라. 높이 177cm

대 장엄함이 헤아릴 길 없음을 조형화한 것이다.

또, 큰 연화로 이루어져 있는 이 세계 속에 우주의 만물이 모두 간직되어 있다고 하여, 비로자나불의 불국정토를 연화장세계(蓮華藏世界)라고 부른다. 이 연화장세계의 교주 비로자나불은 곧 삼천대천 세계의 교주가 되고, 우주 전체를 총괄하는 부처가 되는 것이다.
경전상으로 볼 때 비로자나불은 《화엄경》의 교주로 등장한다. 석가모니를 화신으로 삼고 있는 비로자나불은 때와 장소, 사람에 따라 가변성을 띠며 그 모습을 나타낸다고 한다. 미혹에 결박된 사람의 눈에는 결코 보이지 않지만, 일심으로 생각하고 믿음으로 의심하지 않으면 어디서든지 비로자나불을 만날 수 있다는 것이다.
어떤 중생이든 진심으로 기도하고 간절히 희구하면, 그들의 생각이나 행위 경계에 따라 비로자나불은 때를 놓치거나 기다리지 않고 어느 곳에나 알맞게 몸을 나타내어 행동하고 설법하고 자비를 베푼다. 이와 같이 비로자나불은 여러 가지 몸, 여러 가지 명호, 여러 가지 삶의 방편을 나타내어 잠시도 쉬지 낳고 진리를 설함으로써 우리가 살아가는 삶의 현장을 정화하고 일체 중생을 제도한다는 것이다.
그러나 이것은 외부적인 상황이 아니다. 우리 속에 있는 여래장·불성이 나의 간절한 부름에 응답하는 것이요, 나의 참된 법신이 작용하는 것을 뜻한다.
따라서 비로자나불의 세계로 돌아가는 길은 보살행을 통해서만 가능해진다. 이는 형체도 모양도 없는 불성 그 자체의 비로자나불이 보살들의 사회적 실천에 의해서 형체있는 것으로 화현하는 과정을 의미하는 것이며, 최고의 깨달음으로 향하는 보살행이 깨달음 그 자체인 비로자나불에게로 돌아가는 길임을 나타내는 것이다.
이것을 구체화한 것이 대적광전 속의 보신불이다.

3. 보신불 노사나부처님

(1) 보신불

보신불은 구도자가 보시(布施)·지계(持戒)·인욕(忍辱)·정진(精進)·선정(禪定)·반야(般若)·방편(方便)·원(願)·력(力)·지(智)의 십바라밀(十波羅蜜)을 수행하여, 스스로 세운 근본 서원(誓願)이 완성됨에 따른 보과(報果)로써 얻어지는 완전 원만의 이상적인 부처이

삼신불 탱화 상부에 법신 비로자나불, 중앙에 보신 노사나불, 하부에 석가모니 불을 한 폭에 그린 보기 힘든 불화이다.

다.

　이 보신불은 불성·여래장·본각(本覺)인 법신불에 근거를 두고 있으며, 중생 속에 감춰진 여래장이 수행을 통하여 발현된 상태를 뜻한다.
　원효대사는 보신불이 세 가지 사실에 근거를 두고 있음을 《대승기신론소》에서 밝힌 바 있다.
　그 첫째는 본행(本行)이다. 보신의 경지를 실현한 부처는 그들이 구도자의 단계에 있었을 때 대자비심(大慈悲心)을 일으켰고, 모든 중생을 한 사람도 소홀히 함이 없이 평등하게 모두 받아들여, 그들을 이롭게 하고 참되게 하는 여러 가지 바라밀행을 실천하였기 때문이다.
　둘째는 대원(大願)이다. 보신불의 경지를 실현하고자 하는 구도자는 고통과 죄악에서 허덕이는 중생을 건져 자유롭게 하되, 영원무궁토록 그렇게 하기로 큰 서원을 세운다는 것이다. 여기서의 '영원무궁'이란 보신불을 이룰 때까지를 뜻하는 것이 아니다. 부처가 되고 난 다음까지, 아니 부처가 되어 이상적인 불국토를 만듦으로써 더욱 용이하게 중생을 건져낸다는 의미까지 담겨져 있다.
　48대원을 세워 극락정토를 건립한 아미타불과 12대원을 일으켜 그 서원을 달성하고 동방유리광세계(東方瑠璃光世界)의 교주가 된 약사여래는 보신불이 됨으로써 이상향인 불국토 속으로 더 많은 중생을 거두어 들일 수 있게 되었던 것이다.
　셋째는 대방편(大方便)이다. 참된 구도자는 모든 중생과 자기 자신이 하나이고 다름이 없다는 사실을 분명히 알기 때문에 모든 중생을 자기의 몸과 같이 보며, 번뇌가 많은 중생이라 하여 가볍게 여기지 않는다. 이와 같은 대방편의 지혜가 있기 때문에 무명(無明)에 좌우되지 않고 본래의 법신을 볼 수 있는 것이며, 신비로운 작용이 저절로 나타나서 어느 곳에나 미치게 된다는 것이다.
　본행과 본원과 대방편!
　이 셋을 갖추지 못한 구도자는 성불을 할 수도 보신불을 이룰 수도 없다. 원은 크지만 실천이 없는 자. 실천은 하지만 상대적인 자기만족에 빠져 허덕이는 자. 그들은 결코 보신을 향해 나아갈 수가 없다.

통도사 팔상도 초전법륜상의 일부

　그리고 자세히 살펴보라. 이들 셋 속에는 하나의 공통점이 있다. 그것은 하나가 되는 크나큰 자비심이다. 그 어느 것도 이것을 버리면 본행이 될 수 없고, 본원이 될 수 없고, 대방편이 될 수 없음을 분명히 알아야 한다.
　하나가 되는 마음으로 수행하는 이에게는 성불이 보장될 것이다. 대자비심으로 구도의 길을 걷는 사람은 이 육신을 보신의 몸으로 바꿀 것이다. 참된 보신은 중생의 불성에 근거를 둔 대자비에 의해 발현된다는 것을 우리는 마땅히 깨달아야 하리라.

　　(2) 대적광전의 보신 노사나불
　이 보신은 자수용신(自受用身)과 타수용신(他受用身)으로 분류되기도 한다. 자수용신은 수행을 통하여 얻어진 불과(佛果)와 내적 체험에 의해 스스로 증득한 자내증(自內證)의 법문을 스스로 수용하고 즐기는

통도사 삼신탱화 중 보신탱화 법륜상의 석가모니와 보신탱화의 노사나불이 같은 모습. 같은 수인을 취하고 있다.

불신이며, 타수용신은 이 깨침의 보과(報果)와 뛰어난 법문을 다른 사람에게 수용시키기 위해 지도하고 교화하는 불신이다.

　타수용 불신으로 우리 나라에서 실제로 존숭되고 신앙의 대상이 되는 부처님은 아미타불과 약사여래가 있으며, 이들 부처님은 중생을 위한 특별한 권능과 함께 극락전·약사전 등의 독립 전각에 봉안된다.

　그러나 자수용 보신불은 독립 전각에 안치되지 않고 있다. 다만 대적광전에서 비로자나불의 왼쪽 협시불(脇侍佛)로 봉안될 뿐이다. 이 자수용 보신불을 우리는 노사나불(盧舍那佛)이라고 부른다.

　또한 우리 나라 대적광전 안의 노사나불은 부처님 모습보다 보관을 쓰고 보배 구슬로 장식한 보살로 더 많이 묘사되고 있다. 특히 탱화의 경우에는 이것이 심하다.

　이들 문제를 놓고 필자는 오랫동안 그 까닭을 찾았다.

　왜 가장 완벽한 부처님의 모습으로 묘사되어야 할 보신불이 보살의 모습을 취하고 있는가?
 왜 노사나불은 아미타불이나 약사여래처럼 독립 전각에 봉안되지 않는가?
 이와 같은 의문에 대한 해답을 얻고자 많은 저서와 연구 논문을 찾아보았지만 이에 대한 해답은 결코 찾을 수가 없었다.
 어렴풋이나마 필자는 그 까닭을 다음과 같이 밝히고자 한다. 그러나 이것 또한 완벽한 정답이라고 할 수는 없음을 밝혀 둔다. 이 문제는 앞으로 더욱 심도있게 연구되어야 할 과제이기 때문이다.
 노사나불을 독립된 전각에 봉안하지 않은 까닭은 노사나불이 자수용 보신불이라는 점에서 찾아야 한다.
 《화엄경》은 보리수 아래에서 도를 깨달은 석가모니가 스스로 체득한 부처의 경지를 3·7일(21일)동안 스스로 점검하고 증명하는 과정을 설법의 형식을 취해 만든 경전이다. 비록 설법의 형식을 취하였으나 《화엄경》을 설하는 기간 동안의 석가모니는 증득한 깨달음을 점검하기 위해 자수용 삼매(自受用三昧)에 들어간 자수용 보신으로 있는 것이다. 따라서 이때의 석가모니는 신앙과 경배의 대상으로 존재하지 않는다. 오직 법신불 비로자나불에 근거를 둔 깨달음의 내용을 점검하고 확인하는 단계에 있을 뿐이다.
 이와 같이 자수용 삼매에 든 석가모니를 《화엄경》에서는 법신불 비로자나불, 보신불 노사나불과 한 몸으로 연결시키고 있다.
 따라서 이 순간의 석가, 곧 자수용 보신인 노사나불은 독립된 전각에서 신앙의 대상이 되거나 중생의 기도에 따라 감응하는 존재로 머무를 수 없는 특수한 상황에 있다. 이러한 까닭으로 노사나불은 독립된 전각이 아니라 대적광전이라는 큰 법당에서 법신불·화신불과 함께 자리잡고 있는 것이다.
 더불어 노사나불이 보살의 모습을 취한 것 또한 석가모니의 자수용 삼매에서 찾아야 한다.
 깨닫기 이전의 석가모니는 구도자 보살(菩薩)이었다. 이제 막 석가모니는 깨달았으나 아직은 그 깨달음의 내용을 완전히 점검하지 않았고, 스스로 법신을 회복해 가졌다는 확신을 가질 수도 없었다. 그래서 석가모니는 3·7일 동안의 삼매에 들었던 것이다.

따라서 자내증(自內證)을 끝내기 전까지는 석가모니를 부처의 모습으로 묘사하지 않는 것이 당연한 귀결이라 할 수 있다. 그리고 이때의 보신불 노사나가 설법인(說法印)을 취하고 있는 까닭은 석가모니가 자수용 삼매 속에서 《화엄경》을 설하고 있음을 나타내는 것이다.

하고 많은 불경 중 가장 먼저 설해진 경전은 《화엄경》이라고 한다. 물론 최근 들어 불교의 연구가 활발해짐에 따라 《화엄경》이 석가모니 열반 후 수백년이 지나서 만들어졌다는 것이 증명되었지만, 적어도 최근세까지 불교계에서는 《화엄경》을 가장 먼저 설해진 불경으로 확고히 믿고 있었다.

이와 같은 사항을 뒷받침이나 하듯, 노사나불의 모습은 석가모니의 일생을 8폭으로 그린 팔상도(八相圖)에서도 그대로 나타나고 있다. 팔상도의 제7 초전법륜상(初轉法輪相)은 곧 《화엄경》을 설법하는 장면을 묘사한 것이다.

이 그림에서 보살의 모습으로 설법하고 있는 석가모니를 통하여 우리는 자수용 보신 노사나불의 실체를 보다 분명히 파악할 수가 있으며, 노사나불은 보살의 모습으로 묘사하게 된 분명한 이유를 발견할 수 있다.

아직은 자내증의 세계에서 깨달음의 내용을 점검하며 환희하는 석가모니, 그 자내증의 내용이 《화엄경》의 설법으로 꾸며졌으므로, 대적광전 안의 노사나불은 보관을 쓰고 설법인을 취한 보살의 모습으로 묘사되었던 것이다.

4. 잡화로 장엄된 궁전

대적광전은 불성의 빛, 진리의 빛이 가득찬 궁전이다. 그 궁전은 갖가지 꽃으로 장엄(華嚴)되어 있다.

그 꽃은 어떤 꽃인가? 불교의 상징인 연꽃으로 장엄되었는가? 아니다. 그 꽃은 잡화(雜花)이다.

　꽃들 속에는 민들레도 있고 무궁화도 있고, 장미도 연꽃도 들국화도 있다. 아니, 이름을 알 수 없는 숱한 무명초들도 함께 하고 있다. 그 꽃들이 모여서 고요한 가운데 크나큰 빛을 발하는 곳, 잡화들이 통일과 조화를 이루어 은은한 향기를 품어내는 궁전이 대적광전인 것이다.

　그러나 이 대적광전을 꾸미는 그 어떤 꽃도 '나'를 강조하고 뽐내는 일은 없다. 그 꽃들은 철두철미하게 무아성(無我性)을 자각하고 있다. 그리고 그들은 그들 나름대로 온 힘을 기울여 생존하고 있는 것이다. 어떻게 보면 그 어떤 생명력, 불타는 생명력이 집결되어 있는 곳이 대적광전일 것이다.

　진정 소중한 것은 이것이다. 민들레가 아름다운가 아름답지 않은가는 문제가 되지 않는다. 이 대적광의 궁전, 법신과 불성의 세계에서 볼 때는 온 힘을 다하는 민들레, 불타는 생명력으로 살아가는 민들레가 자랑스러울 뿐이다.

　우리는 잊고 사는 경우가 너무나 많다. '화려한 꽃도 이름없는 꽃도 모두 소중한 꽃'이라는 사실을…….

　실로 그러하다. 온 힘을 다 바쳐 살아가는 존재는 어느 하나 소중하지 않은 것이 없다. 이 꽃들이 모여 '화엄(華嚴)'이 된 것이고, 이 꽃들에 의해 '대적광(大寂光)의 궁전'이 생겨난 것이다. 그 방대한 《화엄경》의 주제도 '온 힘을 다 바쳐사는 소중한 꽃들의 모임'이라는 이 한마디의 말로 요약할 수 있다.

　온 힘을 기울여 스스로의 진실을 체험하고, 온 힘을 다하여 불성을 깨우치고, 온 힘을 모아 내 속에 있는 보배 창고의 문을 열고 자기의 보물을 활용하는 뭇 생명있는 자! 모든 것을 감싸고 모든 것을 키우는 진리의 빛은 언제나 그들과 함께 할 것이다.

　크나큰 고요가 깃든 진리의 빛이…….

제10장
행복이 깃든 이상향
― 극락전 ―

고해의 파도를 타고 출렁이는 중생은 누구나 지극한 행복을 원한다. 참지 않고서는 살아갈 수 없는 세계, 잡된 것으로 얽히고 설켜있는 이 사바세계에 몸을 담고 있는 중생이라면 절대적 행복으로 충만되어 있는 이상향을 추구하고자 하는 것이 당연한 바람이리라.

불교에서는 이 당연한 바람을 극락(極樂 : 지극한 즐거움, 지극한 행복으로 직역된다)으로 풀었다. 그리고 우리의 사찰 속에 극락정토를 축소시킨 법당을 건립하였다. 이 법당이 극락전이다. 따라서 이 법당에서는 지극한 행복이 추구되어야 하며, 그 행복은 구도자의 신행(信行)에 의해 이루어지는 것이다.

감히 필자는 '미타신앙을 통한 행복 추구의 도량'이라고 극락전을 정의하고 싶다. 1600년의 한국 불교사에서 가장 굵고 깊은 맥을 형성하였고, 우리 조상들의 마음에 빛과 희망을 안겨주었던 미타신앙이 사찰 속의 극락전을 중심으로 전개되었기 때문이다.

우리 나라 사찰의 법당 중 대웅전 다음으로 많은 극락전.

극락전의 중심에는 아미타 부처님이 정좌하고 계신다. 그 좌우에는 아미타불의 권능으로 고해의 중생을 극락으로 인도하는 관세음보살과 대세지보살―또는 관세음보살과 지장보살―이 자리 잡고 있으며, 그 삼존불 뒷쪽으로 극락의 법회 장면을 묘사한 극락회상도(極樂會上圖)나 극락구품탱화(極樂九品幀畫) 등을 현괘하여 극락의 모습을 보다

무량사 극락전 충남 부여. 보물 제356호. 17세기경. 극락전은 아미타불의 극락정토를 축약하여 건립한 전각이다.

구체적으로 보여주고 있다.

그러나 극락전은 단순히 이들을 보여주기 위해 건립된 공간이 아니다. 이 법당은 극락정토 왕생을 위한 신행의 장소이며, 우리 속에 깃든 무량한 빛과 영원한 생명을 찾는 수련의 도량이다. 나아가 이 도량에서 행하여야 할 올바른 신행, 이 도량이 간직하고 있는 참의미는 마땅히 아미타불을 통해 찾아야 한다.

아미타불!

그 분은 무량한 빛 그 자체이다〔無量光佛〕.

그 분은 무량한 수명 그 자체이다〔無量壽佛〕.

일찍이 나를 떠나지 않았던 그 빛, 영원히 우리와 떨어지지 않을 불멸의 생명을 간직한 아미타 부처님……. 님은 아주 오래 전 지극한 원(願)을 발하였고, 지혜로운 수행 끝에 뭇 생명있는 자의 고통을 영원히 쉬게 하는 끝없는 행복의 세계를 이루어 놓으신 것이다.

그님의 세계, 극락(極樂). 그곳은 고뇌하는 중생의 영원한 피안이다. 그곳에는 우리의 생각을 뛰어넘은 빛이 있고, 생명이 있고, 행복이 있고 해탈이 있다. 아미타 부처님의 끝없는 설법이 펼쳐지는 그곳에 태어나는 자, 모두가 성불(成佛)을 보장받게 되어 있는 것이다.

그러나 참된 극락은 어디에 있으며 아미타불의 진신(眞身)은 그 어느 곳에 있는가? 불교도의 믿음과 희망이 응집된 그 님과 님의 세계로 들어가는 관문을 함께 열어보기로 하자.

1. 一心과 아미타불

《십육관경(十六觀經)》에는 아미타불의 극락정토를 향한 감회어린 한 편의 설화가 기록되어 있다.

부처님의 80년 생애 끝 무렵이 가까웠을 때의 일이다. 마갈타국의 아자아타 태자는 데바닷타의 간교한 꼬임에 빠져 부왕인 빔비사아라왕을 몰아내고 왕위를 찬탈하였다. 뿐만 아니라 부왕을 옥에 가두고 굶겨 죽이기 위해 외부인의 출입을 금지하고 음식물을 들이지 못하게 하였다.

그러나 빔비사아라왕의 부인 바이데히이는 몸을 깨끗이 씻은 후 볶은 찹쌀가루를 벌꿀로 버무려서 몸에 바르고 감옥으로 들어가, 찹쌀가루를 벗겨 먹이며 주림을 면하게 하였다. 이 사실을 안 아자아타는 분노하면서 어머니를 죽이려 하였으나, 중신들의 간곡한 만류로 후궁에 감금하고 출입을 못하게 감시하였다.

바이데히이 부인은 분함과 억울함을 참으며, 슬픔과 탄식 속에서 부처님이 계신 깃자쿠우타산을 바라보면서 부처님 뵈옵기를 간절히 기원했다. 빗방울 같은 눈물을 흘리면서 절을 드리고 있을 때 부처님은 신통으로 부인 앞에 모습을 나타내었다. 부인은 부처님 앞에서 흐느껴 울며 가르침을 청했다.

"부처님이시여, 저는 무슨 죄보로 이와 같은 불효 악자(惡子)를 낳게 되었나이까? 저는 이 천박하고 악독한 세상이 싫어졌습니다. 이 세상은 지옥·아귀·축생이 꽉차 있는 좋지 못한 세상입니다. 청컨대, 저에게 깨끗한 세계를 보여 주시옵소서."

이에 부처님은 백호(白毫) 광명을 뿜어 시방의 모든 부처님 정토(淨土)를 남김없이 보여 주셨다. 그 하나하나의 세계가 깨끗하고 아름답지 않은 곳이 없었으나, 부인은 아미타 부처님이 계시는 극락세계가 가장 좋다고 하며, 극락에 왕생할 수 있는 길을 가르쳐 줄 것을 간청하였다. 부처님은 말씀하셨다.

아미타불은 여기서 멀지 않은 곳에 계시므로 아미타불의 모습을 마음으로 생각하고 극락세계를 주야로 생각하며 세 가지 복업(福業)을 닦을 것을……

그리고 그 세 가지 복업이 ① 자비심을 깊이 가지고 10선(善)을 닦을 것, ② 삼보에 귀의하고 계행(戒行)을 지킬 것, ③ 인과의 이치를 믿고 경전을 읽으며 사람들에게 도 닦을 것을 전하는 것임을 강조하셨다.

이때 관세음보살과 대세지보살을 좌우에 거느린 아미타불이 모습을 나타내어 기뻐하는 대중들에게 석가모니불의 말씀이 옳음을 증명해 보이셨고, 석가모니불은 극락왕생을 위해서 미타염불로 정진할 후인들을 생각하여 그 염불법을 조용히 일러주며 끝을 맺는다.

"바이데히이여, 저 부처님을 주야로 생각하라. 저 부처님의 몸은 법계 (法界)에 가득 차 있기 때문에 모든 사람의 마음 가운데에도 들어가 계신다. 그러므로 저 부처님을 생각할 때의 그 마음은 진실로 원만한 상호(相好)를 갖춘 부처인 것이다. 마음이 곧 부처요, 부처가 곧 마음이란 것은 이를 두고 한 말이다.

너희의 마음이 부처를 생각하면 그 마음 그대로가 부처가 아니냐? 그러므로 너희들이 아미타불을 일심으로 지극히 생각하면 모든 공덕을 이루게 되는 것이다. …… 만일 어떤 사람이 아미타불의 이름을 듣기만 하여도 끝없는 무명 번뇌의 미혹에 들어가는 죄를 제하게 되리니, 생각하고 잊지 아니하는 이의 공덕은 말할 것 없다. 염불하는 사람은 사람 가운데서 깨끗한 연꽃이라. 관세음보살과 대세지보살은 그 벗이 되고, 마침내는 극락정토에 가서 나게 되리라."

왕후 바이데히이는 풍족과 행복의 상징이었다. 그러나 바꿀 수 없는 인과의 수레바퀴 속에서 피붙이의 손에 수모와 목숨까지 걸어야 하는 비운의 여인이 되어야 했고, 급기야는 이 세상의 추악한 존재 양상에까지 거부감을 갖게 되었다. 부처님의 자비 아래 이때에 선택한 정토가 극락이요, 아미타불이다.

그러나 그보다 더 놀라운 것은 아미타불의 참모습이 법계에 두루하지 않은 곳이 없고 모든 사람의 마음 속에 이미 아미타여래가 있다는 설법 내용이다.

부처님을 생각하는 진실한 그 마음, 그 마음이 곧 아미타불이요, 일심으로 아미타불을 생각할 때 모든 죄업은 이미 소멸되어 있고 일체의 공덕은 이미 이루어져 있다는 것이다. 극락의 핵심은 여기에 있다. 아미타의 참모습은 일심에서 발현된다. 일심의 아미타! 일심의 정토가……

2. 本願 속에서!

아미타불은 범어인 '아미타유스붓다(Amitayus-Buddha; 무한한 광명을 가진 覺者)'와 '아미타브하붓다(Amitabha-Buddha; 무한한 수명을 가진 覺者)'라는 말의 음역이다. 이를 의역(意譯)하여 무량수불(無量壽佛), 무량광불(無量光佛)이라 하지만, 진실로 무한한 수명과 한없는 광명이 아미타불에게만 있는 것일까?

아니다. 그것은 깨어있는 우리의 일심! 그것의 또 다른 이름일 것이다. 중생을 구제하려는 자비의 이타정신(利他精神)에 입각하여 스스로 서원을 세우고, 그 완성을 향해 실천하는 존재의 굳건한 구도심(求道心)일 것이다. 아니, 평범하거나 영특하거나 간악하거나, 그 모든 중생의 보이지 않는 깊은 곳에 감추어진 모습 이전의 모습일 것이다.

그리고 실제로 이 무량한 빛, 이 무한한 수명을 발현시킨 자가 있었다. 그는 과거 53불 중 마지막인 세자재왕불(世自在王佛)의 법문을 듣고 감동하여, 한 나라의 부귀와 임금의 지위를 버리고 출가한 법장비구(法藏比丘)이다. 기억과 이해와 판단과 정진과 지혜력이 뛰어났던 법장비구는 그 출발을 대원(大願)에 두었다.

그는 세자재왕불께 나아가 여래의 덕을 칭송하고 보살이 닦는 온갖 행을 닦아 중생을 제도하려는 원을 세웠다. 이 원이 이루어지기까지는 설사 지옥의 고통을 받는다 할지라도 물러나지 않겠다는 굳은 결의를 표명한 것이다.

　　원컨대 나도 부처님이 되어
　　거룩한 공덕의 저 법왕처럼
　　끝없는 생사를 모두 건지고
　　온갖 번뇌에서 벗어지이다.
　　……
　　나도 맹세코 부처님 되어
　　이러한 원을 모두 행하고
　　두려움 많은 중생 위하여
　　의지할 자리 되어지이다.
　　……
　　내 몸이 만약 부처 이루면
　　그 국토 장엄은 으뜸이 되리.
　　중생은 모두 훌륭하게 되고
　　도량은 가장 뛰어나게 되리.
　　……

20수의 게송으로 발심(發心)을 표현한 법장비구는 다시 세상에서 비할 바 없는 부처님이 되어 모든 중생이 행복하게 살 수 있도록 불국토(佛國土)를 세우고, 모든 생사의 고통을 뿌리채 뽑아버리고자 함을 밝힌다.

그때 세자재왕불은 "그대 자신이 그렇게 하면 되지 않겠는가!"를

제10장 행복이 깃든 이상향 231

아미타삼존도 일본 根津美術館 소장의 고려 불화. 1350년경 제작. 아미타불 미간에서 광명을 놓아 왕생인을 비추고 관세음보살은 오른손에 연화대를 쥐고 몸을 숙여 왕생인을 영접한다.

강조한다.

'네가 곧 원이요 네가 그 원을 이룰 자'라는 것'을 천명한 것이다. 남이 아닌 나이다. 남에게 미룰 일은 더욱 아니다. 나 속에 감춰진 보배의 창고를 올바로 열어, 활용하고 이루어 낼 자는 오직 나 뿐이라는 것이다. 대원을 성취할 수 있는 비결이 '스스로 그렇게 하는 것'임을 상기시킨 것이다.

법장비구는 이 말씀에 크게 눈을 뜨고, 모든 불국토의 아름다운 특징과 장식과 배치를 설명해 줄 것을 청한다. 세자재왕불은 부처님의 2백10억 국토를 눈 앞에 펼쳐보이면서 자상하게 말씀해 주신다. 이후 법장비구는 5겁(劫) 동안이나 생각하고 생각하여 여러 부처님 정토의 훌륭한 것을 모두 다 취해서 마침내 48대원을 세우게 된다.

48대원! 그 서원 하나하나는 한결같이 남을 위하는 자비의 이타행(利他行)으로 충만되어 있다. 그리고 그 내용은 ①아미타불 자신에 대한 것, ②극락정토에 대한 것, ③극락에 태어난 이에 대한 것, ④극락에 왕생하려는 이에 대한 것으로 요약된다.

그후 법장비구는 크고 아름답고 소멸됨이 없는 정토를 한결같은 마음으로 장엄하였다. 그 한결같은 마음의 장엄이 보살행(菩薩行)의 발현으로 구체화될 때마다 법장비구의 마음은 더욱 맑고 깨끗해져 갔다. 물건에 집착하는 마음이나 삼독의 번뇌는 아주 없어졌고, 욕됨을 참는 힘, 풍부한 선정(禪定), 있는 그대로를 꿰뚫어 보는 지혜를 온전히 갖추었으며, 마음 속에 거짓이라고는 조금도 남아 있지 않았다. 친절로써 사람을 대하고 부지런히 사람들을 교화하면서 수행을 쌓은 결과, 10겁이 다 차기도 전에 아미타불이 되었다. 그리고 부처를 이룬 바로 그날, 극락정토 또한 구현되었다.

극락을 이룬 자 그 누구인가? 그것은 중생이었던 법장비구의 일심이었다. 그 일심은 중생에게 최상의 행복을 안겨주려는 극락구현의 원을 발현시켰고, 갖가지 수행은 곧 원의 힘(願力)이 되어 극락정토를 이루게 하였던 것이다.

상기하자. 원이 있는 곳에 힘은 따른다. 그 원이 강하면 강할수록 그 힘은 강하다. 그래서 이 '원력'이라는 단어를 함께 붙여서 쓰는 것이 아닌가!

원이 없으면 이루어지는 것도 없다. 한 사람의 지극한 원이, 그 일심의 원이 극락을 이루었음을 우리는 잊어서는 안될 것이다.

그렇다면 우리의 원은 무엇인가? 우리의 일심 속에 간직된 원은 무엇인가? 그 원이 자그마하고 볼품 없는 것이라도 좋다. 그 원이 정법(正法)의 원이라면 그 원 속에 사무쳐서 완전히 타라! 완전히 탈 때 힘은 샘 솟고 궁극은 성취 밖에 남을 것이 없다. 아미타불, 아미타의 본원을 생각하면서…….

3. 48대원

아미타불은 어떤 친화력을 지닌 부처님인가? 극락정토는 얼마나 지복(至福)한 곳인가? 극락에 왕생한 이가 누리는 지극한 행복이란 무엇인가? 극락에 왕생할 수 있는 자 그 누구인가? 이 모든 의문에 대한 답은 극락이 생겨나기 전, 아미타불이기 이전의 법장비구가 세운 48대원 속에 이미 갖추어져 있었다. 이제 48원 하나하나를 들어 깊은 미타신앙의 세계를 살펴가고자 한다. (○안 숫자는 원의 순서임. 예: ⑦은 제7원)

(1) 아미타불은 어떠한 부처님인가?

⑫ 그 광명은 끝이 없어 백천억 불국토(佛國土)를 비추고〔光明無量願〕,

⑬ 그 수명은 한량이 없어 백천억 겁으로도 셀 수 없으며〔壽命無量願〕,

⑰ 그 이름과 공덕을 칭찬하지 않는 시방세계의 부처님은 없다〔諸佛稱揚願〕.

㉝ 어떤 중생이라도 그 광명에 비춰기만 하면 몸과 마음이 부드럽고 깨끗하여지며〔觸光柔軟願〕,

㉞ 그 이름만 들을지라도 중생은 보살들의 무생법인(無生法忍)과 깊은 지혜를 얻게 되고〔聞名得忍願〕,

㉟ 여인은 다시는 여인의 몸을 받지 않고 성불할 수 있으며〔女人成佛願〕,

㊱ 죽은 뒤 항상 청정한 행을 닦아 마침내 성불하게 되며〔常修梵行願〕,

㊲ 천인이나 인간은 모든 이들의 공경을 받게 된다〔人天至敬願〕. 또 아미타 그 이름을 들은 보살은

㊶ 성불할 때까지 육근(六根)이 원만하여 불구자가 되지 않으며〔諸根具足願〕,

㊷ 해탈삼매(解脫三昧)를 얻고 한량없는 부처님께 공양하면서 삼매를 잃지 않으며〔住定供佛願〕,

㊸ 죽은 뒤 부귀한 가정에 다시 태어나며〔生尊貴家願〕,

㊹ 보살행을 닦아 선근공덕을 갖추게 되며〔具足德本願〕,

㊺ 한량없는 부처님을 한꺼번에 뵈올 수 있는 평등한 삼매를 얻고 성불할 때까지 수없는 부처님을 만나게 되며〔住定具佛願〕,

㊼ 불퇴전의 지위를 얻게 되며〔得不退轉願〕,

㊽ 설법을 듣고 깨닫고 진리에 수순하여 깨닫고 마침내는 무생법인에 들어가서 부처님의 가르침에서 물러서지 않게 된다〔得三法忍願〕는 것이다.

광명과 수명과 공덕의 상징인 아미타불! 구도자는 그 이름을 통하여 깊은 지혜를 배우고 청정한 행을 배우고 위없는 깨달음을 배워야 한다. 그 이름 속에서 스스로의 진실을 체험하는 자야말로 참된 보살이 아니겠는가. 보살을 향한 아미타불의 자비와 광명은 한량이 없다. 아미타불은 우선 우리가 보살이기를, 보살이 되기를 설득하고 있다. 보살이 될 때 내 이름 속에서 성불할 수 있고, 해탈 삼매와 모든 공덕과 불퇴전의 지위와 무생법인과 모든 부처님의 친견을 보장할 수 있다는 것이다.

혹 어떤 이는 아미타불을 극락가게 해주는 부처님으로만 생각할 수

도 있을 것이다. 그러나 아미타불은 모든 중생이 보살이기를 바라고 모든 중생이 성불하기를 바라면서 대원을 세웠던 것이다. 아미타불께 가까이 가는 길, 극락을 향하는 지름길은 보살이 되는 것이다.

아미타불의 본원을 생각하는 자라면 보살이 될 것과 보살의 길을 걸을 것을 결심하여야 한다. 법장비구와 같은 보살이 아니라도 좋다. 풍부한 자비와 뜨거운 행원(行願)이 갖추어지지 않은 보살이라도 좋다. 참되게 살기를 결심하고 스스로의 진실을 체험하며 사는 이, 자비와 정법과 뭇 생명있는 자의 행복을 마음에 새기면서 사는 이, 이와 같은 이라면 보살이기에 충분할 것이다.

참보살이 되자. 그때에 아미타의 본원은 나의 본원이 될 것이다. 아미타의 위신력은 나의 위신력이 될 것이다. 아미타의 깊은 뜻이 여기에 있기에……

(2) 극락이란 어떤 세계일까?

아미타불이 거주하는 곳, 지금 우리가 살고 있는 곳에서 서쪽으로 십만억 국토를 지난 곳에 극락정토가 있다고 한다. 극락이란 명칭은 그 원어인 범어로 볼때 '즐거움 있는 곳(sukhavati)'이라는 뜻을 가지고 있고, 한역하여 안양(安養) 또는 안락(安樂)으로 표현하고 있다. 정토삼부경(浄土三部經) 등에서는 이 극락의 안락하고 훌륭한 모습을 많이 기술하고 있지만, 48원 속에 묘사된 극락의 모습을 살펴보면 보다 원초적인 면을 살필 수 있다.

극락정토에는

① 지옥·아귀·축생 등 삼악도(三惡道)의 불행이 없고〔無三惡趣願〕,

⑭ 무수히 많은 성문들이 있으며〔聲聞無數願〕,

㉛ 한없이 밝고 깨끗하여 수없는 부처님의 세계를 한꺼번에 비추어 보되 거울로써 얼굴을 미추어 보듯하며〔國土淸浄願〕,

㉜ 땅 위나 허공에 있는 궁전이나 누각이나 흐르는 냇물이나 화초나 나무나 온갖 물건이 모두 여러 가지 보배와 향으로 되어 비길 데 없이

극락구품탱화 경기 고양. 홍국사 소장. 극락세계의 모습을 세부적으로 묘사한 그림이다.

훌륭하며, 그 물건들에서 나는 향기는 시방세계에 풍기어 냄새를 맡은 이가 모두 거룩한 부처님의 행을 닦게 된다〔寶香合成願〕는 것이다.

정토란 정화된 국토라는 뜻이며, 그것은 국토를 정화하여 이룬 세계이다. 국토를 정화한다는 것은 무엇을 말하는 것인가? 그것은 국토를 형성하고 있는 모든 것, 곧 모든 중생을 청정하고 완전하게 하는 일이다.

《유마경(維摩經)》의 불국품(佛國品)에서,

맑고 깨끗한 불국토를 원하거든
마땅히 그 마음을 깨끗이 하라.
마음이 맑고 깨끗해짐에 따라
불국토는 맑고 깨끗해지느니라.

欲淨佛土　當淨其心
隨其心淨　卽佛土淨

하였듯이, '정토의 구현은 마음의 정화'에 있고 '정토의 땅은 바로 중생의 심지(心地)'임을 알아야 할 것이다.

그래서 대승의 보살들은 일체 중생의 성불을 서원한다. 중생의 마음이 맑고 깨끗해져서 정각(正覺)을 이룰 때 최상의 정토는 실현되는 것이기 때문이다. 즉, 정토의 실현이란 정각의 세계를 달리 표현한 것에 지나지 않으며, 극락세계 또한 아미타불이 일체 중생을 제도하기 위해서 세운 본원의 실현에 의해 이룩된 정각의 세계인 것이다.

결국 극락이 십만억 국토를 지난 곳에 위치하고 있다는 표현 자체도 그러한 먼 거리 다음에 나타나는 공간적인 장소를 가기킨 말이 아니다. 지금의 세속적인 현실과 단절된 것을 지적하는 탁월한 표현으로 이해하는 것이 오히려 합당하다. 내 마음이 얼마나 맑고 깨끗해지고 있는가? 그것이 극락과의 거리를 재는 척도이다.

또한 장엄하고 화려한 극락정토 역시 완전하고 청정한 마음의 상태를 유형적으로 묘사한 것이라고 이해하는 것이 합당하다. 극락은 지극한 즐거움이 있고 번뇌가 없는 곳이다. 이 세계는 내 마음의 정화도에 따라 깊이를 달리하면서 우리에게 전달되는 것이다.

구도자는 무량한 빛, 무량한 생명의 아미타불을 생각하면서 묵묵히 그 마음을 정화하라. 그곳에 극락의 문은 열려 있다. 아니, 바로 그 자리가 극락인 것이다.

(3) 극락에 왕생한 이가 누리는 최상의 행복이란 무엇인가?
극락에 왕생하는 이는
② 다시는 삼악도 떨어질 염려가 없고〔不更惡趣願〕,
③ 모두 황금빛 광채가 나며〔悉皆金色願〕,
④ 한결같이 훌륭한 몸을 가져 잘난 이 못난 이가 따로 없다〔無有好醜願〕.

⑤ 모두가 숙명통을 얻어 과거의 일을 다 알고〔宿命通願〕,

⑥ 모두가 천안통을 얻어 모든 세계를 볼 수 있고〔天眼通願〕

⑦ 모두가 천이통을 얻어 모든 부처님의 설법을 들을 수 있고〔天耳通願〕,

⑧ 모두가 타심통을 얻어 모든 세계에 있는 중생들의 마음을 알 수 있고〔他心通願〕,

⑨ 모두가 신족통을 얻어 백천억 세계를 순식간에 통과할 수 있고〔神足通願〕,

⑩ 모두가 번뇌의 근본인 아집을 일으키지 않으며〔漏盡通願〕,

⑪ 금생에서 바로 결정된 정정취(正定聚)에 들어가서 마침내 성불하게 된다〔必至滅道願〕.

그리고 극락의 중생들은

⑮ 수명이 한량이 없고〔眷屬長壽願〕,

⑯ 나쁜 일을 하지 않는다〔無諸不善願〕.

㉑ 32상의 몸매를 갖추게 되고〔三十二相願〕,

㉓ 여러 부처님을 공양할 수 있고〔供養諸佛願〕,

㉔ 공양할 때는 마음대로 공구를 얻게 되고〔供具如意願〕,

㉕ 누구든지 부처님의 일체 지혜를 얻어서 법문을 설하게 되며〔說一切智願〕,

㉖ 나라연과 같은 굳센 몸을 가지고 있다〔那羅延身願〕.

㉗ 사용하는 물건은 모두가 아름답고 화려하며〔所須嚴淨願〕,

㉘ 보리수의 한량없는 빛을 볼 수 있고〔見道場樹願〕,

㉙ 변재와 지혜를 얻고〔得辯才智願〕,

㉚ 모두 걸림없는 지혜와 변재를 얻는다〔智辯無窮願〕.

㊳ 아름다운 옷이 저절로 입혀지고〔衣服隨念願〕,

㊴ 즐거움만을 누리고 다시는 번뇌와 집착이 일어나지 않으며〔受樂無染願〕,

㊵ 시방세계 여러 부처님들의 세계를 볼 수가 있다〔見諸佛土願〕.

또 극락에 태어나는 보살은

㉒ 필경 일생보처(一生補處)라는 보살의 가장 높은 지위에 이르게 되고〔必至補處願〕,

㊻ 소원대로 듣고 싶은 법문을 들을 수 있는 것이다〔隨意聞法願〕.

이들 중에는 세속적인 인간의 욕망과 부족을 충족시켜 주는 생활의 단편적인 모습도 많이 포함되어 있다. 그러나 극락세계에 태어난 사람은 반드시 열반에 도달한다는 원(⑪ 必至滅道願), 이 생을 마치고 다음 생에는 반드시 부처가 된다는 원(㉒ 必至補處願), 부처님과 똑같은 32상을 갖춘다는 원(㉑ 三十二相願) 등은 극락정토에 왕생하는 자가 반드시 불과(佛果)를 증득할 수 있음을 의미한다.

성불이 절대적으로 보장되어 있는 나라! 즐거움만이 있는 나라에 태어난다는 것이 얼마나 멋있는 일이며 바라던 것인가!

그러나 우리는 그 세계에 도달하는 것이 사후(死後)에나 가능하다고 표현하고 있다. 왕생이란 말 자체가 이 세상으로부터 떠나서 그곳에 태어남을 의미하기 때문이다. 하지만 이곳의 태어남은 인간이나 동물의 태어남과는 완전히 다르다. 극락의 구품연화대 속에서 '다른 것에 의존하지 않고 그 스스로 나타나는 것'이다. 이것을 화생(化生)이라고 한다.

무엇에 의지하지 않고 태어난다는 것의 참뜻은 무엇인가? 시공(時空)을 초월하여 자생(自生)으로 생겨남을 의미한다.

극락이라는 이상적인 세계가 온갖 좋지 못한 행위를 저지른 이 몸이 그대로 옮겨져 가는 장소는 결코 아니다. 내 자신이 질적으로 변화되었을 때 비로소 극락은 도래하는 것이다. 질적인 변화는 곧 마음의 청정함이다. 그리고 이타의 보살행에 의해 사회가 정화될 때 극락은 현실화되는 것이다.

극락의 행복은 지금 이 자리에도 있다. 더러움 속에서도 항상 스스로의 마음을 맑혀 세상을 청정으로 볼 수 있는 눈을 뜨게 된다면, 그는 이 땅에서 극락의 연화대 속으로 화생하는 자이리라. 이 땅에도 연꽃은 수없이 마련되어 있다. 그 연꽃에 앉아 극락의 행복을 누릴 자 그 누구인가? 죽은 후가 아니다. 바로 지금 이곳에서도 연꽃을 피우자. 한송이 한송이 한송이씩을! 모두가 한송이 연꽃이 되자. 못다 피울 그때는 내생을 기약할지라도…….

(4) 극락에 왕생하는 자는 누구인가?

⑱ 어떤 중생이나 지극한 마음으로 내 국토를 믿고 좋아하여 가서 나려는 이는 열 번만 아미타불의 이름을 불러도 반드시 왕생하게 되며〔念佛往生願〕,

⑲ 보리심(菩提心)을 내어 여러 가지 공덕을 닦고 지극한 마음으로 원을 세워 내 국토에 가서 나려는 이는 임종 시에 아미타불이 대중들과 함께 가서 그 사람을 영접하며〔臨終現前願〕,

⑳ 아미타불의 이름을 듣고 극락을 사랑하여 갖가지 공덕을 심고, 지극한 마음으로 극락에 나려는 이는 반드시 왕생한다〔植諸德本願〕는 것이다.

극락에 왕생하려는 자기 보리심을 내어 지극한 마음으로 아미타불과 극락을 생각하며 염불하면 틀림없이 왕생할 수 있다는 말이다.

4. 염불법(念佛法)

예로부터 전래되는 염불법은 수없이 많다. 입으로만 아미타 부처님의 명호를 부르는 칭명염불(稱名念佛)이 있는가 하면, 고요히 앉아 부처님의 형상을 관념(觀念)하는 관상염불(觀想念佛)도 있고, 일체만유의 진실한 자성(自性)인 법신(法身)을 관하는 실상염불(實相念佛)도 있다.

그리고 좌선할 때처럼 선정에 들어서 부처님을 정업염불(定業念佛)과 가나 있으나 앉으나 누우나 한결같이 염불하는 산업염불(散業念佛)도 있으며, 더러운 세계를 싫어하여 정토에 왕생하기를 구하며 염불하는 유상업염불(有相業念佛)이 있는가 하면, 비록 염불하여 정토를 구하나 자기 몸이 곧 정토라고 보는 무상업염불(無相業念佛)도 있다.

또 그 방법상에 있어서는 속도와 음율을 달리하는 오회염불법(五會

제 10 장 행복이 깃든 이상향 241

무위사 극락전 내부 전남 강진. 국보 제13호. 누구에게나 아미타불의 무량한 빛, 무량한 수명은 간직되어 있다. 그 빛과 수명은 일심일 때 발현된다.

念佛法)도 있다. 처음 시작할 때는 낮은 음성으로 '나무아미타불'을 부르다가 제2회에는 약간 음을 높여 역시 느리게 부르며, 제3회에는 느리지도 급하지도 않게 부른다. 제4회에는 점점 급하게 부르다가, 제5회에는 앞뒤 사이의 간격없이 '아미타불 아미타불……' 네 자만을 부르는 것이다.

이때 한숨에 108번 이상을 염할 수 있게 된다면 그는 이미 염불로 인한 염력(念力)이 생긴 자라고 할 수 있다. 그에게 있어서 염불 삼매는 그리 먼 훗날의 일이 아니다. 오히려 이때에 이르면 마(魔)를 경계해야 한다.

수행이 깊으면 마도 따라서 치성해지는 것이 당연한 이치이지만, 이 마 또한 우리의 마음을 모으면, 마는 오히려 우리의 수행을 도와줄 뿐이다. 수행자가 두려워 할 것은 결코 장애나 마가 아니다. 일념의 상태, 일심의 염불이 되지 못하는 것 외에 수행자가 따로이 두려워해야 할 것은 없다. 참된 염불 수행인의 고민은 어떻게 마음 밭의 잡초를 거름으로 바꾸는가 하는 것일 뿐이니……

5. 잡초가 거름이 될 때

　우리의 마음밭에는 번뇌 망상이라는 잡초가 있어 일심의 염불을 방해하게 된다. 그 잡초들 때문에 일념 염불은 잡스러워지고, 우리의 삶은 숱한 수난을 받게 된다. 그렇지만 번뇌 망상의 잡초와 함께 수행해야 하는 슬픔은 잡초의 허물일 수가 없다. 그 잡초가 무성해지도록 방치했던 자는 우리가 아닌가. 이제라도 마음을 가다듬고 우리의 마음밭을 살펴보자.

　잡초! 그것은 수행의 밑거름이다. 호미를 들고 낫을 쥐어라! 염불 수행이 곧 그것이니까. 그리고는 마음 밭에 뛰어들어 잡초를 제거하자. 제거한 잡초를 퇴비장에 옮겨서 푹 잘 썩힌 다음 거름으로 사용하자. 수행을 방해하던 잡초가 오히려 밑거름이 되어서 마음의 밭에 심은 깨달음의 나무를 더욱 잘 자라게 할 것이다.

　우리가 마음 밭에 자라고 있는 번뇌의 잡초들을 지혜롭게 받아 들일 때 잡초들은 스스로 참염불을 돕는다. 이 시절에 이르면 마음의 잡초들은 장애가 되지 않는다. 잡초들 때문에 괴로워하기보다는 오히려 잡초들에 대해 감사해야 한다. 한 마음만 지혜롭게 쓰면 필경 이 잡초들이 인생을 기름지게 할 것이고, '어떻게 할 때 잡초를 거름으로 바꿀 수 있을까?'에 대한 해답을 얻게 될 때 염불 수행은 급진전을 이룰 것이다. 염불과 잡초, 그리고 마음밭을 함께 살펴보자. 그러면 어떻게 잡초가 거름으로 바뀌는가를 살필 수 있을 것이다.

　마음의 밭에는 애초부터 주인도 객도 없었다. 그저 청정하고 또 잡초가 무성한 속에서도 청정할 뿐이다. 그러나 우리들은 그 청정한 본바탕은 팽개친 채 잡초만을 잡고 씨름한다. 그러다 보니 잡초를 거름으로 바꾸는 노력이 수행의 필연이 되고 만 것이다. 잡초가 완전한 거름이 될 때까지 우리는 스스로에게 용기를 북돋우면서 마지막 순간을 넘어서는 하나의 수행으로 매진해야만 한다.

　'내'가 '아미타불'을 '염하고 있다'는 생각이 조금도 일어나지 않는 염불 삼매에 몰입하여, 아미타불이나 극락이 고요하면서도 또렷또렷하게 잡힐 그때까지 마음의 밭을 염불로써 지키고 살펴야만 한다.
　망상의 잡초가 거름으로 바뀔 때 마음은 청정해지고 극락은 그 자리에 모습을 드러낸다. 아미타불의 무량한 빛과 무량한 수명이 곧 우리의 마음 깊은 곳에, 아니 마음 그 자체에서 떠나지 않았음을 깨닫게 될 것이다.
　시간과 공간이 일치하는 지금 이 자리에서 일심으로 염불하는 자！ 그에게는 극락이 다가와서 펼쳐진다. 극락이 스스로 이미 와 있는 것이다. 그는 어디에서나 극락을 볼 것이다. 어느 때에나 극락을 즐길 것이다. 사바세계 어느 사찰의 극락전에 굳이 앉아 있지 않을지라도……

제11장
희망의 미륵정토
― 미륵전 ―

 미륵전은 미래의 부처님인 미륵(彌勒)이 그 분의 불국토인 용화세계(龍華世界)에서 중생을 교화하는 것을 상징화한 법당이다. 즉, 미륵신앙의 근본 도량을 사찰 속에 응축시킨 것이 미륵전이요, 먼 미래의 새로운 부처님 세계에서 함께 성불하자는 것을 다짐하는 참회와 발원(發願)의 장소인 것이다.
 이 미륵전은 미륵불에 의해 정화되고 펼쳐지는 새로운 불국토 용화세계를 상징한다고 하여 '용화전(龍華殿)'이라고도 하며, 미륵의 한문 의역(意譯)인 '자씨(慈氏)'를 취하여 '자씨전(慈氏殿)'이라고도 부른다.
 이 법당 안에는 현재 도솔천(兜率天)에서 설법하며 내세에 성불하여 중생을 교화할 미륵보살을 봉안하거나 용화세계에서 중생을 교화하게 될 미륵불을 봉안하게 되는데, 우리 나라에서는 미륵불을 봉안하는 경우가 많다.
 그리고 불상 뒤에 봉안되는 미륵후불탱화(彌勒後佛幀畫)는 일반적으로 세 가지 유형을 이루고 있다. 첫째는 미륵정토변상(彌勒淨土變相)이고, 둘째는 용화회상도(龍華會上圖)이며, 셋째는 미륵내영도(彌勒來迎圖)이다.
 미륵정토변상은 미륵보살이 설법하고 있는 도솔천의 미륵천궁(彌勒天宮 : 內院宮)을 묘사한 불화이다. 미륵보살을 단독으로 그릴 때도

금산사 미륵전 우리 나라 미륵신앙의 근본도량 가운데 하나이다.

있지만, 보살과 성중(聖衆) 그리고 범천(梵天)과 제석천(帝釋天) 등의 외호신(外護神)을 배치하는 경우가 많다. 또 미륵정토의 궁중 장면을 묘사한 것도 있다. 미륵보살은 보통 머리 위에 보관(寶冠)에 탑을 묘사하거나 손에 탑을 가지며, 손에 든 연꽃에 탑을 묘사하는 것 등이 특징이라 할 수 있다.

용화회상도는 용화수 아래에서 미륵불이 되어 중생을 제도하는 모습을 묘사한 것이다.

미륵내영도는 대체로 아미타내영도와 비슷한 구조를 가지는 것인데, 보통 보관을 쓴 미륵보살이 구름을 타고 내려오는 장면으로 묘사된다. 그리고 그 주위에는 보살들과 성중, 범천과 제석천들이 둘러싸고 있으며, 미륵정토에서 수행하는 자가 작게 배치된다.

우리 나라에서 가장 대표적인 미륵전은 국보 제62호로 지정된 전라북도 김제군 금산면에 있는 금산사(金山寺)의 미륵전이다. 이 미륵전의 1층 편액에는 대자보전(大慈寶殿), 2층에는 용화지회(龍華之會), 3층에는 미륵전이라고 쓴 현판이 붙여져 있는데, 모두가 미륵불 봉안의 법당임을 상징하는 것이다.
　이제 이와 같은 미륵전을 중심으로 펼쳐지는 미륵 신앙의 진면목을 함께 살펴보도록 하자.

1. 희망의 미륵신앙

　미륵신앙이란 지난날 석가모니불께서 그 제자 중의 한 사람인 미륵에게 장차 성불하여 제1인자가 될 것이라고 수기(授記)한 것을 근거로 삼고, 이를 부연하여 편찬한 《미륵삼부경(彌勒三部經)》을 토대로 하여 발생된 신앙이다. 《삼부경》은 각각 상생(上生)과 하생(下生)과 성불(成佛)의 세 가지 사건을 다루고 있다. 미륵보살을 신앙의 대상으로 삼아 부지런히 덕을 닦고 노력하면, 이 세상을 떠날 때 도솔천(兜率天)에 태어나서 미륵보살을 만날 뿐 아니라, 미래의 세상에 미륵보살이 성불할 때 그를 좇아 염부제(閻浮提)로 내려와서 제일 먼저 미륵불의 법회에 참석하여 깨달음을 얻게 된다는 것이다.

(1) 미륵보살

　미륵보살의 '미륵'은 범어 '마이트레야(Maitreya)'의 음역(音譯)이다. '친우'를 뜻하는 미트라(mitra)로부터 파생된 마이트레야는 자비(慈悲)라는 뜻을 내포하고 있으므로, 한자 문화권에서는 미륵보살을 자씨보살(慈氏菩薩)이라고도 불러왔다. 이는 관세음보살을 대비보살(大悲菩薩)이라고 부르는 것과 좋은 대조가 되고 있다.
　불교사상의 발전과 함께 미래불이 나타나서 석가모니 부처님이 구제할 수 없었던 중생들을 남김없이 구제한다는 대승적(大乘的) 자비 사상(慈悲思想)에 근거하여 미륵보살이 가장 먼저 출현하게 되었고, '자씨'라는 이름으로 불리어졌던 것이다.
　《미륵하생경(彌勒下生經)》과 《관미륵보살상생도솔천경(觀彌勒菩薩上生兜率天經)》에 의하면, 미륵보살은 인도의 바라나시국의 바라문 집안에서 태어나 석가모니불의 교화를 받으며 수도하였고, 미래에 성불하

제 11 장 희망의 미륵정토 247

 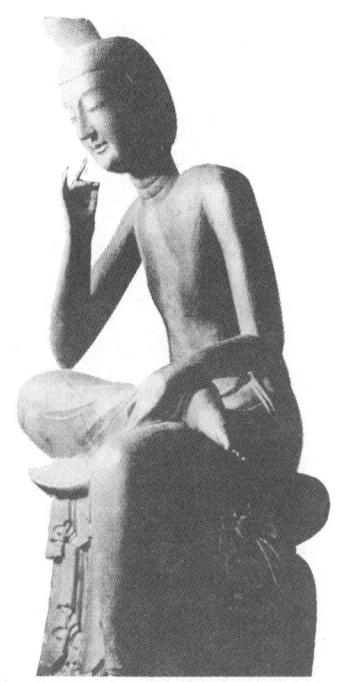

미륵반가사유상 도솔천의 미륵보살이 용화세계에 내려와 어떻게 중생을 제도할 것인가를 사유하고 있는 모습이다.
(좌) 국보 제83호. 국립중앙박물관 소장.   (우) 일본 京都 廣隆寺 소장.

리라는 수기(授記)를 받은 뒤 도솔천(兜率天)에 올라가 현재 천인(天人)들을 위해서 설법하고 있다고 한다. 그러나 아직 부처가 되기 이전의 단계에 있기 때문에 보살이라고 부른다.

그는 석가모니불이 입멸(入滅)한 뒤 56억 7천만 년이 되는 때, 즉 인간의 수명이 8만 세가 될 때에 이 사바세계에 태어나 화림원(華林園) 안의 용화수 아래에서 성불하여 3회의 설법으로 272억 인을 교화한다고 하였다.

이러한 미륵보살이 도솔천에 머무르다가 다시 태어날 때까지의 기간 동안, 미래를 생각하며 명상에 잠겨 있는 자세가 곧 미륵반가사유상

(彌勒半跏思惟像)이다. 우리 나라에서는 특히 삼국시대에 이 미륵반가 사유상의 불상이 많이 조성되었다.

그리고 미륵보살을 신앙하는 사람이 오랜 세월을 기다릴 수 없을 때에는 현재 보살이 있는 도솔천에 태어나고자〔上生〕, 또는 보살이 보다 빨리 지상에 강림하기를〔下生〕 염원하며 수행하는 미륵신앙이 우리 나라에서 널리 유행하였다. 현재 미륵보살이 머무르면서 설법하고 있는 도솔천은 '지족(知足)'이라고 번역되는 하늘로서, 지나친 욕심이나 번뇌망상으로 인해 방황함이 없는 세계요, '스스로 만족할 줄 아는 오유지족(吾唯知足)'의 무리들이 모여 사는 하늘 나라이다.

(2) 미륵불

도솔천의 미륵보살은 석가모니 부처님이 열반에 든 뒤 56억 7천만 년이 지나면 이 사바세계에 출현하여 부처가 된다. 그 분이 미륵불이다. 그때의 이 세계는 이상적인 국토로 변하여 땅은 유리와 같이 평평하고 깨끗하며, 꽃과 향이 뒤덮여 있다고 한다. 또한 인간의 수명은 8만 4천 세나 되며, 지혜와 위덕이 갖추어져 있고 안온한 기쁨으로 가득차 있다.

이 세계에는 케투마티(Ketumati, 鷄頭末)라는 성이 있고, 이곳에서 상카(Sankha)라는 전륜성왕이 정법(正法)으로 나라를 다스리게 된다. 이 나라에는 수많은 보배들이 길거리에 즐비하지만, 사람들은 이 보배를 손에 들고 "옛 사람들은 이것 때문에 서로 싸웠지. 그러나 오늘날은 이것을 탐하거나 아끼는 사람이 없게 되었다"고 한다.

이와 같은 아름다운 세상에 미륵이 수범마와 범마월을 부모로 삼아 태어난다. 그는 출가하여 용화수(龍華樹) 아래에서 성불하고 3회에 걸쳐서 사제(四諦) · 십이연기(十二緣起) 등의 법문을 설한다. 그리하여 1회에는 96억 인이, 2회에는 94억 인이, 3회에는 96억 인이 각기 아라한과(阿羅漢果)를 얻는다고 한다. 이것이 용화삼회(龍華三會)의 설법이다. 중생을 교화하여 이들이 진리에 눈뜨게 하기를 6만 년, 그 뒤 미륵불은 열반에 든다.

(3) '미륵'의 참된 면목

우리는 무엇보다 먼저 '미륵'이라는 이름을 통하여 우리에게 무엇을 가르치고 있는지를 알아야 한다. 그것은 참된 미륵신앙을 정립한 인도의 고승 무착보살(無着菩薩)과 관련된 한 편의 이야기 속에 가장 잘 나타나 있다.

무착보살은 미륵의 진신(眞身)을 친견하기 위해 12년 동안이나 노력하였다. 그러나 마음 저 깊은 곳에 구하는 것이 많고 증득(證得)하고자 하는 욕망이 가득하며 소유하려는 것이 적지 않았던 그에게 쉽게 미륵은 모습을 나타내어 주지 않았다.

어느날, 길을 가던 무착은 다 죽어가는 개에게 달라붙어 살을 갉아먹고 있는 벌레들의 모습을 보게 되었다. 벌레들은 이미 개의 사지(四肢) 일부를 먹어 악취가 진동하였고, 감히 쳐다보기도 역겨운 상태에 놓여 있었다.

그 순간 무착은 마음 깊은 곳에서 우러나는 원초적인 소리를 듣는다. 그는 개도 벌레도 살리기 위해서 지나가는 행인에게 자신의 승의(僧衣)를 벗어주고 칼을 구한 다음, 그 칼로 자신의 넙적다리 살을 도려내고는, 그 살을 먹도록 개에게 달라붙은 벌레들은 혓바닥으로 핥아 옮겼다. 그 순간, 벌레와 개의 먹고 먹히던 현장이 찬란한 광명을 발하면서 미륵보살로 바뀌었다.

"내가 항상 네 곁에 있었건만 네 마음의 눈이 어두워서 나를 보지 못하더니 이제야 나를 보는구나. 내 옷자락을 잡아라."

미륵보살을 따라 도솔천으로 올라간 무착은 그곳에서 갖가지 설법을 들었고, 뒷날 대승유가행파(大乘瑜伽行派)의 사상을 확립시켰던 것이다.

미륵은 중생에게 무엇을 요구하는가? 무착은 무엇에 의지하여 미륵의 진신을 친견할 수 있었는가? 그것은 자비심이었다. 나의 것, 나의 갈구, 나의 증득이 아니라 자기를 뛰어넘고, 자기를 잊은 대자비심이었다.

자씨보살, 미륵의 자비를 희구하는 사람이라면 자비의 참 뜻을 먼저 새겨야 하리라. 무아(無我)의 자비행을 실천하는 자에게 미륵의 자비가 언제나 함께 함을 깨달아야 할 것이다.

2. 신앙사(信仰史) 속에서

(1) 마음에 미륵을 품고

우리 나라에서의 미륵신앙이 언제부터 시작되었는지는 그 초창기에 관한 문헌 기록이 없어 정확히 알 수가 없다. 그러나 고구려에 불교를 전파하기 위해 순도(順道)를 파견했던 전진(前秦)의 왕 부견(符堅)이, 서역으로 여러 차례 사신을 파견하여 간절한 마음으로 미륵불상을 구해왔던 것으로 보아, 고구려에 불교가 전래된 초기부터 미륵신앙이 전개되었으리라 짐작된다.

그리고 고구려와 백제에 5~6세기 경의 미륵반가사유상이 많이 발견되고 있는 사실과, 이 두 나라 승려들에 의해 개척된 일본의 초기 불교에 미륵신앙의 흔적이 많은 것 등을 통하여 불교 전래 초기부터 미륵신앙이 매우 성행하였음을 충분히 짐작할 수 있다.

특히 고구려에서 죽은 어머니가 용화삼회(龍華三會)에 참석할 수 있기를 발원하며 미륵불상을 조성한 것과, 백제의 무왕(武王)이 용화산 밑의 못에서 미륵삼존불이 출연한 것을 경이롭게 여겨 미륵사(彌勒寺)라는 대사찰을 창건한 것은 매우 주목되는 사실이다.

신라 땅에 미륵신앙이 크게 성행되었음을 증명하는 문헌은《삼국유사》이다. 이에 의하면 신라는 불교를 공인한 그 초기부터 미륵신앙에 큰 흥미를 보여 왔다. 신라 최초의 사찰인 흥륜사(興輪寺)에도 미륵불상은 모셔져 있었고, 진흥왕 때 시작된 화랑제도는 미륵신앙과 밀접한 관계를 가진 것이다.

화랑이 꽃같이 용모 단정한 미소년(美少年)들이었다는 것은 미륵보살의 용모에 견준 것이고, 화랑의 대장을 국선(國仙)이라고 부른 것은 미륵을 '일체지광선(一切智光仙)'이라고 부른 것과 관련있는 말이다.

또 실제로 모든 화랑들이 한결같이 미륵보살을 숭앙하면서 미륵의 지도와 보호를 빌었던 사실은 모두 화랑제도가 미륵신앙을 기초로 하고 있었음을 말해주는 것이다. 도솔천 상생의 소원과 미륵불의 하생 후 안락한 국토의 실현을 희구하는 미륵신앙은 신라의 전시대를 걸쳐 화랑의 머리 속에서 떠나지 않았다.

진지왕 때의 흥륜사 승려였던 진자(眞慈)가 미륵불이 화랑으로 화현해서 그들 무리를 이끌고 지켜주기를 바랐던 사실, 그리하여 미륵선화(彌勒仙花)를 만나 국선으로 모셨던 사실, 경주 단석산(斷石山) 등 화랑들의 수련장에는 거의 예외없이 미륵불상이 모셔져 있었고 지금도 그 불상들을 접할 수 있다는 사실들이 이를 잘 입증하고 있다.

또한 김유신은 그가 화랑으로 있을 때의 무리들을 용화향도(龍華香徒)라고 불렀다. '용화'란 미륵보살이 장차 하생하여 성불하고 중생을 교화하는 장소인 용화세계의 용화를 딴 것이다.

그 밖에도 선덕여왕 때의 승려인 생의(生義)와 밀교 승려인 밀본(密本)에 얽힌 미륵 이야기, 충담사(忠談師)가 매년 3월 3일과 9월 9일에 꼭 차를 다려서 남산 삼화령의 미륵세존에게 바쳤던 사실, 월명사(月明師)가 〈도솔가(兜率歌)〉를 지어 하늘에 해가 둘 나타난 이변을 멈추게 하였던 사건, 신라의 고승인 대현(大賢)과 진표(眞表)와 심지(心地)에 얽힌 미륵 이야기 등 많은 기록들이 전해지고 있다.

특히 진표율사는 참회(懺悔)의 행법(行法)을 통하여 지장보살로부터 계법(戒法)을 받고, 미륵보살로부터 본각(本覺)과 시각(始覺)을 상징하는 2개의 목간자(木簡子)와 수기를 받은 후, 망신참(亡身懺)과 점찰법(占察法)에 의거하여 독특한 미륵신앙을 확립시킨 대종주(大宗主)이다.

그는 미륵보살과 지장보살을 연결하고, 참회와 깨달음을 통하여 새로운 정토를 여는 근본 도량으로 금산사(金山寺)와 법주사(法住寺)를 창건하였으며, 그 전통은 영심(永深) 등의 10대 제자 및 심지왕사(心地王師) 등에게 이어져 신라 불교에 새로운 미륵신앙의 바람을 불러일으켰던 것이다.

이와 같은 미륵신앙의 성행은 신라의 고승대덕들이 미륵경전에 대해 깊이 연구하여 그 실천을 뒷받침하였기 때문이다. 진표율사 이전의 원측(圓側)·원효(元曉)·경흥(憬興)·의적(義寂)·대현 등이 이룩한 이 방면의 연구서가 약 12종 20권에 이르고 있었다.

신라 이후 올바른 미륵신앙이 어떻게 전개되었는가에 대해서는 상세히 알려지지 않고 있으나 오늘날까지 미타·관음신앙과 함께 하나의 전통으로서 여전히 대중들 사이에 살아 남아있다.

다만 고려시대 초기 이후 특별히 미륵신앙에 관심을 가진 승려가 많지 않았고, 미륵신앙을 중요시하는 법상종(法相宗)이 선종(禪宗)이나 화엄종(華嚴宗)의 세력에 밀려났으므로, 신라시대와 같이 열렬함과 독특함을 함께 갖춘 미륵신앙은 다시 꽃피어 날 수 없었다. 오히려 교학(敎學)에 어두운 일반 민중들 사이에서 이 신앙은 전승되었고, 때로는 요승 또는 야망가들에 의해 가끔 잘못 이용되어 민중을 우롱하는 자칭 미륵이 나타나기도 하였다.

(2) 부정적 미륵신앙

이제 각 시대별로 손꼽히는 미륵 광신(狂信)의 사건 세 편을 살펴보면서, 부정적인 측면의 미륵신앙이 던져주는 교훈이 무엇인가를 함께 생각해 보기로 하자. 이 모두가 사람의 짓이요, 마음의 장난임을 분명히 알아야 하겠기에……

우리 나라에서 가장 널리 알려진 자칭 미륵불은 후고구려의 왕 궁예(弓裔)이다. 머리에 금관을 쓰고 몸에 가사를 입은 궁예는 맏아들을 청광보살(靑光菩薩), 막내아들을 신광보살(神光菩薩)이라 하여 협시보살로 삼았으며, 스스로 불경 20여 권을 만들고 미륵관심법을 행한다는 등 허무맹랑한 소리로 무고한 대중을 괴롭혔다. 함흥 지방에서 전해지고 있는 무가(巫歌) 속에는 그가 저술한 불경 일부의 내용이 전해지고 있다.

지나간 세상에 미륵이 석가와 함께 도를 닦았는데 먼저 도를 이루는 자가 세상에 나아가 교를 펴고 다스리기로 하였다. 즉, 한 방에 같이 자면서 무릎위에 먼저 모란꽃이 피는 자가 이기는 것으로 내기의 원칙을 삼았던 것이다.

그날 밤 석가가 거짓으로 잠든 체하고 미륵을 바라보니 무릎에서 꽃이 피어오르고 있었다. 이에 석가는 도둑의 마음으로 그 꽃을 꺾어 자기 무릎에 꽂았다. 미륵은 그것을 알고 석가에게 더럽다고 욕하면서 먼저 세상을 다스리라고 하였다. 그러므로 석가시대에는 사람들이 도둑의 마음을 가지게 되었으며, 지금이야말로 미륵인 나의 시대이다.

그러나 그는 전륜성왕도 미륵불도 아니었다. 새로운 시대의 도래를 희구하던 민중들의 호감을 사려했던 정치적인 계산조차도 맞아떨어지지 못했던 것이다.

고려말에도 또 한차례 자칭 미륵불을 등장하였다. 곧 우왕 때의 이금(伊金)이다. 그는 땅을 깊이 파고 마른 콩 수십 섬을 쌓은 후 그 위에 미륵불을 안치하여 흙으로 덮고는 땅에서 미륵불이 솟아나리라 선언하였다. 그가 땅에다 계속해서 물을 붓자 콩이 불어나면서 돌미륵이 땅 위로 솟아 올랐으므로 어리석은 사람들은 그를 믿고 존경하였다고 한다. 심지어는 '나무에서 곡식이 열리게 할 것'이라는 말까지 믿고 따랐을 정도이다.

그러나 이금도 역시 고통받는 민중을 구제할 미륵불은 아니었고, 민중들을 우롱하고 처형당한 사이비에 불과했다.

조선시대의 대표적인 사건으로는 1688년(숙종 14)에 요승 여환(呂還)이 일으킨 역모를 들 수 있다.

승려 여환은 그의 아내인 환향과 무녀인 계화, 아전이었던 정원태, 그리고 황희 등을 규합하여 '석가불이 다하고 미륵불이 세상을 다스리게 될 것'이라고 하면서, 양주군 청송면을 중심으로 미륵신앙을 홍포하였다. 그를 따르는 무리는 차츰 황해도, 강원도 등지에까지 퍼져갔다.

여환은 '이제부터 용이 아들을 낳아 나라를 다스릴 것'이라고 하면서 아내를 '용녀(龍女)부인'이라 불렀고, 그녀의 신통변화는 가히 측량할 수 없다고 선전했다. 또한 정씨 성을 가진 무당 계화는 정성인(鄭聖人)으로 탈바꿈하여 민중들을 유혹하였고, '7월에 큰 비가 와서 도성이 무너질 것'이라고 하면서 미륵 신봉자들에게 장검과 군복을 준비시켰다.

그리고 이들은 폭우로 도성이 무너질 때 대궐로 들어갈 계획을 세우고, 7월 13일에는 무장한 신도들을 양주 대권리로 집결시켰다. 무장한 신도들을 양주에 남겨둔 채 여환 등 10여 명은 15일에 상경하여 비가 오기를 기다렸으나 하늘은 오히려 맑기만 했다. 이에 하늘을 우러러 아직은 공부가 이루어지지 않아 하늘이 응하지 않는다고 탄식하면서 16일에 양주로 돌아갔다.

보름 정도가 지나자 이 사건은 조정에 알려졌고, 여환 등 주모자 수 명이 처형됨으로써 이들의 허망한 꿈은 무너졌다.

근래에 이르기까지 불교계에서 분파된 신흥 종교 중에는 미륵신앙을 그들의 교리 속에 수용하여 미륵을 교세 확장을 위한 수단으로 삼은 사교 집단들이 허다하였다.

왜 이와 같은 부정적 측면들이 미륵의 신성한 이름을 오염시키는 것일까? 이 슬픈 사건들에 대하여 굳이 부연하여 설명할 필요는 없을 것이다. 부정의 역사는 지혜의 눈을 갖춘 우리들에 의해 참미륵이 원하는 참된 신앙의 세계를 전개시켜 주리라.

(3) 불교도다운 확신 속에서

오늘에 이르러 미륵신앙을 불교와 민간의 습합신앙으로 간주하려는 움직임이 크게 일어나고 있다.

여기에 우리 모두가 분명히 짚고 넘어가야 할 하나의 중요한 사실이 있다. 그것은 불교의 미륵신앙이 민간신앙이나 신흥 종교의 미륵신앙과는 다른 독자적인 체계를 갖추고 있다는 점이다.

부녀자가 소원을 비는 마을 어귀의 미륵은 그 분들의 소원과 함께하는 그들 마음 속의 미륵이다. 그러하기에 자연석도 미륵일 수 있고 솟대도 미륵일 수 있고 남근석도 마멸된 불상도 미륵일 수가 있다.

무량사 미륵보살도 충남 부여. 1674년 작.

그러나 불교의 미륵은 불교의 교리에 입각한 미륵이요, 인간의 자비를 발굴하는 데 초점을 맞추고 있다는 점을 분명히 자각하여야 한다. 아울러 불교에 대한 믿음을 가진 사람이라면, 불교 바깥의 여러 신앙체계에 눈길을 돌려 미륵불이나 미륵보살 속에 담긴 참정신을 희석시켜서는 안될 것이다.

민간의 미륵은 민간신앙의 미륵으로, 불교의 미륵은 불교신앙 속의 미륵으로 정립되어야 한다. 민간신앙의 미륵은 민간 신앙에서 찾아야 하고, 불교의 미륵은 불교 속으로 더 깊이 들어가서 찾아야 하며, 그 믿음은 독립당당(獨立堂堂)하게 이루어져야 한다는 것이다.

마땅히 철저한 불교도로서, 불교의 교리에 입각하여 미륵을 믿고 경애할 때, 미륵은 불교도들 앞에 그 참다운 모습을 나타내는 것이요, 부처님이 설한 도솔천과 용화세계가 불교도와 함께하게 되는 것이다.

왜 스스로가 믿는 나의 참된 미륵신앙은 따르려 하지 않고, 한눈을 팔면서 새로운 미륵에 현혹되고자 하는가? 그것은 탐구도 믿음도 아니다. 그것은 새로운 갈등이요, 미혹일 뿐이다.

우리의 신앙은 그와 같은 미혹으로부터 완전히 깨어나야 한다. 그와 같은 미혹과 갈등에서 깨어날 때 불교도는 부정적인 자칭 미륵의 유혹에서 벗어날 수 있을 뿐 아니라, 마음 가득히 미륵의 자비를 담을 수 있게 되는 것이다.

참미륵은 참미륵일 뿐이다. 우리 것을 확실히 할 때 우리는 올바로 서고 올바로 실천할 수 있으며, 올바로 해탈할 수 있게 된다는 사실을 분명히 깨달아야 하리라.

미륵의 신앙은 희망의 신앙이다. 미륵은 그의 자비로써 도솔천의 광경을 경에서 설한대로 관찰하는 자, 향화(香華)를 공양하거나 미륵보살상을 조성하며 염불하는자, 지계(持戒), 참회하는 자는 모두 미륵의 정토에서 미륵과 함께 한다는 것을 강조하였다.

이제 우리의 미륵전에서는 신라 전성기의 미륵신앙이 다시 꽃피어나야 하리라! 꽃을 피우게 하는 자. 그는 곧 우리 모두의 '나'이다. 그 '나'가 올바른 미륵의 자비를, 미륵의 세계를 전개시킬 수 있는 절대적인 '나'임을 잊지 않을 때 이 세계는 미륵의 정토로 화현하리라. 자비의 향내음이 미륵의 정토로 화현할 것이다.

이제 참된 미륵을 관하고 미륵의 정신을 닦는 수행법을 살펴보기로 하자.

3. 미륵신행법(彌勒信行法)

희망의 미륵신앙이 출현하면서부터 사람들의 마음 속에서 미륵정토는 그리움이 되었고, 그 정토에의 왕생은 그들의 염원이 되었다. 그러나 이 정토에의 왕생은 그 정토가 어떠한 믿음을 가진 자들의 인연처이며, 정토 왕생을 위한 수행법이 어떤 것인가를 알고 실천하기 전에는 불가능하다.

따라서 미륵을 신봉하는 자는 미륵신행법에 의지하여 미륵의 정토와 통하는 마음의 정토를 가꾸어야 한다. 이에 미륵신앙의 소의경전(所依經典)을 토대로 하여 그 신행법을 살펴보고자 한다.

(1) 도솔천의 설법

미륵의 제1정토는 현재 미륵보살이 머물러 계신 도솔천이다. 그 도솔천의 장엄한 모습은 《미륵상생경》에 잘 묘사되어 있으며, 특히 도솔천의 자연속에서 울려퍼지는 신행에 관한 메아리는 매우 인상적이다.

도솔천궁의 담벽에는 칠보(七寶)로 이루어진 5백억 그루의 나무가 있다. 바람이 불어와 이 나무를 스치게 될 때면 그 흔들림 속에서 나무는 설법을 한다. 이 세상의 모든 것은 고(苦)요, 공(空)이요, 무상(無常)이요, 무아(無我)라는 것과 육바라밀(六波羅蜜)의 실천에 관해서이다.

그리고 천녀(天女)들은 여러 가지 악기를 들고 아름다운 음성으로 노래하고 춤을 추는데, 그 노래는 곧 십선(十善)과 사홍서원(四弘誓願)을 설하는 법문이어서, 이 노래를 듣는 이들은 모두가 위없는 보리심(菩提心)을 일으키게 된다고 하였다.

또 도솔천 내원궁(內院宮)을 지키는 5대 천신 중 네번째의 희락천신(喜樂天神)이 지니는 여의주에서는 삼보(三寶)에 귀의하라는 법문과 함께 5계(戒)와 한량없는 선법(善法)과 모든 바라밀을 연설하여, 보리심을 일으킨 이들을 더욱 돕고 이롭게 보살펴준다. 이 내원궁에서 미륵보살은 다시는 물러남이 없는 진리의 법을 설하여 왕생들에게 최상의 깨달음을 얻게끔 인도한다는 것이다.

이를 다시 정리하여 보자. 미륵을 믿는 자라면 사홍서원으로 그 마음을 열어야 하며, 고·공·무상·무아의 진리를 관찰하고 십선과 육바라밀을 실천하여야 한다는 것을 깨우치고 있는 것이다. 이러한 가르침을 따르는 자들은 미륵보살이 하생(下生)하여 성불할 때 함께 내려와서 깨달음을 이룬다고 한다.

이것은 도솔천에서만의 일이 아니다. 우리가 살고 있는 바로 이 땅에서, 이와 같이 원을 세우고 관찰하고 실천하는 자에게 도솔천과 미륵불의 용화불국토(龍華佛國土)가 함께 있음을 시사하는 것이며, 그것이 곧 미륵전에 담겨있는 참된 정신인 것이다.

(2) 미륵관행법(彌勒觀行法)

신라의 원효대사는 《미륵상생경종요》에서 미륵정토의 왕생 인연을 관(觀)과 행(行)으로 집약하여 설명하였다.

무엇을 관해야 하는가? 경전에 묘사된 미륵의 정토를 관하는 것이고 미륵의 모습을 관하는 것이다. 그리고 그 관을 통하여 삼매(三昧 : 慈光三昧)를 이루라는 말이다.

삼매! 그것은 미륵과 행자(行者)와 관법(觀法)의 일치를 뜻한다. 셋이 한덩어리가 되는 것이다. 행자가 융화되고 관법이 융화된 그 곳에 무엇이 남겠는가? 그것에는 미륵만이 온전히 있다. 미륵의 정토가 그대로 현현되어 있을 수밖에 없는 것이다.

무엇을 행하라는 말인가? 첫째는 참회(懺悔)이다. 자비하신 미륵의 이름을 새기고 공경하는 마음으로 과거에 지은 갖가지 허물을 참회하라는 것이다. 미륵을 입으로 마음으로 염송하여, 그 자비 아래에서 모든 잘못을 녹이는 작업이다. 이것이 미륵과 통하는 행자의 첫번째 작업이다.

둘째는 미륵이 지니고 있는 그 높은 덕을 우러러 사모하는 것이며, 셋째는 탑을 쓸고 땅을 고르고 향과 꽃 등 온갖 것을 공양하는 일이다.

원효대사는 이 관행을 미륵의 정토로 향하는 한 그루의 나무에 비유하였다.

관과 행을 아는 것, 그 자체가 뿌리를 이룬다. 그 뿌리에서부터 싹이 돋는다. 참회를 하면 땅 위에 솟은 싹이 줄기를 이루어 땅(穢土 : 고통의 세계)을 여의게 되고, 미륵의 덕을 사모할 때 나뭇잎이 무성하여져서 서늘한 그늘을 이루게 되며, 향화(香華)를 공양하는 정성으로 가지마다 묘한 꽃이 활짝 피어나게 된다.

마지막으로 관법을 통하여 삼매를 이루는 것은 향기로운 보배의 열

제11장 희망의 미륵정토 259

미륵하생경변상도 미륵불이 하생하여 설법하는 내용을 묘사한 불화. 1350년에 그린 고려시대 불화이며, 현재 일본 親王院에 있다.

매를 맺는, 즉 바로 이 자리에서 미륵을 보고(得見), 미륵의 정토에 왕생하는 자체라고 본 것이다.

여기서 한 가지 주의를 요하는 점은 참회시에나 덕을 사모할 때나 공양을 올릴 때, 그 어느 행에서나 미륵을 생각하는 지극한 마음을 잃어서는 안된다는 것이다. 즉 관을 바탕으로 한 행의 실천이요, 행을 통한 관법의 완성임을 잊어서는 안된다. 관과 행은 불이(不二)이며 불가분리의 관계에 있는 것이기에······.

(3) 미륵의 본행(本行)과 십종행(十種行)

이제 여기서 잠시 미륵 자체로 돌아가 보자. 《미륵보살소문본원경(彌勒菩薩所問本願經)》에 의하면 미륵은 석가모니불보다 42겁(劫)이나 먼저 보리심을 발하였으면서도 네 가지 일〔四事〕 때문에 성불을 하지 않고 있다는 것이다. 즉 국토를 정화하고, 국토를 수호하며, 중생을 정화하고, 중생을 수호하기 위해서이다. 이것은 미륵보살의 본원(本願)이다. 이 본원의 성취를 위하여 미륵은 성불을 늦추었던 것이다.

이와 같은 본원에 근거하여 미륵은 무엇을 실천하였는가? 미륵의 실천행에는 10종행이 있다.

① 충분히 성숙한 보리심을 발할 것.

② 지(止)와 관(觀)을 함께 닦을 것.

③ 이타(利他)의 대비(大悲)를 성취하고 공(空)에 철저하며, 분별심이나 교만심을 일으키지 않을 것.

④ 계(戒)에 머물러 의심을 없애고 공적(空寂)을 즐기며, 흔들리지 않는 정견(正見)을 일으킬 것.

⑤ 공법(空法)에 머물러 타인의 장단점을 헤아리지 말고 항상 자신을 반성하며, 정법을 즐기고 타인에게 두루 이익됨이 있기를 염원할 것.

⑥ 탐욕과 분노와 어리석음의 삼독(三毒)을 떠나 항상 꾸밈 말〔麗語〕을 버리고 생각을 비울 것.

⑦ 칠각지(七覺支).

⑧ 팔정도(八正道).

⑨ 아홉 가지 선정(禪定).

⑩ 열 가지 삼매(三昧)를 닦는 것이다.

이러한 십종행은 중생과 국토를 위한 것이었다. 중생을 수용할 수 있는 불국토를 이루기 위하여, 또 그 중생을 용화정토에서 살게하기 위하여 미륵은 끊임없이 정화하고 수호하는 행을 닦았던 것이다. 이와 같은 미륵보살의 수행 덕분에 중생은 보다 쉬운 행을 통하여 도솔천이나 용화불국토에 이를 수 있게 된다.

(4) 미륵삼부경의 신행법

그럼 그 구체적인 신행법은 어떤 것인가? 미륵삼부경에는 다음과 같은 신행법 중 그 어느 하나만을 닦은 인연으로도 미륵의 정토에 왕생할 수 있다고 하였다.

① 깨끗한 수행을 닦은 인연.
② 불법(佛法)을 받들어 행한 인연.
③ 삼보(三寶)에 공양한 인연.
④ 잠깐 사이에 닦은 선행(善行)의 인연.
⑤ 자·비·희·사(慈悲喜捨)의 사무량심(四無量心)을 닦은 인연
⑥ 5계를 수지하고 삼보에 귀의한 인연.
⑦ 사찰을 창건한 인연.
⑧ 법당을 중수한 인연.
⑨ 팔관재법(八關齋法)을 받아 지킨 인연.
⑩ 부처님 처소에 향과 꽃을 공양한 인연.
⑪ 법문을 듣고 눈물을 흘리며 참회한 인연.
⑫ 전심을 기울여서 법문을 들은 인연.
⑬ 목숨이 다하도록 계율을 지킨 인연.
⑭ 목숨이 다하도록 범행(梵行)을 지킨 인연.
⑮ 경전을 읽고 쓰고 외운 인연.
⑯ 부처님을 섬기고 공양한 인연 등이다.

또 다음과 같은 이타행(利他行)을 닦은 자들도 용화세계에 태어날 수 있다고 설하였다.

① 남을 위해 경·율·론 삼장(三藏)을 연설해 주는 자.
② 질투심을 버리고 타인에게 불법을 가르쳐서 지니게 한 자.
③ 타인의 고통을 대신하는 자.
④ 타인을 갖가지 재난에서 구해준 자.
⑤ 사람간의 불화를 중재하여 화합시킨 자 등이다.

그러나 미륵신행법의 초점은 그 무엇보다 관법에 있다. 미륵의 자비를 관하면서 이유 없는 참회, 조건 없는 참회를 할 때 미륵의 정토는

우리와 함께 하는 것이다.

"제가 잘못했습니다." 이 한마디가 저 마음 깊은 곳에서 우러나올 때 모든 허물은 허물어진다. 허물이 허물어진 곳에 미륵불의 용화세계가, 미륵보살의 도솔천이 전개된다. 일심의 참회, 그곳에 불국토가 펼쳐지는 것이다.

우리 나라에는 미륵신행을 위해 미륵전을 갖춘 많은 사찰들이 있다. 그 도량들은 미륵신행법에 근거한 미륵 참회 도량으로 그 빛을 밝혀야 한다. 그곳은 팔관재법이 실천되는 도량이요, 일심의 참회가 끊이지 않는 미륵 정행(淨行)과 미륵 정관(正觀)의 도량이어야 하리라.

제12장
大慈悲의 발원지
― 관음전 ―

사바의 대기 속에는 항상 고난이 잠재되어 있다. 이 고난은 중생을 슬프게 한다. 중생이기 때문에 슬픈 것이 아니라 고난이 끊이지 않기 때문에 슬픈 것이다. 생노병사의 변멸 속에 살고 있는 중생을 제도할 자 그 누구란 말인가? 이 육체의 고통을, 이 정신적인 모순을, 욕망의 갈증을 풀어줄 자는 그 누구란 말인가?

여기에 관세음보살이 등장한다. 흰 연꽃 위에서 흰 옷을 입은 관세음보살이 한 손에 불사(不死)의 감로수를 담은 감로병을 들고, 우리가 살고 있는 이 사바세계에 나타난 것이다. 거룩한 성관음(聖觀音)이! 천수천안(千手千眼)으로 중생의 고통을 살피고 자비의 손길로 끝없는 평온으로 인도하는 천수관음(千手觀音)이! …….

이와 같은 관세음보살을 모신 사찰의 전각이 관음전이다. 사찰에는 관세음보살의 대자대비를 기원하는 관음신앙의 성행과 함께 관음전이 매우 많이 건립되어 있다. 이 관음전에는 '원통전(圓通殿)'·'대비전(大悲殿)' 등의 편액이 붙어 있는 경우도 많다.

우리 나라에서는 한 사찰을 통괄하는 신앙의 중심이 관세음보살일 때, 즉 관세음보살을 모신 건물이 중심 법당(法堂)이 될 때 그 전각의 현판을 '원통전'이라 명명하고 있다. 관세음보살이 모든 곳에 두루하는 원융통(周圓融通)을 갖추고 중생의 고뇌를 씻어주기 때문에 그 권능과 구제의 측면을 강조하여 원통전이라 한 것이다.

낙산사 원통보전   1920년대의 모습

 그리고 관세음보살을 모신 건물이 사찰 전체에서 한 부분을 차지할 때는 관음전이라 부른다. 또한 중국에서는 관세음보살의 자비를 강조하여 대비전이라는 현판을 많이 걸어 놓고 있다.
 먼저 관세음보살에 대해 함께 살펴보자.

1. 대자대비 관세음보살

 관세음보살은 단순히 천상(天上)이나 극락에 안주하는 초월적인 존재가 아니다. 현세에서 괴로움을 겪는 인간에게 해탈을 이룰 수 있게끔 도와주는 보살이요, 발고여락(拔苦與樂)하는 자비의 화신이며 현세의 구제자이다. 이 관음은 대승불교의 보살사상에서 비롯되어, 수많은 보살 가운데 한 분으로 등장하였다.
 종교적으로 볼 때 부처님과 범부 사이에는 무한한 거리가 있다. 따라서 이 간격을 이어주는 이상적인 보살이 등장하기에 이르렀고,

그 대표적인 존재가 미륵·관음·대세지·문수·보현·지장보살 등이다. 그 중 가장 일찍이 등장한 것은 미륵보살로서, 그는 석가모니불로부터 미래에 부처가 될 수기(授記)를 받았다고 한다. 미륵보살은 다음 생에 성불할 미래불로서 현재 도솔천(兜率天)에 거주하고 있다.

그러나 석가모니불은 이미 열반에 들었고, 미륵의 출세는 요원하며, 현재하는 아미타불의 극락정토 왕생은 고난에 찬 현세에서의 구제가 될 수 없다. 여기에 현실에서의 구세주로 관세음보살이 등장한 것이다.

이 관음신앙의 요체는 《법화경》 보문품(普門品)의 "갖가지 고뇌를 받는 무량 백천만억의 중생이 관세음보살의 명호를 듣고 일심으로 칭명하면 관세음보살은 즉시 그 음성을 관하여 모두를 해탈케한다."는 현세 이익적 염원에 근거를 두고 있다.

관세음보살은 현실 세계에서 괴로움을 겪는 인간의 음성을 듣는 절대자이며, 인간의 간절한 기원과 요구에 의해 나타나는 구세대비자(救世大悲者)이다. 이와 같은 관음은, "만약 중생이 갖가지 공포와 고뇌로 우수고궁(憂愁孤窮)하여 구호를 받지 못하고 아무 일도 할 수 없을 때, 만약 나를 염(念)하고 나의 이름을 칭한다면, 나는 어느 곳에서라도 천 개의 귀를 갖고 들으며 천 개의 눈을 갖고 보아서 그들의 고뇌를 구제할 것이다. 만약 한 사람이라도 이 고뇌를 피할 수 없는 사람이 있다면 나는 영원히 성불하지 않겠다."《悲華經》는 서원을 세운 보살이다.

그러므로 불교의 깊은 교리를 알고 모르고에 관계없이, 고난에 처해있는 그 어떤 중생이라도 관세음보살의 명호를 부르면 난을 피할 수 있고 복을 받을 수 있으며, 중생의 원에 따라 시현(示現)하는 자비로운 관음을 접할 수 있는 것이다.

그렇다면 관세음보살의 대자대비 속에서 구제받는 고난은 구체적으로 어떠한 것인가?《법화경》 보문품에서는 칠난삼독(七難三毒)의 구고구난(救苦救難)을 들고 있다.

우선 입(口)으로 관세음보살을 지성껏 부르면 7난의 재앙을 면하게 된다.

① 설사 큰 불에 들지라도 불이 능히 태우지 못하며(火難),

② 큰 물에 빠질지라도 죽는 일이 없을 것이며(水難),

③ 바다에서 검은 바람을 만나 죽음에 임박했더라도 해탈을 얻을 것이며(風難),

④ 죽음의 칼이 목전에 다달았을지라도 그 칼이 저절로 부러질 것이며(劍難),

⑤ 나찰 등 아무리 사나운 마귀라 할지라도 해를 끼치지 못하며(鬼難),

⑥ 죄가 있거나 죄가 없거나 감옥의 고통을 맞게 된 자들이 모두 자유로와지며(獄難),

⑦ 원수나 도적도 스스로 사라질 것이라고 한다(賊難).

둘째, 마음(意)으로 관세음보살을 생각할 때는 삼독(三毒)의 독소가 녹아내린다.

음욕(淫欲)이 많은 자가 관음을 생각하면 청량을 얻을 수 있고,

분노로 주체하지 못하는 자가 관음을 생각하면 기쁨을 이룰 수 있으며,

어리석음이 많은 자가 관음을 생각하면 지혜를 이룰 수가 있다.

셋째, 몸(身)으로 예배하고 공양하면 훌륭한 자녀를 얻게 된다고 하였다. 복덕과 지혜를 갖춘 아들을 원할 때나 단정하고 잘 생긴 딸을 원할 때 예배하고 공양하면 뜻과 같이 이룰 수 있다는 것이다.

뿐만 아니라. 관음은 한량없는 세간의 낙을 추구하는 자의 소원까지 버리지 않는다. 우리들이 일심으로 관음을 염할 때 관세음보살은 우리들의 소원을 남김없이 성취시킨다는 것이다.

2. 관음의 진신

보살의 본질적인 특성은 본원(本願)과 그 본원을 실현하기 위한 실천행에 있다. 관세음보살은 일체 중생의 섭수(攝受)를 본원으로 하여

현실에서 다양한 모습으로 중생 교화의 자비행을 실천하는 보살이다. 관음의 대자비는 그 어떤 불·보살의 자비보다도 깊고 넓은 것이다. 그러므로 관음은 대비성자(大悲聖者)·구호고난자(救護苦難者)·시무외자(施無畏者)·원통대사(圓通大士), 나아가서는 관음여래(觀音如來)라는 이명까지 갖게 되었다.

궁극적으로 관음은 부처님의 자비와 중생 교화의 측면이 구상화된 존재이다. 관음은 성불을 추구하는 구도자가 아니라 부처님의 한 가지 기능을 대변하는 화신으로서, 인간의 근기(根機)에 따라 어느 때 어느 곳에서라도 갖가지 모습을 나타내어 자비를 베풀고 가르침을 준다.

관세음보살의 응현하는 모습은 경전에 따라 다르지만, 우리 나라에서는 《법화경》의 33응신설(應身說)과 《능엄경(楞嚴經)》의 32응신설을 채택하고 있다. 부처의 몸으로 제도할 이에게는 곧 부처의 몸을 나타내어 설법하고, 벽지불의 몸으로 제도할 이에게는 벽지불의 몸을, 나아가 성문(聲聞)·범왕(梵王)·제석(帝釋)·장자(長者)·비구·부인·천·용 등 32신 또는 33신으로 응화하여, 제도할 대상에 따라 그에 알맞는 가지가지의 형상을 나타내시는 것이다.

그러나 관음의 응현이 33신 또는 32신으로 한정되는 것은 아니다. 궁극적으로는 이 세상 어느 것 하나라도 관음의 응신이 아닌 것이 없다. 〈보문품〉의 보문(普門)은 바로 이러한 사실을 말하는 것이다.

또한 관세음보살은 일반적으로, 성(聖)·천수천안(千手千眼)·마두(馬頭)·십일면(十一面)·여의륜(如意輪)·준지(准胝)·불공견색(不空羂索) 등으로 분류되는 밀교 7관음설이 많이 채택되고 있다.

성관음은 가장 원형적인 관음으로서 《관음경》에 그 근거를 두고 있으며, 후세에 성립된 다른 변화 관음과 구별하기 위하여 '성'이라는 말을 덧붙인 것이다. 어느 때에나 33신으로 자유자재로 변화하면서 중생을 제도하는 관음으로서, 원효(元曉)와 의상(義湘)이 친견한 이래 우리 나라에서도 미타신앙과 혼연일체가 되어 많은 대중의 신앙 대상이 되고 있다.

천수관음은 일체 중생을 이익되게 하고 안락하게 하리라는 서원을

불국사 관음전에 봉안된 관세음보살입상과 천수관음탱화

발하여 천 개의 손과 천 개의 눈을 갖추게 되었다고 한다. 여기서의 천이라는 수는 무한을 의미하며, 관음의 절대적인 대비심과 교화의 힘을 구체적으로 표현한 것이다. 이 관음은 육도 중 주로 지옥을 관장한다고 하며, 관음 중에서도 가장 힘있는 구제자로 신봉되고 있다.

마두관음은 분노의 모습을 하고 있으며, 머리 위에는 말의 머리상이 안치되어 있다. 분노의 모습을 띠고 있는 것은 마장(魔障)을 분쇄하고 악을 극복하기 위한 방편이며, 마두를 안치한 것은 전륜성왕(轉輪聖王)의 준마가 천하를 달리듯이 신속히 악을 절복하고 대자비를 실천하는 모습을 상징하는 것이다. 그러나 우리나라에서는 마두관음상을 찾아 볼 수 없다.

여의륜관음은 여의보주(如意寶珠)의 삼매 속에서 항상 법륜(法輪)을 굴려 중생을 교화하는 보살로서 부귀와 권력, 지혜 등의 염원을 성취시켜 주는 것으로 신앙되고 있다.

석굴암 십일면관음

준지관음은 엄숙한 모성을 상징하는 관음으로 예찬된다.

불공견색관음은 대자비의 견색(고대 인도의 무기, 수렵 기구)을 갖고 아무리 극악한 중생이라도 남김없이 구제하는 보살이다.

십일면관음은 폭풍의 신 루드라(Rudra)에 그 연원을 둔 것으로, 우리 나라를 비롯한 중국과 일본에서는 《십일면관음신주심경(十一面觀音神呪心經)》을 근거로 하여 그 신앙이 전개되었다. 관세음보살의 자비! 그 진정한 자비의 의미는 11면관음을 통하여 가장 깊게 묘사된다.

11면이라는 것은 관음보살의 본 얼굴을 제외한 두부(頭部)의 11면, 즉 두부의 전면에 있는 3면의 자상(慈相, 자애로운 모습)과 좌측의 진상(瞋相, 분노하는 모습) 3면, 우측의 백아상출상(白牙上出相, 흰 이를 드러내고 미소짓는 모습) 3면, 후면의 폭대소상(暴大笑相) 1면, 정상의 불면(佛面) 1면을 합한 것이다. 이 각각의 모습에는 모두 중생 구제의 깊은 뜻이 깃들어 있다.

11면관음의 11면은 자비희사(慈悲喜捨) 4무량심(四無量心)의 실천 모습을 조형화한 것이다.

4무량심은 한없는 사랑의 마음이다. 선한 자에게는 자애로운 마음〔慈心〕으로, 악한 자에게는 악을 뿌리뽑기 위해 슬퍼하고 분노하는 비심(悲心)으로, 정업을 닦는 자에게는 함께 기뻐하고 함께 걸으면서 환희심(喜心)으로 사랑하는 것이다. 그러나 결국은 자심도 비심도 희심의 사랑도 넘어선 무아(無我)의 사랑을 하여야 함을 사심(捨心)으로 가르치고 있으며, 이 사심의 사랑이 완성될 때 부처를 이룰 수 있다는 것을 11면을 통하여 표출시킨 것이다.

중생의 근기에 따라 때로는 노하고 때로는 부드러운 11면관음, 때로는 미소짓고 때로는 폭소하는 11면관음. 현대를 살아가는 우리는 11면관음의 모습을 통하여 참되게 사랑하는 방법을 찾아야 하리라.

3. 관음상과 관음탱화

(1) 관세음보살상

관음전 안에는 관세음보살상과 관음탱화(觀音幀畫)가 있다.

먼저 관세음보살상의 지물(持物)을 살펴보자. 왼손에는 봉오리 상태의 연꽃을 들고 있고 오른손에는 감로병(甘露甁)을 들고 있다.

왼손에 든 연꽃은 모든 중생이 본래부터 갖추고 있는 불성(佛性)을 상징한다. 그 꽃이 활짝 핀 것은 불성이 온전하게 드러나서 성불하였다는 것을 뜻하지만, 현재의 꽃봉오리는 중생들 각자가 갖춘 불성이 번뇌에 물들지 않고 있으며 장차 피어나 모두 부처가 될 것을 상징하는 것이다.

또 감로병에는 감로수(甘露水)가 들어 있는데, 이 감로수는 불사(不死)를 뜻한다. 불교의 여러 의식문에는 감로병을 묘사한 〈쇄수게(灑水偈)〉가 수록되어 있다.

관음보살은 대의왕이라

제 12장 大慈悲의 발원지　271

통도사 관음전 벽화 오른손에 쥔 흰 연꽃과 왼쪽 연꽃 위의 감로병. 합장하고 서 있는 남순동자의 모습이 인상적이다.

감로병 중에는 법수의 향기가 가득해
마의 구름을 세탁하여 서기를 일으키고
열과 번뇌를 소제하여 청량을 얻게하네.

觀音菩薩大醫王　甘露瓶中法水香
灑濯魔雲生瑞氣　消除熱惱獲清涼

　모든 사람에게는 자기관음(自己觀音)이 있다. 우리가 소리를 듣고 관하는 그 자리가 곧 자기 관음보살인 것이다.
　그리고 자기의 소리를 올바로 듣고 관할 때 누구나 가장 적합한 의왕이 된다. 그 의왕은 육체라는 감로병을 가지고 있다. 감로병에 구멍이 나면 불사(不死)의 감로수는 담겨 있을 수가 없다. 육체를 잘 보존하라는 말이다.
　이 육신을 잘 다스려 선정과 지혜를 닦으면 정혜수(定慧水)라는 법수가 생긴다. 이 법수는 마의 구름을 세탁하는 힘이 있다. 이 정혜수는 모든 열과 번뇌를 소제하는 힘을 갖추고 있는 것이다. 지금 이 자리에서 우리를 괴롭히던 마의 구름을 찬란한 서기로 바꾸어 놓고, 이제까지의 열뇌가 그대로 청량으로 탈바꿈하는 것이다.

우리가 수행을 할 때, 우리가 관음보살을 일심으로 염할 때, 우리들 몸 속의 감로수가 작용하여 같은 시간 같은 장소에서 새로운 세계를 열 수 있게 된다는 말이다.

감로병과 감로수는 결코 관세음보살만이 가진 것이 아니다. 우리들 속에 있는 불사의 감로수. 그것을 찾아 올바로 활용할 때 우리는 관세음보살과 한 몸이 되는 것이다.

그리고 관세음보살의 머리에 쓴 보관(寶冠)에는 부처님의 모습이 새겨져 있는 경우가 많은데, 이 부처는 아미타불이다. 관세음보살이 아미타불을 근본 스승[本師]으로 삼고 항상 모신다고 하였으므로 이를 조형화하여 나타낸 것이다.

(2) 관음탱화

관음탱화는 관세음보살에 관한 신앙을 그림으로 묘사한 신앙도이다. 현존하는 관음탱화 중에는 고려시대에 그려진 것이 11점이나 남아 있다. 그러나 이들은 모두 일본의 소장가나 사찰에 보존되어 있으며, 현재 우리 나라 사찰에 있는 탱화는 대부분이 17세기 이후에 제작된 것이다. 왜 우리의 귀중한 문화재가 남의 땅에 가서 신앙의 대상이 되고 있는 것인가?

일본에 있는 대부분의 고려 관음탱화에는 수월관음(水月觀音)이 묘사되어 있다. 수월관음은《화엄경》의 입법계품(入法界品)에 근거하여 묘사한 것이다. 이는 우리 나라의 관음 신앙이《법화경》보문품이나《능엄경》뿐만 아니라《화엄경》과 화엄사상에도 근거를 두고 있다는 것을 입증하는 좋은 자료가 된다.

입법계품에 의하면 관세음보살은 항상 인도의 남쪽 바다 가운데 있는 보타락가산(補陀落迦山)에 거주하면서 중생을 제도하는 보살이라고 한다. 보타락가산에는 많은 성중(聖衆)이 살고 있으며, 항상 광명이 넘치고 꽃이 끊임없이 피어 향기가 끊이지 않는 곳이다. 이곳의 맑고 깨끗한 연못가 금강보석(金剛寶石) 위에는 관세음보살이 결가부좌하고 앉아 중생을 위해 설법하고 있으며, 때때로 선재동자(善財童子)의 방문을 받기도 한다.

이와 같은 전경을 묘사한 것이 수월관음탱화이다. 우리 나라 수월관음 탱화에는 중앙에 관음보살이 좌정하고 있고, 그 아래쪽에 협시(脇侍)로서 남순동자(南巡童子, 일명 선재동자)와 해상용왕(海上龍王)이 많이 그려져 있다.

특히 고려의 수월관음탱화는 중국과는 다른 독특한 특징이 있다. 선재동자·암굴(巖窟)·염주·공양자(供養者) 및 보주(寶珠)를 든 용, 한쌍의 청죽(靑竹) 등의 표현은 다른 나라 탱화에서 결코 찾아볼 수 없는 우리만의 모습이다.

이와 같은 표현의 연원은 우리 나라 3대 관음성지 중 제 1의 동해 낙산사(洛山寺)를 세운 신라 화엄종의 초조 의상대사(義湘大師)에게서 찾아야 한다.

  당나라에서 귀국한 직후, 관음보살의 진신(眞身)을 친견하기 위해서 동해의 관음굴을 찾아간 의상대사는 〈백화도량발원문(白華道場發願文)〉을 마음으로 염하면서 쉬임없이 관세음보살을 찾아나갔다. 발원문은 세세생생(世世生生) 관음을 친견하기 위해서 귀명(歸命)하되, 관세음보살이 아미타불을 이마 위에 이고 계심과 같이 관음대성을 이마 위에 모시고 영원한 본사(本師)로 삼겠다는 간절한 신앙 고백과, 일체 중생이 관음의 이름을 생각하여 함께 원통삼매(圓通三昧)에 들기를 기원하는 내용을 요지로 삼고 있다.

  재계(齋戒)한 지 7일만에 좌구(座具)를 새벽 물 속에 띄웠더니 천룡(天龍) 등 8부신(八部神)이 관음굴 속으로 스님을 인도했다. 굴 속에서 공중을 향해 예배하자 수정 염주(水晶念珠) 하나가 스님의 손에 쥐어졌으며, 동해 용에게서 여의주 한 알을 받았지만 관음의 진신은 친견할 수

수월관음탱화 1323년 고려인 서구방이 비단에 그린 불화. 반가좌를 한 자세이며, 손에는 염주를 쥐고 있다.

없었다. 스님은 다시 7일간의 지극한 염불정진으로써 마침내 관음 진신을 친견하게 되었다. 환희 속에서 쌍죽(雙竹)이 나는 곳에 불전(佛殿)을 지으라는 관음의 지시에 따라 스님은 낙산사를 창건하고 친견한 진신의 모습과 같은 관음상과 수정 염주, 여의주를 불전에 모신 후 떠나갔다.

의상대사의 관음 친견과 관련된 암굴·염주·보주, 그리고 절터를 예시한 한쌍의 청죽 등이 수월관음탱화에 그대로 묘사되어 있는 것이다.

대표적인 고려의 수월관음 탱화로는 1323년(충숙왕 10)에 서구방(徐九方)이 그린 것과 혜허(慧虛)가 그린 것, 1301년(충렬왕 27)에 김우문(金祐文)이 그린 작품을 들 수 있다.

조선시대에도 관음탱화의 주류를 이룬 것은 수월관음탱화였으나,

흰 옷을 입은 백의관음(白衣觀音), 버들가지를 든 양류관음(楊柳觀音), 밀교의 영향을 받은 천수관음(千手觀音) 등의 탱화도 유행하였다. 조선시대의 대표적인 작품으로는 무위사(無爲寺)의 양류관음 탱화, 운흥사(雲興寺)와 해인사의 수월관음탱화, 도갑사(道岬寺)의 관음응신도(應身圖) 등을 꼽을 수 있다.

4. 관음염불

이제 일반인들이 가정에서 쉽게 행할 수 있는 염불법을 소개하고자 한다. 사람들이 관세음보살을 많이 염하지만, 어떻게 하면 지극한 마음으로 일심의 염불을 할 수 있는가 하는 것이 문제이기 때문이다.

우선 염불 행자는 매일 정기적인 때를 정하여 10분 또는 5분이라도 시간에 합당한 향을 꽂고 단정히 앉아 합장한다. 관음상이나 탱화, 사진이 없을 경우에는 거울 앞에 앉아 자신의 모습을 보면서 염불함도 바람직하다.

관세음보살의 염불은 꼭 고성이 아니어도 좋다. 오히려 집안에서 작은 소리로 입끝에서 염불이 이루어지게 하는 것이 마음을 모으는 데는 더욱 효과적이다. 처음에는 관세음보살을 천천히 염하다가 차츰차츰 명호를 부르는 속도를 빨리하여, 마침내는 명호의 앞뒤가 간격이 없을 만큼 되어야 한다. 들숨·날숨에 관계없이 염불이 끊임없이 이어지는 것이다.

물론 이때의 마음가짐은 관세음보살로만 채워져야 한다. 번뇌가 일어나면 번뇌를 물리치려고 하지 말고 다시 관세음보살을 생각하고 그 자비 속으로만 귀의하면 된다. 그리고 향이 다 타면 마음속의 소원을 3번 반복하여 지긋이 기원하는 것이다.

일체 번뇌가 텅비고 관음으로 가득찬 마음의 기도는 그대로 관세음보살의 관하는 바가 되어 수행과 소원을 함께 이룰 수 있게 할 것이다. 그러나 소원이 다급할 때는 입으로 관음을 염하면서 지극한 마음으로 소원하는 바를 생각하면 된다. 배고픈 아기가 어머니를 찾듯이, 불치의 환자가 명의를 찾듯이⋯⋯.

끝으로 옛 설화 한 편을 인용하여 가정에 불보살의 불상이나 탱화를 봉안하면 가정에 불화가 있고 불길하다는 속설을 함께 생각해 보고자 한다.

중국 제나라(550~577)에는 손경덕(孫敬德)이 살고 있었다. 그는 가정에 관음상을 모시고 항상 공경히 섬겨온 관음 신자였다. 어느 때 손경덕은 억울하게 강도의 혐의를 입어 사형에 처하게 되었다. 그는 옥중에 갇혀 있으면서 누명을 벗기 위해 일심으로 관세음보살을 염송하였다. 어느날 밤 비몽사몽간에 한 노승이 와서 《구고관음경(救苦觀音經)》을 가르쳐 주고, "이 경을 천 번만 일심으로 외우면 죽음을 면하리라" 하였다. 손경덕은 이 경을 지성으로 외워 형장에 이르기 직전에 겨우 천 번을 채워 마쳤다. 형장에 이르니 형졸이 칼을 번쩍 들어 경덕의 목을 내리쳤다. 뜻밖에도 칼은 세 조각이 나면서 부러졌고 경덕의 몸은 흠하나 없었다. 세 번이나 칼을 바꾸어서 형을 집행했지만 결과는 마찬가지였다. 이 사실이 임금에게 보고되자 경덕은 사면되었다.

경덕이 집에 돌아와서 관음상 앞에 예배하고 관음상을 살펴보니 관음상의 목에 칼 맞은 자국이 세 군데나 있었다. 관세음보살이 대자비로써 경덕의 고통을 대신 받은 것이다.

이 한 편이 설화는 우리에게 많은 것을 시사한다. 경덕의 집에 모셔진 관음상은 경덕의 원불(願佛)이었다. 이 원불은 믿는 자의 지극한 마음에 감응하여 그 죽음까지도 대신 받았던 것이다.

집안에 불상을 모심이 왜 불행의 원인이 된다는 말인가? 오히려 잦은 기도와 불상을 모심으로 해서 경건해지는 집안 분위기, 불상 예배를 통한 마음의 정화는 우리의 생활을 윤택하게 한다.

집안에서 사찰처럼 멋진 예불문과 공양을 올리지 못한다고 하여 배고픈 불보살이 노여움으로 벌이라도 내린다는 말인가? 적어도 불보살은 젯밥에 관심이 없다. 오히려 하루 단 한 번의 지극한 합장 배례를 칭찬하고 보살펴줄 자비의 대성(大聖)들이다.

필자는 오히려 권하고 싶다. 우리의 집안에다 관음상을 모시자고. 우리의 집안에다 원불을 봉안하자고. 신라·고려 때의 우리 조상들이 집안에 불상을 모셨듯이…….

그 관음상은 우리 손으로 깎아 만든 목불이라도 좋으리라. 어느 불구점에서 구해온 석고불이라도 좋으리라. 그리고 한 장의 사진이라도 좋으리라. 다만 그 관음상 앞에서 우리의 모습을 보고 관음의 자비를 배우는 기도인이 된다면 족하리라.

단 5분의 시간이라도 분향하며 지성의 염원을 심어보자. 그 원이 이 몸에 충만하고 이 집안에 충만하고 이 법계에 충만하다면 이 국토는 관음의 국토가 아닌가! 지성의 염원을 심는 그곳이야말로 진정한 관음전이 되지 않겠는가!

관음의 빛 속으로 중생의 빛이 향할 때 중생의 소리를 마음으로 포용하는 관세음! 지극한 마음의 기도 속에 관음은 이미 와 있다. 관음 대성은 지성의 기도인과 언제나 함께 하는 것이다.

제13장
지장보살의 본원력으로
― 명부전 ―

아주 오랜 옛날의 일이다. 각화정자재왕여래(覺華定自在王如來)께서 이 세상에 계실 때, 한 바라문 집안에 18세의 꽃다운 소녀가 있었다. 그녀는 숙세(宿世)에 깊고 두터운 복을 심어 많은 사람들로부터 공경과 사랑을 함께 받았다. 소녀의 아버지인 시라선견(尸羅善見) 또한 불교에 대한 믿음이 두터워 삼보(三寶: 佛·法·僧)를 철저히 공경하고, 계율과 선정(禪定)과 지혜의 삼학(三學)을 부지런히 닦다가, 수명이 다하여 하늘 나라〔天上〕에 태어난 지가 오래 되었다.

그러나 소녀의 어머니 열제리(悅帝利)부인은 달랐다. 삿되고 방탕한 생활에 빠져 인과(因果)의 이치를 믿지 않았을 뿐 아니라 불교에 대한 비방도 서슴치 않았다. 어느날 열제리부인은 술에 취해 쓰러져 잠이 들었다가, 갑자기 혈관이 터지고 전신의 골절이 꼬여드는 고통에 빠져 유언 한마디 남기지 못한 채 죽고 말았다.

어머니마저 잃은 슬픔과 외로움이 뼈 속 깊이 사무쳐 흐느껴 울던 소녀의 머리 속으로, 불현듯 한 생각이 꿰뚫고 지나갔다.

"우리 어머니의 혼령(魂靈)은 어느 곳에 태어났을까?"

평소 바른 삶과 바른 신앙과는 거리가 먼 분이셨으니 결코 좋은 세상에는 이르지 못하였으리라는 생각이 들자 소녀는 견딜 수가 없었다. 소녀는 부모님이 남긴 모든 재산을 팔아 어머니를 위한 재(齋)를 올리기로 하였다. 꽃과 향, 여러 가지 의복과 음식과 탕약을 마련하여 각화정자재왕여래가 계신 절을 찾아 길을 떠났다.

그러나 그날 따라 길거리에는 수많은 걸인들이 추위와 굶주림에 떨고 있었다. 그들 중에는 아픔의 신음 소리를 토해내는 자도 있었다. 맑은 소녀의 마음에는 그들의 고통이 그대로 비취지고 있었다.

'중생공양(衆生供養)이 제불공양(諸佛供養)이라 하셨으니…….'

부처님의 가르침을 생각하며 이 아름다운 소녀는 배고픈 사람에게는 음식을 주고, 추위에 떠는 사람에게는 옷을, 병고에 시달리는 자에게는 약을 주며 위로하였다. 그러나 길은 멀고 사람은 많았다. 전 재산을 처분하여 마련한 음식과 옷과 약이었지만 어느덧 바닥을 보이고 말았다. 소녀는 마침내 입고 있던 옷까지도 모두 벗어주어 더 이상 나아갈 수 없게 되었다.

소녀는 어느 구덩이 속에 들어가 벗은 몸을 가리고, 유일하게 남은 향을 사르고 꽃을 흩으며 기도하였다.

"각화정자재왕여래이시여, 이제 소녀는 더 이상은 감히 부처님 앞에 나아갈 수 없게 되었습니다. 중생을 어여삐 여기시고 구제할 자를 구제하여 저의 이 조그마한 정업(淨業)을 헛되이 않게 하옵소서. 어머니의 혼령을 위해 자비를 베푸시고, 그 태어난 곳을 알게 하여 소녀의 괴로움을 그치게 하여 주옵소서."

그 순간 부처님은 소녀의 앞에 나타나 말씀하셨다.

"착하다, 성녀여. 18세 처녀의 몸으로 옷을 벗어 걸인에게 주고 벗은 몸을 흙 속에 갈무리하였으니 누가 너를 보살(菩薩)이라 하지 않겠느냐! 내 너의 공양을 달게 받고 너의 소망을 성취시켜 주리라."

이때부터 성녀는 지장보살(地藏菩薩; 땅 속에 몸을 갈무리한 보살)이라고 불리워졌다.

그 뒤 소녀는 각화정자재왕여래의 인도로 지옥이 있다는 대철위산 서쪽의 '중해(重海)'라는 바닷가에 이르게 되고, 그곳에서 지옥에 떨어져 고통 받는 중생의 모습과 지옥의 실체를 파악하게 된다. 아울러 소녀의 공덕을 헛되이 하지 않기 위해 각화정자재왕여래가 3일 전 이 무간지옥(無間地獄)에 오셔서 어머니뿐만 아니라 함께 고통 받던 죄인들을 모두 구제하여 하늘 나라에 태어날 수 있도록 하였다는 사실을 알게 된다. 지옥에서 나온 소녀는 다시 각화정자재왕여래에게 나아가 원을 세운다.

"맹세하오니 저는 미래의 시간이 다할 때까지 죄고(罪苦)에 빠진 중생이 있으면 마땅히 널리 방편을 베풀어서 해탈케 하오리다."

"맹세하오니 죄고를 받는 육도중생(六道衆生) 모두를 해탈케 한 다음, 저는 성불(成佛)할 것이옵니다."

이 분이 명부전의 본존(本尊)인 지장보살이다.

1. 대원본존 지장보살

대원본존 지장보살(大願本尊地藏菩薩)! 우리는 흔히 지장보살을 대원본존이라고 부른다. 이 보살은 각화정자재왕여래로부터 '지장(地藏)'이라는 이름을 받은 뒤 오로지 중생 제도를 위한 힘을 길렀고, 중생을 해탈시키기 위해서는 지옥의 불구덩이 속에 뛰어드는 일조차 조금도 주저하지 않았다. 지금까지 그분이 구한 중생은 가히 헤아릴 수도 추측할 수도 없는 불가칭 불가설(不可稱不可說)의 수효라고 한다.

지장 신앙의 3대 경전인《지장십륜경(地藏十輪經)》·《지장보살본원경(地藏菩薩本願經)》·《점찰선악업보경(占察善惡業報經)》을 자세히 살펴보면, 지장보살의 특징을 크게 네 가지로 분류하여 볼 수 있다.

(1) 성불을 포기한 大願의 本尊이다.

지장보살은 이미 여래와 같은 삼매(三昧)를 증득하였고 여래의 경지에 이르러 무생법인(無生法印 : 不生不滅의 진리와 하나가 됨)을 얻었지만, 그 분은 '보살'이라는 이름으로 남아 오늘도 중생들을 제도하고 있다. 먼저《지장보살본원경》의 전생담(前生談)을 잠시 살펴보자.

먼 옛날, 서로 이웃한 나라의 두 임금은 정법(正法)의 벗이 되어 깊은 우정을 나누었다. 그러나 그들 나라 백성들은 여러 가지 악한 일에 깊이 물들어 있었다. 이를 측은히 여긴 두 임금은 여러 가지 방편을 베풀어 백성들로 하여금 올바른 길로 나아가게 하였고, 항상 열 가지 선〔十善〕을 행하여 모범을 보였다.

어느 날 두 임금은 각각의 원(願)을 발하였다.

"빨리 불도를 이루어 널리 이들 무리를 남김없이 제도하리라."

"죄고(罪苦)에 빠진 이들을 먼저 제도하되, 그들 중 안락을 얻고 보리(菩提, 깨달음)를 이루지 못하는 자가 있으면 나는 결코 성불하기를 원치 않노라."

이 가운데 성불하여 중생을 구하겠다고 한 임금은 출가하여 일체지성취여래(一切智成就如來)가 되었고, 성불을 원하지 않은 임금은 지장보살이 되었다.

이처럼 지장보살은 부처가 되어도 오래전에 되었어야 할 분이다.

지장보살 독존도 일본 양수사(養壽寺) 소장. 우리 나라에서 건너간 탱화로, 중생제도를 상징하는 석장과 여의주를 쥐고 있다.

모든 사람들은 '성불하고 나서'를 강조한다. '성불하여 중생을 제도하리!' 그러나 지장보살은 자신의 성불을 앞세우지 않는다. 자신의 성불보다는 중생의 성불을 앞세우고 있다. "성불하지 못하는 중생이 있으면 나도 성불하지 않겠다." 이것이 지장보살의 근본 마음이다.

모든 보살들이 위로는 깨달음을 구하고 아래로는 중생을 교화한다는 상구보리 하화중생(上求菩提下化衆生)을 추구하지만, 지장보살만은 상구보리에 대해 관심을 기울이지 않는다. 누구보다 빼어난 자비의 힘과 지혜를 갖추었지만, 결코 부처가 되는 데 연연해 하지 않는다. 지장보살의 관심은 중생의 해탈에만 있을 뿐이다.

이와 같은 지장보살의 근본 서원(誓願)에는 그 어떤 보살의 서원도 따르지 못한다. 그 어떤 부처의 서원도 이를 능가하지 못한다. 서원 중의 서원, 가장 근본이 되는 원, 모든 보살과 부처가 존재할 수 있는 '본원(本願)'으로 가득 차 있는 분이 지장보살이다.

대승의 보살이 소승의 수행자와 다른 점은 하화중생(下化衆生)에 있다. 나보다 못한 중생을 해탈의 길로 인도하는 것이 대승보살의 특징이요, 이 하화중생이야말로 보살을 있게끔 하는 근본이 되는 것이다. 만약 보살이 하화중생을 버리고 상구보리만 추구한다면, 그들에게는 이미 보살이라는 칭호가 붙을 수 없다. 그리고 하화중생을 도외시하는 소승의 수행자라면 아라한(阿羅漢)이나 벽지불(辟支佛)의 경지에 이를 수 있을 뿐, '부처'의 경지에는 결코 도달할 수 없는 것이다.

이로써 볼 때, 자신의 성불을 포기하고 하화중생, 중생의 성불만을 고집하는 지장보살이야말로 대원(大願)의 근본 스승, 대원본존이라 칭하지 않을 수 없는 것이다.

여기서 잠깐 불자들이 일상으로 외우는 사홍서원(四弘誓願)을 살펴보자.

    가없는 중생을 맹세코 건지리다〔衆生無邊誓願度〕.
    끝없는 번뇌를 맹세코 끊으리다〔煩惱無盡誓願斷〕.
    한없는 법문을 맹세코 배우리다〔法門無量誓願學〕.
    위없는 불도를 맹세코 이루리다〔佛道無上誓願成〕.

가없고〔無邊〕 끝없고〔無盡〕 한없고〔無量〕 위없는〔無上〕 '그 무엇'을 맹세코 하겠다는 불제자들의 서원. 가없기에 도저히 다 건질 수 없는 중생, 끝없기에 끊어도 끊어도 끝이 없는 번뇌……. 그런데도 불제자

제13장 지장보살의 본원력으로 283

철원 심원사 지장보살좌상 원래 철원 보개산 석대암(石臺庵)에 있었으며, 그 영험이 높아 살아 있는 지장보살로 받들어지고 있다.

들은 맹세코 하겠다고 말한다.

이런 모순이 어디에 있는가? 그러나 이것이 비록 모순이요, 이율배반이요, 거짓말일지라도 구도자는 마땅히 하여야만 한다. 가능하기 때문에 하겠다는 것이 아니라, 그것이 참된 구도자의 길이요, 마땅히 가야할 길이기 때문에 마냥 나아가는 것이다. 시작도 끝도 없는 그 길……. 불가능할지라도, 지장보살은 시작도 끝도 없는 중생 제도의 길 위로 한결같이 나아간다. 이것이 지장보살의 소원이요 생활이다. 우리는 그 어떤 성취에 앞서 한결같이 나아가는 지장보살의 대원과 마음씀을 먼저 배워야 하리다.

(2) 끝없는 용서와 사랑이 보살이다.

지장, 지장이여.
그대의 신력(神力)은 불가사의하도다.
그대의 자비(慈悲)는 불가사의하도다.
그대의 지혜(智慧)는 불가사의하도다.
그대의 변재(辯才)는 불가사의하도다.
시방(十方)의 모든 부처님이 그대의 불가사의한 공덕을 천만겁 동안 찬탄하고 말하여도, 능히 다 말하지 못할 것이니…….

《지장보살본원경》 촉루인천품(囑累人天品)에서 석가모니불이 지장보살을 찬탄하며 하신 말씀이다. 지장보살이 갖고 계신 이 불가사의(不可思議)한 공덕은 모두가 중생의 안락(安樂)을 위해 사용된다. 감히 우리의 생각으로는 헤아릴 수 없는 지장보살의 위대한 공덕은 사바세계의 중생 모두를 위해 있는 것이다.

그러나 중생의 삶은 어떠한가? 우리의 인생은 인과응보(因果應報)의 굴레에 얽매어 있다. 악한 씨를 심으면 고(苦)의 과보를 받고, 선한 씨를 심으면 낙(樂)의 열매를 거둔다. 한량 없는 과거의 생애를 살아오면서 몸과 말과 뜻으로 지어온 바를 따라 순간 순간 현재와 같은 모습을 나타내게 되는 것이다.

이것을 불교에서는 업(業)이라고 한다. 업에 따라 중생은 윤회하고, 지은 바 업이 행복과 불행을 좌우한다고 한다.

중생은 결코 인과응보의 현실, 정해진 업을 면하기 어렵다는 '정업난면(定業難免)'의 영역을 뛰어넘지 못하는 '업덩이'같은 존재이다. 그러나 지장보살의 이름 아래에서는 정업난면의 업설이 적용되지 않는다. 중생의 가장 무거운 죄업이 만들어낸 지옥조차 지장보살의 자비 앞에서는 없어져 버리고 마는 것이다.

미래세(未來世) 중에 만약 선남자 선여인이 있어 이 지장보살의 이름을 듣고 합장하거나 찬탄하거나 예경을 드리거나 간절히 생각하고 따른다면, 이 사람은 30겁(劫) 동안 지은 죄를 초월하게 되리라. 만약 선남자 선여인이 지장보살의 형상을 만들어서 한 번 쳐다보거나 한번 절한다면, 이 사람은 1백 번 33천(天)에 태어나고 길이 악도(惡道)에 떨어지지 않으리라."

〈지장보살본원경 여래찬탄품(如來讚嘆品)〉

지극한 마음으로 지장보살을 향하면 지장보살과 하나가 되고, 모든 업은 지장보살의 크나큰 본원력에서 녹아 없어지고 마는 것이다. 왜? 지장보살의 본원력이 끝없는 용서요, 사랑이기 때문이다.

지장보살은 죄의 경중(輕重)을 따지지 않는다. 오직 중생애민(衆生哀愍)의 비심(悲心)으로 끝없이 사랑하고 끝없이 용서할 뿐이다. 불쌍히 여기고 또 불쌍히 여기는 지장보살, 용서하고 또 용서하여 모든 죄업의 감옥을 부수어 버리는 지장보살. 지장보살의 존재 목적은 성불의 길을 열어주고자 하는 것 뿐이다.

그 어떤 중생이라도 지장보살을 염할 때 고난의 감옥은 부서진다. 살아서나 죽어서나 지장의 사랑은 끝이 없다.

열 번 백 번도 용서할 수 있는 지극한 사랑으로 중생의 업(業)이 만들어 낸 갖가지 장애와 부자유의 감옥들을 부수고, 행복의 세계로, 성불의 길로 인도하는 것이다.

(3) 말세중생(末世衆生)의 행복과 파지옥(破地獄)

지장보살은 석가모니불로부터 부촉(付囑)을 받았다. 석가모니께서 열반에 든 뒤부터 미륵불이 출현할 때가지 수많은 분신(分身)을 육도(六道)에 나타내어 일체 중생을 교화해 줄 것을 당부 받은 것이다.

"그대는 사바세계에 미륵불이 출세하여 오실 때까지, 스스로가 지은 억세고 거치른 죄고(罪苦) 때문에 나쁜 세상에 떨어져 큰 고초를 받는

고창 선운사 도솔암 지장보살좌상 보물 제280호. 손에 법륜(法輪)을 쥐고 있는 것이 특이하다. 육도윤회(六道輪廻)의 중생을 해탈시키겠다는 염원을 법륜으로 표상화시킨 것이다.

 중생들을 구제하라. 그리고 그들이 모든 고통을 벗어나 해탈케 하라."
 "세존(世尊)이시여, 저는 저의 분신으로 하여금 모든 세계에 가득차게 하고, 그 한 몸마다 백천만억 사람을 제도하여 길이 생사를 여의고 열반

락(涅槃樂)에 이르도록 하겠나이다.

　세존이시여, 오직 바라옵건대 후세의 악업중생에 대해서는 염려를 마옵소서.

　세존이시여, 오직 바라옵건대 후세의 악업중생에 대해서는 염려를 마옵소서.

　세존이시여, 오직 바라옵건대 후세의 악업중생에 대해서는 염려를 마옵소서."

〈지장보살본원경 분신집회품(分身集會品)〉

"지장이여, 내 이제 은밀히 인간과 천상의 무리들을 그대에게 부촉하노니……. 만약 인간이나 천인이 업에 따라 과보를 받아 나쁜 세상에 떨어지는 일이 있거든, 그들이 태어난 곳으로 나아가고 또는 지옥문에 이르러서 신력의 방편으로 그들을 구출하고 고통에서 벗어나게 하라. 그들이 있는 곳에 가없는 몸을 나투어 지옥을 부수고, 그들로 하여금 천상에 태어나 수승한 묘락을 받도록 하라."

"세존이시여, 오직 바라옵건대 염려를 놓으소서. 미래세 중에 혹 선남자 선여인이 있어 불법(佛法)에 대해 한 생각의 공경심만 있어도, 저는 백천 가지 방편으로 그 사람을 제도하여 생사(生死) 중에서 속히 해탈을 얻게 할 것이옵니다."

〈지장보살본원경 촉루인천품(囑累人天品)〉

　지장보살은 이렇게 석가모니 부처님 앞에서 맹세하였다. 특히 〈분신집회품〉에서는 후세 중생을 '책임지겠다'고 세 번 맹세하였다. 세 번의 맹세는 불경 속에서 거의 찾아볼 수 없다. 그만큼 틀림없음을 강조하고 있는 것이다.

　아울러 경에서는 한 생각 동안이나마 불법을 올바로 생각하는 자, 지장보살을 우러러 칭명하고 참회하는 자들을 모두 제도하여 해탈의 세계로 이끌어 가겠다는 확신의 맹세와 함께, 그들에게 의식(衣食)이 풍부하여지고 질병이 침범하지 못하는 등의 28가지 이익이 생겨남을 밝히고 있다.

　지장보살은 매일 아침 선정(禪定)에 들어 그들의 요구를 살피고 구원의 손길을 뻗친다.

　이제 남은 것은 중생의 참회이다. 지극한 참회, 지극한 마음의 참회만이 남아 있는 것이다. 그래서 지장신앙에는 언제나 지심참회(至心懺悔)가 뒤따른다.

　지심참회, 그것은 무조건 '잘못했습니다'라고 하는 것이다. 우리가 다생(多生)에 지은 죄업을 무조건 참회하는 것이다. 보통의 기도는 자신이나 가족의 행복 등 그 어떤 목적을 염원하며 하는 경우가 많다. 그러나 지심참회는 무조건 참회하는 것이다. 그 어떤 자비에 연연해 하지 말고 무조건 '잘못했습니다'라고 하는 것이다. 이것이 참다운 참회이다.

　'잘못했습니다.'이 한마디에 모든 것은 녹는다. 모든 업장(業障), 모든 이기심, 그 어떤 모순도 녹아내린다. 비록 죄업이 가득 찬 사람이라 할지라도 지장보살의 원력과 자비를 생각하며 지심참회하면 그 사람은 곧 지장보살의 분신 중 하나가 되며, 그들이 바라는 모든 소원 또한 지장보살의 원력 속에서 자연히 이루어지는 것이다.

　이제 지장보살의 파지옥(破地獄)을 생각하여 보자.

　원래 지옥이란 따로 있었던 것이 아니다. 중생의 악한 마음, 지극한 이기주의가 만들어낸 새로운 세계가 지옥이다. 자유로운 하늘의 세계와는 달리 탐욕과 분노와 어리석음의 무거운 업보가 땅 속의 감옥인 지옥을 만들어 낸 것이다.

　지옥은 한없는 고통의 세계이다. 그 고통은 평범한 인간의 상상을 초월한다. 아니, 인간이 상상할 수 있는 가장 비참한 불행의 양상을 모아 놓은 곳이 지옥일 수도 있다. 그 지옥 속으로 기꺼이 뛰어들어 고통받는 지옥 중생을 남김없이 구하고자 하는 분이 지장보살이다.

　지장보살은 지옥문을 지키고 있으면서 그곳으로 들어가는 중생을 못 들어가도록 막는다. 때로는 염라대왕의 몸으로, 때로는 지옥졸(地獄卒)의 모습으로 나타나서 고통받는 지옥 중생에게 설법을 한다. 때로는 지옥 중생에게 설법을 한다. 때로는 지옥 그 자체를 부수어서 모든 지옥 가족을 천상이나 극락으로 인도한다.

그러나 탐욕과 분노와 어리석음이 중생과 함께 하는 한, 지옥은 계속 생겨난다. 그리고 지옥이 있는 이상 지장보살은 지옥을 떠나지 않는다. 지장보살은 수많은 분신들을 지옥의 요소요소에 배치하여 고통받는 중생의 해탈은 물론, 그릇된 마음의 중생을 교화하고 영원히 지옥을 없애고자 잠시도 노력을 게을리하지 않는 것이다.

그러나 이제까지 우리가 살펴본 바와 같이 지장보살의 자비와 원력은 '파지옥'에만 이르고 있는 것이 아니다. 지장보살은 현세의 행복과 내세의 안락을 함께 보장하며, 나아가 뭇 생명있는 자들을 성불토록 하여 이 윤회하는 세계 자체를 없애고자 하는 '파사바(破娑婆)의 보살'이라는 점을 잊어서는 안된다.

우리의 마음에 그 분의 원력과 자비를 담을 수 있다면, 우리는 반드시 윤회를 벗어나 적멸위락(寂滅爲樂)의 세계로 나아갈 수 있을 것이다. 이것이 지장신앙의 참뜻이며, 지장보살이 존재하는 진정한 까닭임을 기억해야 하리라.

2. 명부전

(1) 지장전과 시왕전을 하나로.

명부전은 저승의 유명계(幽冥界)를 사찰 속으로 옮겨놓은 전각이다. 이 전각 안에 지장보살을 봉안하고 있기 때문에 지장전(地藏殿)이라고도 하고, 유명계의 심판관인 시왕(十王)을 봉안하고 있기 때문에 시왕전(十王殿)이라고도 한다.

그러나 필자가 옛 사찰들의 사적(事蹟)들을 조사하여 본 결과, 적어도 조선 초기 이전까지는 지장전과 시왕전이 독립된 전각으로 각각 분리 독립되어 있었음을 발견할 수 있었다. 그리고 이를 뒷받침하는 또다른 몇 가지 증거가 있다. 이를 간략히 살펴보자.

우리 나라의 지장 신앙은 그 뿌리가 매우 깊다. 신라의 원광법사(圓

양산 통도사 명부전 명부전의 외형이 일반적으로 맞배지붕을 취한 것과는 달리 팔작지붕을 취하고 있다.

光法師)는 지장보살의 자비와 원력에 귀의하는 참회 불교를 유포시켰고, 신라 진평왕 때의 지혜(智惠) 비구니는 신라 땅을 지키는 선도산성모(仙桃山聖母)의 지시로 지장보살 앞에서 참회하는 점찰 법회(占察法會)의 개최를 항규(恒規)로 삼았다. 경덕왕 때의 고승 진표율사(眞表律師) 또한 지장보살께 몸이 부서지도록 참회하여 지장과 미륵보살의 가피를 입었고, 그 뒤 망신참(亡身懺)의 전통을 이 땅에 정착시켰던 것이다. 또한《삼국유사》의〈대산오만진신(臺山五萬眞身)〉에 관한 글을 보면, 700년대에 보천(寶川)이 오대산 신앙을 정착시킬 때 남대(南臺)에 지장방(地藏房)을 두었는데, 그 곳에 원상지장(圓像地藏)과 팔대보살(八大菩薩)을 수반으로 하여 1만의 지장상을 그려 봉안하고, 낮에는《지장경》과《금강경》을, 밤에는 점찰예참(占察禮懺)을 시켰다는 기록이 있다.

　이와 같이 신라의 지장신앙에 관한 자료에서는 시왕의 이름을 찾아볼 수 없음은 물론, 고려말 이전까지의 자료에서도 시왕에 대한 신앙이 발달하였다는 전거(典據)를 발견할 수 없다.《고려사(高麗史)》에 나타나는 수많은 불교 도량 의식(道場儀式) 속에서도 지장경도량이나 지장연명경도량(地藏延命經道場)의 잦은 개최와 염라왕에 대한 의식은 언급

되고 있으나, 시왕과 관련되는 의식은 보이지 않고 있다.

우리 나라의 시왕신앙은《예수시왕생칠경(豫修十王生七經)》에 근거를 두고 있으며, 이 경은 당나라 말년에 장천(藏天)이 편찬한 것이다. 도교의 신인 시왕을 불교에서 수용한 다음, 시왕에게 공양하고 죄업을 참회하는 칠재의(七齋儀)를 행함으로써 죽은 뒤 좋은 세상에 태어날 수 있다는 것을 밝힌 경전이다. 이 경이 우리 나라에 전해진 것은 고려 초기이지만 널리 유포되지 못하다가, 원나라가 이 땅을 강점한 고려말부터 널리 유포되어짐에 따라, 차츰 내세의 심판자인 시왕에 대한 신앙이 형성되어 갔던 것이다.

필자는 이들 문헌과 사찰 사료를 통하여 고려시대 이전의 사찰에는 지장전이 대종을 이루었을 뿐 아니라, 시왕전이 지장전과는 완전히 독립되어 있었음을 확신할 수 있었다.

그렇다면 지장보살과 시왕을 함께 모신 명부전이 생겨나게 된 까닭은 무엇이며, 언제부터 명부전이 사찰 속에 자리를 잡게 된 것일까? 이 해답은 조선시대에 이르러 불교의 신앙 형태가 달라질 수밖에 없었다는 시대적 상황에서 찾아야 한다.

불교 자체를 말살시키려 했던 조선 왕조의 억불정책 속에서도 불교가 인정받을 수 있었던 그나마의 명목은 조선 왕조가 숭상했던 효(孝)에 관한 불교 의식이었다. 비록 조선 왕조가 불교를 인정하지는 않았지만, 부모에게 효도하고 죽은 부모를 좋은 세상으로 보내게 하기 위한 불교 신앙과 의식만은 배제할 수 없었던 것이다.

따라서 조선 시대에는 그 어떤 의식보다 망인천도(亡人薦度)의 재의식(齋儀式)이 발달하였고, 지장보살 또한 모든 중생을 성불시킨다는 맹세보다 명부시왕의 무서운 심판에서 망인을 구하여 주는 유명계의 교주 역할만이 크게 강조되었다.

그 결과, 망인의 형벌 및 새로 태어날 세계를 결정하는 심판관 시왕과 망인을 자비로써 인도하는 지장보살과의 결합은 보다 쉽게 이루어질 수 있었고, 마침내 독립되어 있었던 지장전과 시왕전을 명부전이라는 이름으로 결합, 탄생시켰던 것이다. 이것이 고려말 조선 초기에 이루어졌다.

그러나 임진왜란 이전의 조선시대 불교는 철저한 억압으로 인한 재정적 빈곤 때문에 새로운 전각인 명부전의 건립을 생각할 여유조차 없었다. 다행히 임진왜란 때의 승병 활동으로 나라에서 다소나마 억압의 고삐를 늦추게 되었으며, 불교계에서는 이 시기를 맞아 유교의 이념에도 맞는 명부전을 많이 건립하였던 것이며, 오늘날 오래된 대부분의 사찰에 명부전이 있는 까닭도 이와 같은 시대적 상황과 깊이 관련되어 있는 것이다.

(2) 불상의 배치와 지장탱화

일반적으로 명부전의 중앙에는 본존인 지장보살을 중심으로 왼쪽에 도명존자(道明尊者)를, 오른쪽에는 무독귀왕(無毒鬼王)을 봉안하여 삼존불을 이루게 한다. 그리고 그 좌우에 명부시왕상을 안치하며, 시왕상 앞에는 시봉을 드는 동자상 10구를 안치한다. 이 밖에도 대왕을 대신하여 심판을 하는 판관(判官) 2인, 기록과 문서를 담당하는 녹사(錄事) 2인, 문 입구를 지키는 장군(將軍) 2인 등을 마주보게 배치하여 모두 29체(體)의 존상을 갖추게 된다. 또한 지장보살의 뒷쪽 벽에는 지장탱화(地藏幀畫)를 봉안하고, 시왕의 뒤편으로는 명부시왕탱화를 봉안하게 된다. 이 가운데 지장탱화를 함께 살펴보자.

지장탱화의 기본형은 지장보살과 좌우보처(左右補處)인 도명존자와 무독귀왕을 중심으로, 명부시왕·판관·녹사·사자(使者)·장군·졸사(卒使), 사방을 지키는 호법신 사천왕(四天王)을 함께 안배하는 것이 통례이다.

이 지장탱화의 종류는 매우 다양하나 ①지장독존도(地藏獨尊圖) ②지장삼존도(地藏三尊圖) ③지장삼존신중도(地藏三尊神衆圖) ④지장시왕도(地藏十王圖) 등 크게 네 가지 유형으로 나눌 수 있다.

첫째의 독존도는 흔히 두건을 쓰고 석장(錫杖)을 짚거나 여의주를 들고 있는 지장보살이 서 있는 모습으로 묘사되어 있으며, 고려나 조선 초기에 많이 제작되었다.

둘째의 지장삼존도는 《지장보살 본원경》을 근거로 하여 도명존자와 무독귀왕을 협시로서 거느리고 있는 탱화이다.

셋째의 삼존신중도는 삼존 이외에 관음보살·용수보살(龍樹菩薩)·다라니보살(陀羅尼菩薩)·금강장보살(金剛藏菩薩)·허공장보살(虛空藏菩薩) 중 2명 내지 4명의 보살이 함께 배치되고, 제10 전륜대왕(轉輪大王)과 사천왕(四天王)·대범(大梵)·제석(帝釋)을 호법 신중으로 묘사한 탱화이다. 이 탱화는 여러 가지로 변화되므로 그 형식이 일정하지 않다.

명부전 입구를 지키는 장군상 경기 안성의 청룡사 소장.

넷째의 지장시왕도는 지장보살을 중심으로 좌우협시, 십대왕과 판관 등이 함께 묘사된 탱화이다. 이 탱화에는 지장신앙과 명부시왕신앙과의 혼합이 잘 나타나 있다.

특히 이 탱화에서는 고려말의 작품과 조선시대 작품의 차이를 쉽게 발견할 수 있다.

고려말의 작품에는 지장보살의 권속들을 본존인 지장보살상의 대좌(臺座) 아래쪽 좌우에 배치하였음에 반하여, 조선시대의 지장시왕도는 여러 존상의 배열이 위쪽으로 올라온다는 특이점을 지닌다. 이 같은 구도는 고려 불화와 조선 불화를 비교하는 하나의 기준이 되기도 한다.

또 고려말의 지장시왕도에서는 삼존과 명부시왕 및 그 권속이 한 폭 속에 다 함께 묘사되어 아직 독자적인 시왕신앙이 크게 강조되지 않고 있음을 입증하고 있는데 반해, 조선의 지장시왕도는 10폭의 시왕도를 별도로 도설하는 형식이 많이 채택되고 있어 비록 지장탱화에 종속적으로 참여한 명부시왕이기는 하지만 그 신앙적 기능이 더욱 강

고려의 지장탱화 일본 동경 靜嘉堂 소장. 지장보살의 권속들이 아래쪽에 도열하고 있다.

화되고 있음을 파악할 수 있다.

그리고 현존하는 지장탱화를 종합적으로 살펴보면 몇 가지 형태별 특징을 찾을 수 있다.

①두건(頭巾)을 쓴 지장보살과 머리를 삭발한 승형(僧形)의 지장보살 중 조선 전기 이전에는 승형이 약간 많았으나 조선 후기에는 승형이 압도적으로 우세하게 나타나고 있다.

제 13 장 지장보살의 본원력으로 295

조선의 지장탱화 1725년에 제작된 북지장사 지장탱화. 지장보살을 중심으로 권속들이 주위를 에워싸고 있다.

②지장 보살이 앉아있는 형식은 결가부좌 형태와 한 발을 내려뜨린 반가(半跏)의 형태 등 두 가지가 있는데, 결가부좌를 훨씬 많이 취하고 있다.

③인계(印契)를 살펴보면, 왼손에 석장(錫杖)을 짚고 오른손에 보주(寶珠)를 잡은 형식, 왼손에 석장이나 구슬을 잡고 오른손은 둘째와

셋째 손가락 끝을 가슴에 대어 올린 형태, 두 손 모두 둘째와 셋째 손가락을 대어 왼손은 내리고 오른손은 들었으며, 석장은 도명존자가 대신 갖고 있는 형태 등 다양하게 나타나고 있다.

현존하는 지장탱화 중 대표적인 고려말의 작품으로는 일본 일광사(日光寺)에 소장된 것과 서독 베를린 동양미술관에 소장된 지장시왕도, 일본 정가당(靜嘉堂) 소장의 지장시왕도 등이 있다. 또 조선시대의 작품으로는 일본 광명사(光明寺)에 있는 1526년 작품과 일본 서방사(西方寺)에 있는 1500년 경의 작품, 국립박물관에 보관되어 있는 1725년의 북지장사(北地藏寺) 지장탱화, 1747년에 구성된 영천 은해사 운부암의 탱화, 1744년에 조성된 고성 옥천사(玉泉寺)의 지장시왕도를 꼽을 수 있다.

(3) 시왕탱화와 명부

시왕탱화는 명부(冥府)의 10대왕을 묘사한 탱화이며, 앞에서 밝힌 지장탱화의 네번째 유형(地藏十王圖)중 시왕과 그 무리를 묘사한 별도의 그림을 독립시켜 부르는 명칭이다.

시왕탱화는 중생이 죽은 뒤 명부의 시왕 앞에서 생전에 지은 죄를 심판받는 모습을 묘사한 것이다.

보통 시왕탱화를 명부전에 봉안할 때, 지장보살을 중심으로 1대왕씩 10폭으로 묘사하거나 5대왕씩 2폭으로 묘사하여 봉안하며, 지장보살을 중심으로 왼쪽에는 1·3·5·7·9의 홀수 대왕 그림이, 오른쪽에는 2·4·6·8·10의 짝수 대왕 그림이 배치된다.

또한 각 그림의 내용은 크게 상단과 하단부로 대별된다. 상단부에는 그 대왕을 중심으로 시녀(侍女)·판관(判官)·외호신장(外護神將)들이 둘러 서 있고, 그림의 상·하단을 구름으로 구분한 다음, 그 아래 하단부에는 형벌을 받은 죽은 사람과 형벌을 가하는 사자(使者)와 귀졸(鬼卒), 죄인의 앞에서 지은 죄를 하나하나 열거하며 읽어주는 판관 등이 그려져 있다.

상단부의 10대왕 가운데 마지막 전륜대왕(轉輪大王)만이 투구와 갑

제 13 장 지장보살의 본원력으로 297

양산 통도사 시왕탱화 중 제1 진광대왕도 죽어서 첫 7일만에 도달하는 곳. 지장보살이 지은죄를 열거하는 판관의 앞에 합장하고 서서 자비를 구하고 있다.

옷을 입은 장군의 모습일 뿐, 나머지 아홉대왕은 관을 쓰고 붓과 홀(笏)을 잡고 있는 왕의 모습이다. 모든 대왕의 앞에는 책상이 놓여 있고, 그 위에는 필기 도구들이 마련되어 있다.
　이제 하단부의 그림을 살펴보자.
　제1 진광대왕도(秦廣大王圖)에는 죽은 자를 관에서 끌어내는 장면, 이미 끌려온 자들이 목에 칼을 차고 판관의 질책을 듣는 장면, 관 속에 든 죄인의 배를 징으로 내리쳐 가르는 모습 등이 묘사된다.
　제2 초강대왕도(初江大王圖)에는 관에서 나온 이가 나무에 거꾸로 매달리거나 칼을 차고 고통을 받는 모습, 배꼽에 호스를 연결하여 살아 생전에 축적한 탐욕의 기름을 뽑아내는 장면이 묘사된다.
　제3 송제대왕도(宋帝大王圖)에는 형틀에 맨 죄인의 혀를 길게 뽑아내고, 소가 쟁기로 밭을 갈듯이 죄인의 뽑혀진 혀를 쟁기로써 가는 모습이 묘사되어 있고,
　제4 오관대왕도(五官大王圖)에는 죄인을 가마솥의 끓는 기름 속에 넣어 고통을 가하는 모습이,
　제5 염라대왕도(閻羅大王圖)에는 업경대(業鏡臺)로 죽은 이의 지은 죄를 비춰보는 장면과 죄인을 방아에 넣어서 찧는 모습이 묘사되어 있다.
　제6 변성대왕도(變成大王圖)에는 무수한 칼이 하늘을 향해 날카롭게 솟아 있는 도산(刀山) 속에서 죄인이 고통을 받고 있는 모습이 묘사되고,
　제7 태산대왕도(泰山大王圖)에는 죄인을 형틀에 넣어 톱으로 써는 모습,
　제8 평등대왕도(平等大王圖)에는 죄인을 바윗돌로 눌러서 압사시키는 모습,
　제9 도시대왕도(都市大王圖)에는 죽은 이의 지은 죄를 적은 두루마리를 저울로 달아 무게를 다는 모습과 죄인들이 얼음 속에서 발가벗은 채 떨고 있는 모습, 대왕 이하 모든 권속들이 하늘에서 내려오는 지장보살을 우러러보며 합장하는 장면이 묘사되어 있다.
　제10 오도전륜대왕도(五道轉輪大王圖)에는 모든 재판과 명부의 형벌을 끝낸 중생들이 다시 아귀·축생·인간 등으로 태어나기 위해 길

제13장 지장보살의 본원력으로 299

시왕탱화 제5 염라대왕도의 부분도
죄인이 전쟁에 도살했던 장면이 업경
대에 나타나고 있다.

고성 옥천사 시왕탱화 중 제10 오도전륜 대왕
도 1744년 제작. 대왕이 다른 왕들과는 달리
투구를 쓰고 있으며, 명부의 육도윤회의 길을
떠나는 모습이 묘사되어 있다.

떠나는 장면이 묘사되어 있다.
 이상과 같이 명부는 고통이 매우 심한 곳이고, 10대왕은 고통받는 명부의 죄인을 관장하고 있다고 믿기 때문에, 불교에서는 사람이 죽으면 시왕의 위덕을 비는 10재(齋)를 베풀도록 하고 있다. 이는《예수시왕생칠경》에 근거를 두고 있으며, 시왕이 각각 망인을 심판하는 초7일, 2·7일, 3·7일, 4·7일, 5·7일, 6·7일, 7·7일과 100일째 되는 날, 1주기, 2주기 때 재를 베풀어 죄업을 사하도록 한 것이다. 앞의 일곱 번을 우리는 49재, 그리고 뒤의 셋을 백재(百齋)·소상재(小祥齋)·대상재(大祥齋)라 지칭하고 있다.
 시왕의 심판 및 시왕탱화에 나타난 망인의 고통과 관련된 이와 같은 재는 후손들이 망인을 위해 대신 공덕을 쌓아, 망인의 고통을 조금이나마 덜어주고 좋은 세상에 태어나도록 하기 위한 효심의 발로라는 사실을 다같이 기억해야 한다. 지장보살이 어머니를 지옥에서 구하였듯이, 참된 효심이야말로 조상을 죄업의 고통에서 구할 수 있는 가장 좋은 도구가 되는 것이다.

이제 시왕탱화와 관련된 두 가지 점을 지적하면서 마무리를 짓고자 한다.

먼저 시왕탱화에 묘사된 죄인의 고통받는 모습과 일반적으로 10대왕이 관장하고 있는 지옥과는 일치하고 있지 않다는 점이다. 현재 10대왕에게 배당된 지옥의 명칭은 아래의 표와 같으며, 이는 도교의 문헌인 《옥갑기 玉匣記》에 기록되어 있는 것이다.

시왕과 관장지옥

순서	시왕이름	담당지옥	순서	시왕이름	담당지옥
1	秦廣大王	刀山地獄	6	變成大王	毒蛇地獄
2	初江大王	火蕩地獄	7	泰山大王	鉅骸地獄
3	宋帝大王	寒氷地獄	8	平等大王	鐵床地獄
4	五官大王	劍樹地獄	9	都市大王	風塗地獄
5	閻羅大王	拔舌地獄	10	轉輪大王	黑暗地獄

몇 가지 예를 들어보자. 위 표에서 보면, 제3 송제대왕은 한빙지옥을 담당하고 있으나 시왕탱화에서는 제9 도시대왕도 속에 벌거벗고 추위에 떨고 있는 모습을 찾아볼 수 있다. 또한 위 표에서는 제5 염라대왕이 발설지옥을 관장하고 있다고 표기하였으나, 탱화에서는 제3 송제대왕도 속에 소가 쟁기로 죄인의 혀를 가는 모습이 나타나고 있는 것이다. 이처럼 탱화 속의 고통받는 모습은 《옥갑기》의 기록과 하나도 일치하지 않는다.

과연 시왕탱화 속에서 망인이 고통받는 모습은 어떤 경전에 근거를 두고 그려진 것인가? 이것을 밝혀내는 일이 우리 나라 불교의 한 특징을 살필 수 있는 중요한 자료가 될 것임에는 틀림이 없지만, 현재까지는 그 근거가 밝혀지지 않고 있다. 관심있는 분의 연구로 누군가에 의해 반드시 밝혀져야 할 것이다.

다음으로는 시왕의 각 탱화 속에 반드시 지장보살이 묘사되고 있다는 점이다. 지장보살은 시봉하는 제자를 데리고 명부의 고통받는 중생들 옆에 서 있다. 때로는 판관에게 죄인을 용서해 줄 것을, 때로는 죄인에게 죄업을 면하는 방법을 일러 주신다. 슬픈 표정으로 두 손을 모으고 죄인들과 함께 하는 지장보살로 인해 시왕탱화는 참다운 생명력을 지니게 되는 것이다.

명부전. 그곳을 들어서면 우리는 섬뜩하다. 그곳은 명부에 간 조상을 깨우치는 곳만이 아니다. 살아있는 사람으로 하여금 저승을 느끼게 하는 곳이다. 탐욕과 성냄과 어리석음으로 가득 찬 이 생을 끝내고 명부에 이르렀을 때, 십대왕으로부터 받게 될 심판을 생각해 보는 곳이기도 하다.

옛날 한 부자가 죽으면서 유언을 남겼다. "내가 죽어 시신을 장지(葬地)로 옮길 때, 나의 두 손은 반드시 상여 밖으로 나오도록 하라."는 유언에 따라 가족들은 상여를 메고 갈 때 두 손을 상여 밖으로 내어 놓아 사람들이 볼 수 있도록 하였다.

이것이 무엇을 뜻함인가. 사람들아 보아라. 나는 돈도 많고 집도 크고 권속들도 많지만, 오늘 이때를 당하여 나 홀로 간다. 부귀영화가 얼마나 허망한 것이더냐. 빈 손으로 와서 빈 손으로 돌아가는 인생, 평생 모은 재산도 가져 갈 수 없으며, 오직 지은 바 업(業)만이 나와 함께 한다는 것을 깨우친 것이다.

이처럼 죽음과 저승을 느끼며 현세에 내가 해야 할 바를 생각해 보는 곳이 명부전이다.

그러나 다른 한편에서 볼 때, 명부전은 두려움의 장소가 아니라 진정한 자비를 느끼는 곳이다. "한 중생이라도 성불하지 않는 이가 있으면 나 또한 성불하지 않으리라."고 하신 지장보살의 본원을 되새겨 보는 크나큰 자비의 도량이다. 우리는 명부전을 지성의 참회 도량으로 만들어야 한다. 단순히 명복을 비는 장소가 아니라, 참되게 사는 길과 스스로의 진실을 체험하는 본원(本願)의 도량으로 가꾸어야 하리라.

제14장

토속신을 사찰 속으로
— 獨聖閣 · 山神閣 · 七星閣 —

부처님을 모신 법당 뒷편의 한쪽에는 조그마한 전각이 있다. 때로는 정면 세 칸에 측면 한 칸, 때로는 사방이 한 칸짜리인 이 건물에 우리 민족 고유의 토속신들을 불교적으로 수용하여 모셔 놓았다고 한다. 세 칸일 때는 산신과 칠성과 독성(獨聖)을 함께 모신 삼성각(三聖閣)이 되고, 한 칸씩의 건물을 지어 산신 · 독성 · 칠성을 따로 모실 때는 산신각, 독성각, 칠성각이라는 독립된 이름의 편액을 붙이게 되는 것이다. 이제 이들 전각의 내부로 함께 들어가 보자.

1. 독성각(獨聖閣)

천태산 위에서 홀로 선정을 닦고 계신 나반존자께 귀의하옵니다.
삼명(三明)을 이미 증득하였고 자리이타(自利利他)를 원만히 이룬 나반존자께 귀의하옵니다.
공양을 받을 만한 복전이 되어 미륵불의 출현을 기다리는 나반존자께 귀의하옵니다.

南無天台山上　獨修禪定　那畔尊者
南無三明己證　二利圓成　那畔尊者
南無應供福田　待竢龍華　那畔尊者

제14장 토속신을 사찰 속으로 303

청도 운문사 사리암의 독성각 영험있는 독성기도처로 널리 알려져 있다.

이 글은 나반존자를 향해 아침 저녁으로 3번 절을 하면서 외우는 독성각의 예불문이다. 이 글에서 보듯이 독성각의 주인은 나반존자이다. 이 나반존자는 남인도의 천태산에서 홀로〔獨〕선정을 닦고 있는 성자〔聖〕이기 때문에 나반존자를 모신 전각을 '독성각(獨聖閣)'이라 명명한 것이다.

그렇다면 나반존자는 어떤 능력을 갖추고 있는가? 삼명(三明)과 자리이타의 두 가지 이익〔二利〕을 갖추고 있다고 한다. 삼명은 숙명명(宿命明) · 천안명(天眼明) · 누진명(漏盡明)이다. 숙명명은 전생을 남김없이 아는 지혜이고, 천안명은 미래를 꿰뚫어 보는 능력이며, 누진명은 모든 고통의 원인이 되는 현세의 번뇌를 끊는 지혜이다. 즉, 과거 · 현재 · 미래의 모든 일을 남김없이 알고 있는 분이 나반존자이며, 나반존자는 이와 같은 삼명의 능력으로 자리(自利)와 이타(利他)의 2리를 원만하게 이룬다는 것이다.

나도 이롭게 하고 남도 이롭게 하는 능력을 갖춘 나반존자는 마땅히 중생의 공양을 받을만한 자격이 있고, 그분 스스로 중생들의 복을 키우는 복밭〔福田〕이 되어, 미륵불이 출현하는 용화세계(龍華世界)가 올 때까지 이 세상에 머물러 계신다는 것이다.

구전(口傳)에 의하면, 독성은 부처님의 제자로서 아라한과(阿羅漢果)를 얻고, 석가모니의 수기를 받아 남인도 천태산에 머무르다가 말법시대(末法時代) 중생의 복덕을 위해 출현하였다고 한다.

그러나 한 가지 이상한 점은 석가모니의 10대 제자나 16나한, 5백나한의 이름 속에 나반존자라는 명칭이 보이지 않을 뿐더러, 불경 속에서도 나반존자라는 이름과 독성이 나반존자라는 기록을 찾아볼 수 없다는 사실이다. 또한 중국이나 일본에서는 나반존자에 대한 신앙을 일체 찾아볼 수 없는, 우리 나라에만 있는 신앙 형태라는 점이다.

이것을 어떻게 풀이해야 하는가? 이에 대해 최남선(崔南善) 선생은 다음과 같이 설명한 바 있다.

"절의 삼성각이나 독성각에 모신 나반존자는 불교의 것이 아니라 민족 고유 신앙의 것이다. 옛적에 단군을 국조로 모셨으며, 단군이 뒤에 산으로 들어가서 산신이 되었다고도 하고 신선이 되었다고도 하여 단군을 산신으로 모시거나 선황(仙皇)으로 받들었다. 그래서 명산에 신당을 세우고 산신 또는 선황을 신봉하여 왔는데, 불교가 들어오면서 그 절의 불전 뒤 조용한 곳에 전각을 세우고 산신과 선황을 같이 모셨으며, 또 중국에서 들어온 칠성도 함께 모셨다……."

최남선 선생은 나반존자를 단군으로 파악한 것이다. 그러나 나반존자를 모신 독성각 건립에 대한 가장 오래된 기록은 1693년(숙종 19)에 풍남거사(楓南居士)가 지은 삼각산 경국사(慶國寺)의 〈천태성전상량문(天台聖殿上樑文)〉이며, 그 이후 1800년대에 독성각을 많이 건립한 것으로 나타나고 있어 불교 전래 시기에 단군신을 포섭하여 모신 것이라는 설은 신빙성이 없다.

또한 불교계에서는 나반존자를 18나한의 한 분인 빈두로(賓頭盧; Pindola)존자로 파악하고 있다. 빈두로는 원래 발치국(跋蹉國) 사람으로 어려서 출가하여 아라한(阿羅漢)이 되었으며 신통이 남달리 뛰어났다고 한다. 석가모니가 성도한 지 6년째 되는 해에 왕사성 거리에서 신통을 나타냈다가 외도(外道)들의 조소를 받았으므로, 부처님은 제자들에게 부질없이 신통을 나타내지 말라는 엄명과 함께 빈두로를 서구

야니주에 가서 교화하게 하였다. 뒤에 부처님의 명을 받아 열반에 들지 않고 남인도 마리산에 있으면서, 석가모니 열반 이후의 중생을 제도하고 말세 중생의 공양을 받아 대복전(大福田)이 되었으므로 주세 아라한(住世阿羅漢), 즉 이 세상에 머물러 있는 아라한으로 일컬어졌다는 것이다.

　이 빈두로존자의 모습이 나반존자처럼 흰 머리와 길다른 흰눈썹을 가지고 있고, 신통이 뛰어난 점이 나반존자 같으므로 우리 나라 사찰에서는 나반존자와 빈두로존자를 동일인으로 인식하고 있는 것이다.

　그러나 왜 독성각에 봉안된 분을 빈두로라 하지 않고 나반존자라 하였는가? 그리고 나반존자를 단군으로 파악한 최남선 선생 등의 민족사학자들의 설에는 전혀 근거가 없는지, 또 나반존자라는 이름은 어디에서 연유되었는가 등에 대한 의문은 그대로 남아 있다. 관심있는 분들의 연구를 기대하여 본다.

　다만 필자는 독성각과 나반존자에 대한 신앙이 나한전(羅漢殿)이나 나한신앙에서 분화된 것이 아닌가 하는 설을 제시하고자 한다.

　우리 나라의 나한신앙은 말법론의 대두와 함께 8세기 후반부터 나타나기 시작하였고, 고려시대에 기우(祈雨)와 구복, 외침의 극복 등을 기원하는 나한재(羅漢齋)를 많이 개설하게 됨에 따라 나한신앙은 완전히 뿌리를 내리게 되었다.

　특히 고려말의 이성계(李成桂)가 석왕사(釋王寺)에 나한전을 짓고 광적사(廣積寺)의 5백 나한을 옮겨 봉안하면서 5백일 동안 기도한 힘으로 조선을 개국하였다고 하여, 조선시대에는 다른 불교신앙의 쇠퇴와는 달리 나한신앙만은 크게 성행할 수 있게 되었던 것이다. 따라서 조선 초기의 여러 사찰에는 응진전(應眞殿)·나한전 등의 건물이 많이 세워졌고, 나한 기도를 통해 복을 구하는 사람들이 많이 생겨나게 되었다.

　이와 같이 말세의 현실적 행복을 강조하는 신앙 유형이 널리 유행하게 됨에 따라 독성각을 따로 건립하고, 모든 소원을 들어준다는 나반존자만을 모시게 된 것이 아닐까? 즉, 필자는 신앙의 단순화와 인간의

양산 통도사 축서암의 독성탱화 1861년 작. 천태산 반석 위의 정좌한 나반존자. 긴 눈썹에 노한 듯 웃는 듯한 표정을 짓고 있다.

욕망에 순응하여 독성신앙이 나한신앙으로부터 분화되었고, 18나한 가운데 신통이 가장 뛰어난 빈두로존자만을 독립시켜 나반존자를 모시게 된 것이 아닐까 하는 추정을 해보는 것이다.

이 독성각에는 특수하게 나반존자상을 모시는 경우가 있기는 하지만, 일반적으로 독성탱화(獨聖幀畫)를 많이 봉안한다. 독성탱화는 수독성탱(修獨聖幀)·나반존자도라고도 하는데, 보통 16나한도와 같은 구도법으로 그려진다.

불교 의식집의 독성청(獨聖請) 유치(由致)를 보면, 나반존자는 "층층대 위에 조용히 머물러 선을 즐기거나 낙낙장송 사이를 자유롭게 오가며〔或於層層臺上 靜居安禪 或於落落松間 往返任意〕, …… 눈처럼 흰 눈썹이 눈을 덮고 있으나 공을 관하고 있다〔雪眉覆眼而觀空〕." 하였다.

　독성탱화는 이 글과 같이 천태산과 소나무, 구름 등을 배경으로 하여, 희고 긴 눈썹을 가진 비구가 오른손에는 석장(錫杖)을, 왼손에는 염주 또는 불로초를 들고 반석 위에 정좌하고 있는 모습으로 그리는 것이 통례이다.

　그러나 때때로 동자가 차를 달이는 모습과 동자와 문신(文臣)이 양쪽 협시로 나타나는 경우가 있는데, 이는 혼자만이 있는 것으로 되어 있는 독성탱화의 정형이 아니다. 산신탱화의 영향을 받아 이러한 그림이 나타나게 된 것으로 보여진다. 대표적인 독성탱화로는 양산 통도사 축서암의 것과 청도 운문사 사리암의 독성탱화를 꼽을 수 있다.

　그리고 현재에도 우리 나라 대부분의 사찰에서는 독성 기도를 많이 올리고 있다. 이는 나반존자의 영험이 매우 커서 공양을 올리고 기도하면 속히 영험을 얻게 된다는 데서 기인한다. 이는 독성청을 행할 때 외우는 글 중에서 "만약 공양의 의례를 베풀면 반드시 신통으로 감지하여 베푸니, 구하는 바를 모두 좇아 소원을 이루게 하지 않음이 없다."고 한 것을 통하여 쉽게 파악할 수 있다. 실지로 영험있는 독성 도량 주변에는 부자가 되고 소원을 성취하였다는 내용의 영험담들이 많이 전하고 있다.

　또한 우리 나라의 독성각 중 영험이 빼어나기로 널리 알려진 곳은 청도 운문사 사리암(舍利庵)을 비롯하여 서울 수유동의 삼성암(三聖庵), 합천 해인사 희랑대(希郞臺) 등을 꼽을 수 있다.

　그러나 나반존자의 성격은 엄하고 무섭다. 기도하는 이는 마땅히 목욕재계하여야 하고 공양물도 제대로 갖추어야 하며, 정성도 지극히 기울여야 한다. 복을 구하는 이들에게 지극한 정성을 요구하는 것이다. 비록 나반존자가 전(殿)이 아닌 각(閣) 속에 있을지라도, 그분은 권능으로 많은 사람들의 소원을 이루어 준다. 왜 그분은 지극한 정성, 지극한 마음의 기도를 요구하는 것일까? 이 의문 속에 소원을 이루어 주는 나반존자의 자비와 참뜻이 담겨 있는 것이다.

2. 산신각(山神閣)

　국토의 7할 이상이 산으로 이루어진 우리 나라이기에 산에 대한 숭배는 세계 어느 민족보다 강렬하였다. 산에는 신이 있고, 이 신은 산 아래의 인간을 보살펴준다는 것이 우리 민족의 생각이었던 것이다. 따라서 이와 같은 산악 숭배와 함께 전국의 곳곳에는 산신을 모신 산신당(山神堂)을 건립하고 인간의 소원을 빌었던 것이다.
　산신은 원래의 불교와는 관계가 없는 민족 고유의 토속신이다. 그러나 불교가 재래 신앙을 수용할 때 호법신중(護法神衆)의 하나로 삼아, 불교를 보호하는 역할의 일부를 산신에게 부여하였다. 그 증거로는 화엄신중(華嚴神衆) 속에 산신이 들어 있고, 사찰의 신중탱화 속에서도 산신의 모습을 찾아볼 수 있기 때문이다.
　그러다가 조선 중기 이후에 산신 원래의 성격을 불교 안에서 되찾게 되어, 사찰 속에 산신각과 산신탱화가 등장하게 된 것이다. 즉, 산신각은 불교 바깥의 하근기(下根機) 사람들을 불교 속으로 끌어들이기 위한 방편에 의해 건립된 것으로 보고 있다.
　현재 산신은 요마(妖魔)를 물리치는 가람 수호신의 기능과 함께 산 속 생활의 평온을 비는 외호신(外護神)으로 받들어지고 있으며, 신도들은 복 많이 받고 돈 많이 벌고 가족 모두 질병없이 부귀장수하기를 기원하는 소재강복(消災降福)의 장소로 산신각을 찾고 있다.
　산신각 안에는 호랑이와 노인의 모습으로 묘사한 산신상을 봉안하거나, 이를 탱화로써 도상화한 그림만을 모시기도 한다. 따라서 이 장에서는 여러 산신각에 모셔진 산신탱화에 중점을 두고 신앙의 유형을 함께 살펴보기로 한다.
　산신탱화는 여러 가지로 분류된다. 우선 탱화의 중심 인물이 남자인 경우와 여자인 경우를 보자.
　전통적으로 여자 산신이 관장하고 있는 것으로 알려진 지리산·계룡산·속리산 등의 사찰에는 할머니의 모습을 한 여자산신탱화나 소상(塑像)을 드물게나마 찾아볼 수 있다. 그 대표적인 것이 속리산 천황

제 14 장 토속신을 사찰 속으로 309

계룡산 동학사 여자산신상

승주 선암사 산신탱화 흰 눈썹에 흰 수염을 기른 산신의 자애로운 모습과 아래로 내리뜬 호랑이의 푸른 눈과 송곳니가 인상적이다.

사, 지리산 실상사 약수암의 산신탱화와 계룡산 동학사의 산신상 등이다. 이 경우 할머니는 트레머리에 댕기를 둘렀으며, 치마 저고리를 입은 인자한 모습으로 호랑이를 걸터 타거나 기대고 있다. 그리고 손에는 반드시 불로초를 들고 있다.

남자산신탱화는 도교·유교·불교적인 것의 세 종류로 대별된다.

도교적 산신탱화는 백발의 수염에 머리는 벗겨지고 긴 눈썹이 휘날리는 신선의 모습으로 묘사되며, 손에는 하얀 깃털 부채나 파초선·불로초 등을 들고 있다. 그리고 산신의 뒷쪽으로는 삼산(三山)이 그려지는데, 이는 신선이 살고 있다는 봉래산·영주산·방장산을 상징적으로 묘사한 것이다.

유교적 산신탱화는 머리에 복건(幅巾)이나 유건(儒巾)·정자관(程子冠)을 쓰고 지팡이를 들고 있는 모습의 산신 할아버지가 그려진다. 또 할아버지 옆에는 이름을 알 수 없는 책거리나 대나무 등의 장식물이 놓이고, 차를 달이는 도구들이 빠지지 않고 묘사되어 있다.
　불교적 산신탱화는 삭발한 스님이 손에《법화경》등의 불경을 들거나 단주를 쥐고 있는 경우가 많다. 옷 또한 적록색에 금박이나 노란색으로 그린 문양이 새겨져 있는 경우가 많아 가사를 변형시켜 입혀 놓은 듯하다.
　그리고 산신탱화에서 산신만큼 큰 비중을 차지하는 것은 호랑이이다. 신성스러운 영물 호랑이를 어떻게 표현하였느냐에 따라 산신탱화의 영험이나 회화적 가치가 좌우된다고도 한다. 무섭고 위엄이 있으면서도 애교스럽게 친근감이 담겨 있어야 한다는 것이다. 일반적으로 백호·황색호랑이·흑호·표범·줄범, 수레를 끄는 호랑이 등 다양한 종류의 호랑이가 그려지지만, 입밖으로 자랑스럽게 들어내고 있는 송곳니 두개와 소나무 사이로 길게 뻗어 구름 속까지 닿게 한 꼬리는 호랑이의 기상과 기개를 나타내기 위한 특이한 표현법이다.
　특히 왕방울만한 눈을 하면서도 언제나 아래로 내려뜨고 있는 모습으로 묘사하게 되며, 눈동자의 동공은 삼각형·사각형·마름모꼴·이중 동그라미 등의 형으로 그려지는데, 눈동자에 파란색과 금박이 들어가 있어 독특한 느낌을 주는 경우가 많다.
　또한 산신 탱화 속의 동자상은 산신령에게 과일이나 차, 꽃을 올리는 모습으로 많이 묘사되는 산신령의 시봉이다.
　이와 같은 다양한 모습의 산신탱화가 전국 사찰에 모셔져 있다는 것은, 곧 우리의 전통적인 산악 숭배 사상이 여러 종교와 습합되고 난 이후 불교에서 이들을 모두 수용하였음을 입증하는 것이기도 하다.

3. 칠성각(七聖閣)

　칠성각은 수명장수신(壽命長壽神)으로 일컬어지는 칠성을 봉안한 전각이다. 따라서 이 전각을 북두각(北斗閣)이라고도 한다. 칠성은 원래 도교신앙과 깊은 관련을 맺고 중국에서 형성된 다음 우리 나라에 유입된 신이다. 우리 나라 불교 속에서 처음에는 단순한 수호신으로서 수용되었다가 다시 수명신인 본래의 모습이 강조되었고, 이를 불교화 시킴에 따라 독립된 칠성각을 만들어서 봉안하게 된 것이다.

칠성각은 우리 나라 사찰에서만 볼 수 있는 특유의 전각이다. 우리 나라 불교사의 초기 및 중기의 사찰 역사 속에서는 칠성각을 찾아 볼 수 없고, 조선시대 중기에 차츰 나타나기 시작하여 현재에는 전국 대부분의 사찰에 건립되어 있다.

그러나 칠성각은 단순한 도교의 북두칠성신을 모시고 있는 전각이 아니다. 그 안에는 불교적으로 충분히 윤색된 삼존불과 칠여래, 도교 의 칠성신 등이 함께 봉안되어 있는 것이다.

여기서 한 가지 의문을 제기하여 보자. 왜 불교의 수호에 참여하는 104위 신중 가운데 중단(中壇) 호법신의 하나였던 칠성이 독립해서 칠성각을 이루게 되었는가 하는 의문이다. 이 물음에 대한 해답은 현재 사찰에서 행하여지고 있는 칠성단 의식의 청사(請詞)에서 찾을 수 있다. 그에 해당하는 것만 추려서 엮어보자.

"북두 제1(北斗第一)은 자손에게 만덕을 주고, 북두 제2는 장애와 재난을 없애 주고, 북두 제3은 업장을 소멸시키고, 북두 제4는 구하는 바를 모두 얻게 하고, 북두 제5는 백 가지 장애를 없애 주고, 북두 제6은 복덕(福德)을 두루 갖추게 해주고, 북두 제7은 수명을 오래토록 연장시켜 준다."

이와 같은 신력(神力)을 가지고 있기에 일반 민중들이 칠성을 깊이 신봉하게 되었고, 이러한 민중의 바램을 더 구체화된 부처님의 모습으 로 수용하여 칠성신앙을 불교적으로 변용시켰던 것이다.

즉, 불교 칠성신앙의 대상은 북두칠성이 아니라 여래의 증명을 거치 고 7여래의 화현으로 나타난 칠성신이라는 점을 분명히 알아야 한다. 칠성단의 〈청사〉에는 도교 칠성의 이름과 함께 해당 부처님의 명호 및 관장하는 세계의 이름 등이 함께 기록되어 있다. 이를 도표화하면 다음 면의 표와 같다.

이 표를 볼 때 한 가지 주의를 기울여야 할 점은 일곱 부처님이 모두 동방의 세계를 관장하고 있다는 점이다. 우리 나라는 동방의

七星神과 七如來

도 교		불 교	
이름	능력	불보살명	관장세계
北極星 (紫微大帝)	統星	熾盛光如來	金輪寶界
日		日光遍照消災菩薩	
月		月光遍照息災菩薩	
① 貪狼星君	子孫萬德	① 運意通證如來	東方最勝世界
② 巨門星君	障難遠離	② 光音自在如來	東方妙寶世界
③ 祿存星君	業障消除	③ 金色成就如來	東方圓滿世界
④ 文曲星君	所求皆得	④ 最勝吉祥如來	東方無憂世界
⑤ 廉貞星君	百障殄滅	⑤ 光達智辨如來	東方淨住世界
⑥ 武曲星君	福德具足	⑥ 法海遊戲如來	東方法意世界
⑦ 破軍星君	壽命長遠	⑦ 藥師瑠璃光如來	東方瑠璃世界

나라이고 이들 북두칠성과 연결된 부처님의 나라도 동방에 있다. 이것이 우리 나라의 칠성신앙 및 불교의 칠성 수용과 관련이 있는 것이 아닐까?

또 하나 필자가 궁금증을 지워버릴 수 없는 것은 우리 나라 약사신앙(藥師信仰)의 근본경전인 《약사경》에 등장하는 7불과 위의 표에 나타난 7불을 비교하여 볼 때 다섯 부처님의 이름과 4개의 세계명이 동일하다는 점이다. 다른 것은 제1 운의통증여래를 《약사경》에서는 선명칭길상왕여래(善名稱吉祥王如來)로, 제5 광달지변여래를 법해뇌음여래(法海雷音如來)라 한 것과, 제1 최승세계를 광승(光勝)으로, 제5 정주세계를 법당(法幢)으로, 제6 법의세계를 선주보해세계(善柱寶海世界)라 한 것이 다를 뿐이다.

이와 같은 차이 속에서 신라 때부터 강하게 전승되어 내려온 약사신앙이 칠성신앙의 성립 초기에 변화 수용되었음을 읽을 수 있다.

해남 대흥사의 칠성탱화
상부에는 치성광여래삼존
과 7여래, 하부에는 자미
대제삼존과 7원성군을 도
설하였으며, 하늘에는 해
와 달이 있다.

또한 칠성신앙의 가장 초점이 되고 있는 수명 연장의 기능을 약사여래가 맡게 되었다는 점에도 주의를 기울어야 하리라. 그러나 약사신앙과 칠성신앙과의 관계는 앞으로 더 깊은 연구를 통하여 정립되어야 할 것이다. 다시 칠성각으로 돌아가자.

칠성각 안에는 앞의 표에 나타난 불보살과 칠성이 중심을 이룬 소재회상도(消災會上圖) 성격의 칠성탱화가 봉안되어 있다. 이 탱화에는 여러 가지 유형이 있다.

첫째는 칠여래와 칠원성군만을 도설하는 형으로, 이 같은 유형은 중앙에 치성광여래(熾盛光如來)를 두고 좌우보처로서 일광(日光)·월광보살(月光菩薩), 그리고 상단 좌우에 칠여래, 하단 좌우에 칠원성군을 도설하는 구도를 보인다.

둘째는 첫째의 구도에 삼태(三台)·육성(六星)·이십팔숙(二十八宿)을 도설하는 유형으로, 이들은 모두 탱화의 위쪽 좌우에 묘사된다.

셋째는 둘째의 구도에다 일광·월광보살의 바깥 좌우에 다시 보필성(寶弼星)을 그리고, 칠원성군의 중앙에는 자미대제통성(紫微大帝統星)을 그려 넣는 경우이다.

넷째는 제3형의 구도에 신불 습합 관계의 칠성이 아닌 칠성 원래의 모습을 아래쪽에 도설하는 유형이다. 여기서는 칠여래와 칠원성군, 불교와 습합되지 않은 원모습의 칠성이 모두 묘사된다. 이때 칠여래는 당연히 여래상을 하고 있고 칠원성군은 관모와 관복을 입은 형상을 하고 있지만, 원모습의 칠성은 도사상(道士像)을 하고 있어 크게 관심을 끈다.

다섯째는 앞의 네 가지 유형이 한 탱화 속에서 전체를 묘사한 것과는 달리, 칠여래와 칠성을 각각 별개의 그림으로 도설하는 유형이다. 또 때로는 두 폭의 탱화 속에 한쪽은 3여래, 한쪽은 4여래를 도설하는 경우도 있다. 이와 같이 탱화를 각각 도설하게 되는 것은 칠성에 대한 신앙적 기능이 다양하게 분화되었음을 의미하는 것이다.

현존하는 칠성탱화 중 가장 오래된 것은 현재 일본으로 건너가 신호시(神戸市) 다문사(多聞寺)에 보관되어 있는 것과 일본인 개인 소장품인 1569년(선조 2)작 칠성탱화를 들 수 있다. 이들 탱화는 그 구도법이나 존상들이 복잡하고 그 배치도 특이하며, 임진왜란 이후의 칠성탱화에서는 찾아보기 어려운 구도를 보여주는 귀중한 자료이다. 이 밖에도 국내에 있는 대표적인 칠성탱화로는 1749년(영조 25)에 제작된 천은사(泉隱寺) 탱화와 1895년(고종 32)에 제작된 선암사(仙巖寺) 탱화를 꼽을 수 있다.

4. 삼성신앙(三聖信仰)의 성립과 신앙적 의미

마지막으로 반드시 짚고 넘어가야 할 한 가지 문제를 함께 생각해보기로 하자. 그것은 민간 신앙과 불교와의 습합 관계 및 이들 삼성각이 언제부터 사찰에 건립되어 불교신앙의 한 요소가 되었는가 하는 점이다.

민간 신앙을 연구하는 민속학자와 일부 불교학자들은 불교의 전래기에 사찰 안에 산신당, 용왕당, 칠성각 등을 지어 고유 신앙을 습합하였다고 주장하고 있으며, 일반인들도 이를 당연한 것으로 받아들이고 있다. 이와 같은 습합은 새로운 종교가 뿌리를 내리는 데 있어 필요불가결한 사항이 될 것이다.

그런데 필자는 지난 10여 년에 걸쳐 우리 나라 사찰 사료(史料) 대부분을 점검하여 볼 수 있는 기회를 갖게 되었다. 그 점검 과정에서 발견된 한 가지 특이한 사실은 산신각이나 독성각, 칠성각이 사찰 속에 건립되기 시작한 것이 조선 중기 이후, 아무리 빨라도 임진왜란 이전으로 거슬러 올라가는 것이 없다는 사실에 의혹을 금할 수가 없었다. 또한 일본에 가 있는 칠성탱화만이 1500년대 후기에 그려진 것일 뿐, 산신·독성·칠성의 부조상이나 그림도 18세기 이전의 것은 찾아 보기 힘들었다.

물론 산신탱화나 독성탱화를 새로 만들게 되면 그 이전의 낡은 불화는 태워 없애게끔 되어 있다. 산신이나 독성의 특이한 권능과 독특한 성격 때문에 하나의 사찰에 두 개의 그림을 모시면 오히려 해가 돌아오게 된다고 믿는 전승 사고에서 기인한 것이다.

그러나 이것만으로는 산신이나 칠성을 사찰에서 일찍부터 모시고 있었다는 민속학자들의 설을 뒷받침할 수는 없다. 그림이 아니라 산신상이나 독성상은 불보살상처럼 오래된 것이 얼마든지 남아 있을 수 있고, 또 산신각 등도 건립되었어야 하기 때문이다.

오히려 사료를 통해 찾아 볼 수 있는 조선 초기의 삼성각에는 산신·칠성·독성이 아니라, 고려말의 삼대 성승(三大聖僧)으로 추앙받았던 지공(指空)·나옹(懶翁)·무학대사(無學大師)를 봉안하고 있고, 오늘날에도 통도사 등의 일부 사찰에는 삼대 성승을 모신 삼성각이 남아 있다.

분명히 사료상으로 볼 때 산신각·독성각·칠성각이 사찰에 최초로 등장하는 것은 1600년대 후반부터이며, 1800년대 초기부터 이들 전각의 건립이 전국 사찰에 유행처럼 번져 1900년대 초기까지 계속되고 있었던 것이다.

이들 여러가지 사료를 통해, 필자는 우리나라 사찰에 산신각 등의 전각이 건립된 시기가 조선시대 후기부터라는 확신을 얻을 수 있었다.

양산 통도사 삼성각 산신·독성·칠성을 모시는 일반 사찰의 삼성각과는 달리 내부에 지공·나옹·무학대사의 영정을 봉안하였다.

그 다음은 왜 이러한 전각들이 불교 전래기의 토착화 과정에서가 아니라 조선시대 후기에 많이 생겨나게 되었는가 하는 의문이었다. 이 의문은 우리 나라 불교가 어떻게 흘러 왔는가 하는 불교사적 측면에서 풀어나가야 한다.

우리 나라에는 불교가 큰 어려움없이 전파되었다. 고구려와 백제는 아무런 저항 없이 국교로 채택되었고, 폐쇄적인 신라에서만 초기의 전법승(傳法僧)들이 숨어 전파하였지만, 오히려 불교 그 자체의 순수성으로 포교에 임하였다. 특히 이차돈(異次頓)의 순교 이후, 신라는 고구려나 백제보다 더 철저한 불교 국가로 탈바꿈하게 되었던 것이다.

따라서 삼국의 불교는 지배 계급의 지지를 받아 막강한 힘을 지니게 되었고, 굳이 민간 신앙을 수용하여 불교의 힘을 확산시킬 필요성을 느낄 수 없는 상황에 있었다. 사상 체계가 정립된 도교·유교를 자생 종교로 가지고 있던 중국과는 완전히 다른 상황에서 불교가 우리 것으로 자리를 잡았던 것이다.
 중국 불교가 치열한 포교 전쟁을 치루었다면 우리 불교는 너무나 쉽게 뿌리를 내릴 수 있었고, 중국에 전래된 불교가 중국적으로 변화할 수밖에 없었던 상황이었다면, 우리 불교는 전래되는 사상을 심화시키고 그것을 통해 온나라를 하나로 묶는 작업만 하면 되었던 것이다.
 불교를 이념으로 삼아 삼국을 하나로 묶은 통일신라시대, 호국 불교를 표방하여 5백년을 이어왔던 고려시대에도 불교의 위치는 반석과 같은 것이었다.
 세속의 구조는 힘의 논리에 따른다. 힘이 없는 자는 힘이 강한 자의 밑으로 들어가기 마련이다. 그것이 권력이든 금력(金力)이든 법력(法力)이든……. 이 논리에 따라 고려말까지 세력이 약한 많은 토속신들은 불교의 외호적(外護的) 기능을 담당하고 있다. 따라서 토속신들을 애써 사찰 안으로 끌어들여 모실 필요는 없었다. 사찰 바깥의 수호로 족했던 것이다.
 오히려 고문헌을 통해 볼 때, 고려말 이전의 불교는 토속신을 토속신으로 인정하고 그에 대한 믿음까지 긍정하는 태도를 취하고 있다. 그러면서 서로 상부상조하는 관계를 취한다.
 경주 선도산의 선도성모(仙挑聖母)는 비구니 지혜(智惠)가 안흥사(安興寺)의 불전을 수리할 때 황금을 주어 이를 도왔고, 심지왕사(心地王師)는 팔공산 산신에게 계를 주고 산신으로부터 동화사를 지을 절터를 안내받았다는《삼국유사》의 고사를 비롯하여, 산신·용왕 등의 토속신과 불교와의 교류에 관한 기록은 수없이 많다.
 특히 국가의 주관 아래 민족 고유신에 대한 믿음과 불교에 대한 믿음을 하나로 엮은 신라와 고려의 팔관재(八關齋)는 토속신과 불교가 서로 대등하면서도 서로 긍정하는 위치에서 전승되었음을 증명하는 대표적인 행사였다. 다른 종교와는 달리 철저한 자유와 평등사상에 입각하여 화쟁(和諍)의 논리를 전개했던 불교의 포용력이 이와 같은 양립과 공존을 자연스럽게 수용한 것이리라…….
 그러나 숭유 억불 정책을 편 조선시대에 들어서면서 불교는 크나큰 타격을 받았다. 전국의 사찰은 폐쇄되고 불교 재산은 몰수 당하였다. 세조 때를 제외한 임진왜란 이전까지의 불교계는 그 명맥을 잇는 일만으로도 급급한 상황이었다. 승려는 산중으로 숨어들었고, 은둔처에서 법의 등불을 간신히 밝히며 때를 기다리는 인고(忍苦)와 은둔의 불교로 전락하고 말았다. 이러한 상황이었으므로 토속신과의 교류에 눈을 돌릴 여유마저 상실되어 있었던 것이다.

다행히 임진왜란 때 궐기한 승병들이 큰 공을 세움에 따라 불교와 승려에 대한 인식은 다소 호전되었고, 서산대사 휴정(休靜)과 부휴대사(浮休大師)의 문하에서 배출된 많은 고승들의 활동으로 약 1백여 년 동안 조선시대 불교는 새로운 봉우리를 형성할 수 있게 되었다. 이 기간 동안의 불교는 선교회통(禪敎會通)의 입장을 취하면서도 불립문자(不立文字)를 표방하는 선종의 종지를 더 중시하였기 때문에 전통 불교 이외의 신에 대한 수용에는 관심을 가지지 않았었다.

그러나 이 시대가 지나 1700년대에 들어서면 불교는 수행 체계상 혼란의 양상을 맞이하게 된다.

당시의 승려들은 선 중심에서 선·교·염불·진언(眞言) 등을 혼합한 회통적 수행에 빠져들었고, 실리를 위해 왕공후비(王公后妃)에게 아첨하거나 유가(儒家)의 지배층 인사들과 교분을 맺기 위해 시문서예(詩文書藝)를 익히는 데 몰두하였으며, 잡신과 미신을 믿고 따르는 이들도 적지 않았다.

특히 당대의 고승으로 추앙받았던 도안(道安, 1638~1715)은 귀매(鬼魅)를, 새봉(璽篈, 1687~1766)은 북두칠성을 숭배하였으며, 최눌(最訥, 1718~1790)은 산신(產神)·역신(疫神)·신신(身神)·명신(命神) 등 민간 속에 유행하고 있던 신앙을 불교 속으로 끌어들이는 데 앞장을 섰다. 약화된 불교, 수행 혼돈의 불교계 속으로 토속신들은 쉽게 침투할 수 있었고, 고승들의 긍정과 적극적인 수용은 이를 더욱 부채질하였던 것이다.

그리고 복과 수명과 재물과 자식의 점지를 바라는 사람들의 소박한 욕구를 해결해 주기 위해 사찰 안에 산신·독성·칠성을 모신 전각을 세우고, 그들 신에 대한 신앙을 불교적으로 윤색하는 작업을 벌였던 것이다. 사찰 입구에 서 있는 통방울 눈을 한 장승, 용신을 모신 용왕각(龍王閣), 부엌에 있는 조왕단(竈王壇) 등도 이때 등장한 것들이다.

인간의 복을 관장하는 신의 전문화! 마음을 맑히고 해탈을 구할 것을 가르치는 출세간적 스승인 부처님보다는 재물을 주는 산신, 자식과 수명을 관장하는 칠성, 복락을 선사하는 독성께 직접 공양하고 기도하는 신앙의 분화가 이루어진 것이다.

불교의 혼란기에 우리의 사찰 안에는 전(殿)과 당(堂)과는 다른 각(閣)이라는 건물이 생겨나게 되었다. 다른 불교 국가에서는 찾아볼 수 없는 우리만의 각(閣)의 신앙!

오늘날의 우리는 이를 어떻게 해석하고 어떻게 받아들일 것인가?

물론 신앙은 없는 것보다 있는 것이 나을 것이다. 그리고 그것이 구복(求福)의 차원에 선 기원일지라도 기도가 삼매(三昧)를 이룬다면 큰 힘과 함께 마음을 맑힐 수도 있으리라. 따라서 이들을 마냥 배척할 문제만은 아니다. 그러나 부처님의 참된 가르침은 욕구를 따르기보다 인과를 믿고 스스로의 마음을 맑히면서 뭇 생명 있는 이들을 사랑하고 구제하는 실천의 길과 해탈로 모아진다.

인간은 과연 무엇을 어떻게 믿고 어느 곳을 향해 마음을 모아야 하는 것일까? 해답은 각자가 찾을 일이다. 해답은 스스로가 갖고 있음이리라…….

　　一心이 청정하면 一身이 청정하고
　　一身이 청정하면 多身이 청정하며
　　나아가 十方衆生의 圓覺이 청정하여 지나니라.
　　　　　　　　　　　　　　　《圓覺經》

사찰, 그 속에 깃든 의미

초 판 1쇄 펴낸날 1997년 4월 22일
      16쇄 펴낸날 2018년 7월 13일

지은이   김현준
펴낸이   김연지
펴낸곳   효림출판사

등록일   1992년 1월 13일 (제2-1305호)
주   소   서울시 서초구 반포대로14길 30, 907호 (서초동, 센츄리I)
전   화   02-582-6612, 587-6612
팩   스   02-586-9078
이메일   hyorim@nate.com

값 9,000원

ⓒ효림출판사 1997
ISBN 978-89-85295-08-6   03220

잘못 만들어진 책은 바꿔 드립니다.
이 책은 저작권법에 따라 보호를 받는 저작물이므로 무단전재와 무단복제를 금지합니다.